目　录

附　录

代　序[1]

伊拉斯谟的《论基督教君主的教育》与马基雅维利的《君主论》两书之撰成相隔不过三年（分别完成于 1516 年和 1513 年）。[2]当时的政治状况动荡不安，欧洲最具权势的王室（意大利美第奇家族，法国瓦罗亚王室，西班牙、德国与低地诸国的哈布斯堡王室[3]）野心大炽，渴慕王朝武功，一时造成（如一位历史学家曾称之为的）"道德恐慌"。这两位在撰写论著讨论如何最好地培养统治者以进行卓有成效的治理时，都是在回应这种时势。马基雅维利面对美第奇家族于 1512 年重掌佛罗伦萨政权的局面（该家族于 1494 年被法国人逐出佛罗伦萨），试图阐明要想确保维持君主声称的对国家的控制，君王术（princely virtuosity）都得具备哪些特性。他为此所提出的这些劝诫，其基础就在于威慑要惩治恶行，赞同采取地域扩张主义，以及乐意借助强力维持政治控制，旨在令君主的臣民始终处在不安的状态之中，比如"君主使民畏惧远比受民爱戴来得安全"，或是"君主应当心无旁骛，只考虑战争及其法纪与惩处"。[4]

面对现实政治中的同一个问题，这两位思想家的反应却是如此迥异，这真算得上对于人类心智之精巧的那些不断出现的反讽之一。在《论基督教君主的教育》中，伊拉斯谟提出了针锋相对的观点。马基雅维利力图教导攫取权力的统治者，如何才能最好地

维持这份权力。而伊拉斯谟却直言不讳地赞同欧洲的世袭王室，明确指出，打乱现行秩序会引发分歧，不利于社会整合，代价过于高昂，因此难以考虑。统治者的臣民只有遭受赤裸裸的暴政，才有正当理由发起政治挑战。基于这种对于现状的认可与支持，伊拉斯谟在《论基督教君主的教育》中为自己设下的问题是：如何确保那些世袭王位的统治者受到正确的教育，以便公正而仁慈地进行治理，使君主之治理永远也不会沦为压迫。

“如果没有一个国家，单单一位君主是无法生存的，事实上，是国家承纳了君主，而不是君主承纳了国家。除了其臣民的授意，还能有什么让一位君主成为伟人？”[5]在伊拉斯谟看来，正是君主之臣民的正式授意，授予君主对臣民行使权威的权力。生在现行世袭家室中的君主可以认为具备这种授意，通过婚姻获得头衔的君主就得主动去寻求这种授意，而通过军事行动和征服赢得疆土的君主也得如此。无论何种情况，都期望君主能够矢志不移地服务于其臣民的最佳利益。

伊拉斯谟之所以坚持认为，君主必须在所有事情上都表现出德行，直接源于这种基于共同授意的合法治理模式。由一群臣民选择服从一位君主的统治，前提是完全认识到他的所有行动都将有利于他们的共同利益。在其敬献查理国王（日后的哈布斯堡皇帝查理五世）的信函中，伊拉斯谟（借鉴希腊政治哲学家色诺芬的说法）提出：“在对自由的、自愿的臣民的绝对治理当中，确有某种超出人的自然的东西，某种全然神圣的东西。”[6]自由而自愿的授意为基督教君主的统治提供了理据和支持。因此，基督教君主需要受到特别的教育，以便能够在一切事情上都认识到并去追求道

德上的善，从而有能力代表其民众做出正确的决策。

因此，作为政治思想中一份影响全局的关键文献，《论基督教君主的教育》与1516年出版的另一部政治思想论著，即托马斯·莫尔的《乌托邦》，其相同点要远远多于马基雅维利的《君主论》。[7]两位作者都准备限制个人的自由，以有利于维护一个稳定有序的政治共同体。[8]他们都相信，如果一个国家的统治依据的是针对自愿臣民的那些遵循古典传统而具有开明人文主义意蕴的规诫，就会公正仁慈，长治久安。但这也就意味着，个人无权反对社会秩序在个人身上造成的不利后果。最后，两位作者都对暴力统治和横征暴敛表示出明确的厌恶。[9]

众所周知，伊拉斯谟毕生都是和平主义者，当他作为一位四处周游的作家在欧洲穿梭往来，期望找个地方安定下来研究并传播他的学问时，他不断发现自己险些卷入种种令人忧惧的地方党争，为此他深恶痛绝。《论基督教君主的教育》中包含了对一种“普遍和平”的热诚祈求（尽管他本人也主张，在论著中包含题为“论开战”的一章，证明有时候他也能够赞成在某种公正的理由下实施军事行动）。[10]伊拉斯谟赞成一种能够支持和培育积极探索的个人心智的社会政治环境，这使他明确主张不惜以任何代价来倡导和平。如果宗教信仰上的教派分歧或政治立场上的党派纷争设置了许多障碍——当发生实际的军事对峙时最为严重——就必然会阻碍个人自由地、不受约束地持有或阐发自己的观念。在题为“论开战”的一章中，伊拉斯谟主张，君主“最犹豫不决或最审慎周至的还得算是发动战争的决策了。其他的行动都各有各的不利之处，但战争始终都会给所有好的东西带来破坏”。[11]

在宗教改革的前夜，伊拉斯谟在思想对抗是否有碍于观念的自由发展这一点上含糊其词，这种立场相当切要。这预示到了1520年代，他会拒绝承认自己对新约的修订促进了路德的激进思想，更不用说公开表示赞成还是反对改革者了。[12]更确切地说，我们可以认为，伊拉斯谟所谓为了政治安定与民间和睦，对生于本国、名位确定的君主保持忠诚，应成为最优先考虑的一种立场，这种明确阐述的观点也就预先决定了他对于路德的态度。一旦路德对于天主教会纵欲与腐败的谴责引发民间动荡不安，伊拉斯谟就注定会摆脱自己与宗教改革运动的关联，尽管他对有关教会做法的批评中的一些意见还是显然抱有同情的。1522年4月，伊拉斯谟致函查理五世的牧师：

> 我们的新教皇（阿德里安六世[13]）博学深思，英明正直，同时我们的皇帝看起来也有着超凡脱俗的精神。这令我深深期待，这种祸患（路德教义）可以彻底清除，并且永不复燃。如果在最常萌发出这种祸患的根子上，包括对罗马教廷（其贪婪与暴虐已令人难以容忍）的憎恨，以及对被认为阻碍基督教民众自由权利的许多纯属人事的立法的憎恨，能够做到斩草除根，即可实现这一目标。依靠皇帝的权威，依靠新教皇的正直，就能比较容易地治愈这一切，而无须让世界陷入争执。本人虽一介平民，但会竭尽所能，无论现在将来，不负职责所在。唯愿皇帝以其仁慈赐我以安定长久之薪俸，葆我以清正善好之声名，抗御某些敌人之侮辱；我当保证他将无悔于聘我为咨议。[14]

在此，以及这段时期伊拉斯谟急切发出的一连串表明对皇帝一方之忠诚的陈情信中，他始终本着《论基督教君主的教育》中阐述的角度表现着这种忠诚：从前教皇政权下的暴政使基督徒有权反抗不义之统治，而现在，在仁慈的教皇之下，这类反叛是不能允许的。查理五世的公正统治使其臣民坚定地追随天主教会，而查理本人也强有力地支持着后者的事业。

伊拉斯谟在《论基督教君主的教育》中所表现出来的观念，与其随后针对马丁·路德及其信众引发的宗教骚乱和政治动荡所持有的态度，两者之间的联系还可以通过一点来说明。阿德里安六世在成为教皇之前，已经是年轻的查理王子的导师。伊拉斯谟本人在 1504 年时或许渴望谋得这一职位，但却被阿德里安于 1507 年得到。此时，至少就伊拉斯谟看来，欧洲在查理五世和教皇阿德里安六世统治下，已经实现了他在 1516 年所撰“君王策”之论著中那些劝诫所表达的期待。查理五世是一位基督教君主，是在眼下作为上帝在尘世的代表进行统治的私人导师的督导下，遵照人文主义的道德准则与价值观念教养成人——如果查理是亚历山大大帝，导师就是亚里士多德；如果查理是居鲁士，导师就是色诺芬。[15] 在伊拉斯谟看来，要想象路德正在努力的那样颠覆这样一种伙伴关系，只能理解成非法的反叛和邪恶的异端。[16]

《论基督教君主的教育》的表述形式是一系列的劝诫或箴言（以简洁易记的语句概括教诲的关键要领），对象是开明的统治者。其中的“基督教教义”其实只是它对于领袖和法治所赋予的高度的道德地位。文献中伊拉斯谟为论证观点援引前例时，比较均衡地使用了异教与基督教两方面的素材。对于古代的政治著述，他涉

猎广泛，理解精熟，常常是随手拈来。全篇论调凛然有师道之尊——人文主义立场的教师为年轻的王子选择了典范，鼓励他浸淫于往昔的著作（无论属于异教，还是依据圣经），就此培养一种特别的视野眼光和思维习惯，以便把他塑造成一位具备德性的领袖，统率顺从而感恩的民众。

伊拉斯谟开篇讨论的即是当一个共同体着手选择其统治者时，应当寻求的那种谦虚谨慎、性情持中的品性。但在接下来长长的首节中的大部分篇幅中，他却提出了一系列的劝诫，以求将那个因为偶然的出身而注定继承王位的人，塑造成一位合格适宜的统治者。要塑造一位良君，最最重要的就是人文的教育。人民或许不能够选择他们的君主，但至少有能力通过选择那些培养君主为君之道的人，来确保君主公正地施行统治："要是无权选择君主，就必须相当细致地挑选教育王储的人"；"要养成一位良君，父母、保姆和导师应当从一开始就在男孩的稚嫩心智中播撒下诸如此类的种子，让他自觉自愿而非迫不得已地学习这些为君之道。因为这样才能养成一位注定要治理自由自愿之臣民的君主。"[17]

接下来是具体论述如何教育未来统治者的箴言。在此，和全篇一样，伊拉斯谟机智地来回变换着角度：一方面是他提出督管王储教育的人应当遵守的那些劝诫；另一方面则是为努力把自己塑造成正确治理之典范的成年君主制定的劝诫。[18]后一种劝诫始终敦促君主将对特定领土之统治视为为其民众服务的某种机会："一旦您登上了王位，可别老想着您被授予了多少荣耀，而得想想您肩负了多重的担子，承受着多少的焦虑。不要只考虑收入与税负，也得考虑您必须付出的心血；不要以为您已经获得了掠夺的机会，而

得想到这更是服务的机遇。”[19]

首先，君主（以及那些培养王储的人）务当避免被指为暴政。为此他必须避免一切侵略行径，始终坚持以共同利益而非个人所得为行事宗旨：“希望自己得享君主之尊号而摆脱暴君之恶名的人，都必须自己凭借仁慈的行动而不是恐惧与威胁来赢取。”[20]基督教君主及其子民生活在某种相互受惠、相互服务的状态之中。

论著中这一章意涉全局，至关重要，接下来的一系列章节则借鉴普鲁塔克论说文之类道德劝诫的论著（其中有些在本文献首版中也一同刊行），更直接地扣合实用性的建议。君主必须学会辨别佞臣与诤友，因为善政能否施行，是与他身边这些人提出的建议分不开的。对君主表示的谄媚还不仅仅在于身边那些人对他说的话，还包括用来赞颂他的那些塑像、绘画与文学，包括正式用来称呼他的“伟大的”之类尊号。“因此，应该及早教导男孩改变他被迫听到的这些名号，使之有利于他的发展。当他听到‘国父’的尊号时，他得想到，给予君主的称号中，再没有哪一个比‘国父’更确切地符合良君了；因此，他的行事方式必须让人感觉配得上这一尊号。如果他这么想，这个名号就是一种提醒；如果他不这么想，这个名号就是一种奉承。”[21]

下一章旨在教导君主在其疆域内维护和平所必需的一些技能。而这又直接引出了有关征税的一章，因为正如伊拉斯谟所言，加税所激起的怨怒是政治动荡的一个主要原因。在这一章中，伊拉斯谟表现出自己对于征税这类事情本身持有先入之见，但对财政实务却没什么把握。他得出了一个必然的结论，就是只要君主削减自己个人生活方面的开销，绝大多数征税都是没有必要的：

“增加君主收入的价值的最佳方式，就是减少他的外出开支，有句格言甚至对君主也很适用：节流即是最好的开源。不过，如果有些征收不可避免，人民的利益也需要做出此类行动，那就让负担落到生活当中不那么必需的那些外国货、进口货上面，它们属于奢侈的、令人愉悦的精致货，只限于富人使用。”[22]接下来的一章很短，阐述君主养成一种谦逊宽宏的性情的可取之处。

和柏拉图一样，伊拉斯谟也认为良政乃良君与良法之结合。因此，《论基督教君主的教育》接下来的两章讨论的就是如何在君主的指引下正确执法，如何选好官吏并监督其严守清正。不出所料，伊拉斯谟非常希望尽可能减少对于臣民生活的干预，并且以一国之法应当符合平等之普遍原则作为自己首要的关注：“法律越少越好；而这些法律又应当尽可能做到公正，促进公共利益；它们还应当为民众所尽可能的熟悉。”[23]

再下来两章论述的是制定条约与联姻结盟，这是君主确保周边地区和平稳定而可利用的两种主要手段。只是伊拉斯谟（基于欧洲晚近的经验）忧心忡忡地指出，联姻强加给君主之臣民一位外国血统的世袭君主，从而更有可能使他们的命运恶化。接下来是简要讨论君主在和平时期应当如何不事炫耀、谦逊朴素地处理自己的事务。

论著的最后一章，伊拉斯谟回过头来探讨君主如何有义务维护和平，不到最后关头尽量避免开战。战争始终会给君主之臣民带来苦难，因此本着其子民的利益，君主应以避免开战作为主要的关注：“虽说君主从不会匆忙决策，但最犹豫不决或最审慎周至的还得算是发动战争的决策了。其他的行动都各有各的不利之处，

但战争始终都会给所有好的东西带来破坏，而战争的狂潮也会带起所有最恶的东西。更糟糕的是，没有任何邪恶能像战争这样顽固持存。"[24] 即使战争势在难免，也应当仅限于作为一种暂时的手段，尽可能节省开支，速战速决。伊拉斯谟令读者想起了在其出版的作品中——包括他的《格言集》、《颂词》以及完成不久的《和平之控诉》——某些地方已经表述的自己的和平主义立场。

伊拉斯谟的《论基督教君主的教育》对于此后政治思想所具有的重要意义，既在于他坚定地强调作为政体之脊梁的德行，也在于他不遗余力地以紧扣现实的论证来支持这种立场，直至今日还在政治著述中发挥着持久的影响。他有关基于共同授意之治理模式的论证非常严密，深深影响着 16 世纪后期到 17 世纪前期对于臣民抵抗强加之统治的权利的讨论，其中最有名的讨论来自低地诸国，核心便是合法抵抗查理的儿子与继位者哈布斯堡王朝腓力二世之强加的统治。[25] 比如在读者广泛的一部匿名论著，即 1579 年在巴塞尔出版的《反抗暴君，捍卫自由》(*Vindiciae, contra Tyrannos*)中，还能够感觉到伊拉斯谟的回响。[26]

伊拉斯谟 1469 年前后生于尼德兰豪达，[27] 是一位天主教牧师的私生子。他有意在自己的出生日期上含糊其词，以便回避这个问题：他的父亲是否真像人们以为的那样属于神职人员？[28] 其父去世之后，伊拉斯谟被监护人送到位于斯特恩(Steyn)的一座奥古斯丁会修院，并于 1492 年成为一名牧师。1493 年他离开修道院，就任坎布雷(Cambrai)主教的秘书，后者据说将要升任红衣主教，因此即将迁往罗马。但主教未能赢得此项任命，伊拉斯谟获准

前往巴黎，在那里的大学研修神学。此后他从未回访自己待过的修道院。1517 年他获得教皇的豁免，允许他作为一名在俗牧师生活在尘世之间。

1501 年，伊拉斯谟回到尼德兰寻求庇护，并于 1502 年定居卢汶。他在那里结识了德马雷，后者委托他撰写一篇颂词，庆祝 1503 年腓力大公回国。[29]尽管如此，尼德兰的适当庇护未能兑现，伊拉斯谟在意大利待了一段时间后，决定去英格兰试试运气。在那里，才智过人的亨利八世于 1509 年即位，为像伊拉斯谟这样的人文主义者创造了前程发达的期望。[30]他在英格兰和一帮希腊文与拉丁文学者成为密友，包括托马斯·莫尔、柯利特与滕斯托尔。[31]1512 年他出版了《愚人颂》(*Moriae encomium*，*Praise of Folly*)，是以文学的形式向他所景仰的朋友莫尔表达敬意。莫尔如法炮制，以《乌托邦》作答。伊拉斯谟替他在卢汶照管了此书的整个印行过程，并从欧陆政界和学界的一些要人那里邀来了一批签名支持的信函收在正文之前，促成了莫尔这部不起眼的讽刺作品大获成功。

1514 年，伊拉斯谟离开英格兰，回到尼德兰。1515 年开始他定居巴塞尔，当地的弗洛本[32]出版了他的增订版《格言集》(*Adages*)及他编辑的圣哲罗姆[33]《书信集》(*Letters*)。也是在巴塞尔，他在索瓦热的鼓励之下，撰成了《论基督教君主的教育》。他俩结识时，索瓦热还是佛兰德议会的议长，不久更是担任了勃艮第掌玺大教士。[34]正是通过索瓦热的举荐，伊拉斯谟获任时年 16 岁的查理国王的咨议。此项任命是荣誉性的，但薪俸可观(不幸的是，查理老是忘记按时付薪)。

伊拉斯谟的新约修订译本也在1516年出版，标志着他在欧洲的宗教声名的开始。伊拉斯谟得到查理的任职，被要求住在布鲁塞尔附近，但他选择住在卢汶（最近的学术中心）。[35]可是卢汶大学神学院相当保守，在1517年到1521年期间，伊拉斯谟被迫面临（以神学家多普[36]为首的）当地相当的敌意，为自己对新约的修订作辩护。路德基于这种"*Novum instrumentum*"（新工具），批评天主教关于圣经的正统教义。而伊拉斯谟发现自己和宗教改革者扯到了一起。他生性谨慎，不喜对抗，因此尽管从未令人信服地公开谴责路德的运动，但自己很快就远离了它。他继续出版圣经释义，神学评论，以及早期教父著作的译本。后来他遭到了天主教正统的谴责，在16世纪的大部分时间里，其作品在西班牙遭到禁毁。

1521年末，卢汶神学家施加的压力越来越大，伊拉斯谟只好迁回思想更为开明的巴塞尔，在那里一直待到1529年。当巴塞尔宣布本地皈依新教，再一次引发宗教骚乱，伊拉斯谟去往仍然信奉天主教的布赖斯高地区弗赖堡（Freiburg im Breisgau）寻求庇护。1536年秩序恢复后他重回巴塞尔（他已经将这座城镇视为自己的家乡）。数月之后，也就是那一年的7月12日，伊拉斯谟与世长辞。他至死依然公开支持重新恢复教会的统一。然而，1559年召开的特伦特公会议[37]将伊拉斯谟列为头等的异端分子，并把他所有的著述都列入禁书。

伊拉斯谟的《论基督教君主的教育》于1516年5月由弗洛本出版社在巴塞尔出版，是在查理王子登上阿拉贡王位的时候敬献给他的。[38]此前数月，伊拉斯谟被任命为查理的咨议。根据他自

己的记录，他向查理赠献了一部签名本以表敬意。呈上的这篇文献是作为第一份精神“咨议”，也是借此举谢恩与致敬。[39] 在其有生之年，此书印行了十版，并被译成多种语言。

《论基督教君主的教育》首版的扉页说此书是“凝练成令人备感振奋的箴言”，旨在教导所针对的君主，并给予其道德上的支持。但这还不是全部。同样在扉页上，也预告事实上本书收入了“其他一些十分重要的相关作品”，包括托名伊索克拉底论君主统治的著述，普鲁塔克论哲学家对君主之重要性的著述。[40] 伊拉斯谟的《论基督教君主的教育》无论在具体内容上还是在表达形式上，都明显借鉴了这些古代著作。但是，最令人瞩目的选目还是重印了伊拉斯谟在马克西米连之子腓力大公（美男子腓力）从西班牙回到低地国家后献上的一篇颂词。这篇演讲词是在 1503 年年末应官方发言人德马雷[41] 之请匆促写就，由伊拉斯谟本人亲自宣读，并于 1504 年出版的。

研究伊拉斯谟的学者们至今始终倾向于贬低伊拉斯谟这篇致腓力的颂词，视之为作者在寻求庇护关系和稳定收入时写下的一份令人郁闷的谄媚之作，一篇应酬演说。[42] 当然，腓力给了伊拉斯谟一大笔钱，以奖赏他的一番苦心，[43] 或许还为他提供了一个职位，负责教育自己的孩子（包括年仅三岁的查理王子）。[44] 在 1516 年版的《论基督教君主的教育》中，伊拉斯谟为《颂词》的献辞中加了一段话，暗示他在发表此篇演说时已经回绝了别人提供的某种要职。[45]

实际上，《颂词》与《论基督教君主的教育》的联系非常紧密。如果我们结合考虑伊拉斯谟在《论基督教君主的教育》的献辞中，对后者的写作背景所做的详尽阐述，就更是如此。伊拉斯谟（像他

在《颂词》中已经表现的那样）主张，他所针对的君主在道德之正直与头脑之智慧上皆堪比亚历山大大帝，已经充分体现了他所归纳的这些劝诫：

> 您的善好本性，您的诚实心智，您的天纵英才，还有您在那些极为高尚的教师手下所受的教养，最重要的是，您在自己的先祖当中所看到的那些典范，令我们所有人都满怀自信地期望，晚近的世界期待您父亲腓力（《颂词》的接受对象）所做的事情，国君查理有朝一日也会完成；而若您父亲不曾英年早逝，他也不会辜负公众的期待。因此，即便我知道殿下无须任何人的建议，更不用说是我的建议，我仍打算阐述就一般的善而言，一位完美的君主的理想面貌，不过是借您的名义来描绘，以期那些将要被养成来治理庞大帝国的人可以通过您，以您为楷模，来学习各种治理原则。[46]

查理以身垂范，《论基督教君主的教育》中阐述的善治之劝诫如何付诸实施。而根据伊拉斯谟的《颂词》，查理的父亲腓力同样向全世界的君主们展现了如何实施善治。因此，理论论著中提出的劝诫，正是作为支撑着两位权势显赫的哈布斯堡君主之典范治理的根本准则，而伊拉斯谟本人也刚好生活在他们的治下。

《颂词》并非《论基督教君主的教育》首版中附带重印的唯一作品，以提请读者注意，事实上，“君王策”的体裁与找到一位仁慈而坚定的庇护者的实际计划有着切实有效的关联。《论基督教君主的教育》首版开篇即是伊拉斯谟的一篇译文，将伊索克拉底的“致

国王尼科莱斯，王国治理之劝诫”从希腊文译成拉丁文。而在《论基督教君主的教育》与《颂词》之后，则是伊拉斯谟的另一篇拉丁文译文，即普鲁塔克的“如何区辨佞臣与诤友”。根据书扉上的说法，此文乃“献给尊贵的陛下，英格兰国王亨利八世”。此文之后，还有普鲁塔克的两篇短文：“学习乃君主之要务”（In principle requiri doctrinam）和“特别应以哲学的方式与君主对谈”（Cum principibus maxime philosophum debere disputare）。这两篇道德劝诫性的文献都属于为君主提供实用建议，附有致亨利八世的一篇代序信，劝告他慎重择友。还有一封致枢机主教沃尔西的短信，敦促他好好地为英国国王提供咨议。[47]整个文献选目关注的都是学者在为君主担任咨议中发挥的关键作用。每一份献辞都在强调，所介绍的文献直接关系到所针对的那些君主治下的政府治理实务。

因此，伊拉斯谟《论基督教君主的教育》的首版编排明确而坚定地将培养君主的事业本身与实际的君主及其政权治理的实用需求维系在一起。换言之，表现出的不是一种理念性、理论性的论著，而是一种实践手册。托马斯·莫尔在其《乌托邦》中思考如何良好治理国家时，刻意地与当时的生活保持距离，而是借用别处的某个“乌有乡”（noplace）。相反，伊拉斯谟在向君主提出劝诫时，却煞费苦心地联系时代的宗旨：在勃艮第与卡斯蒂利亚的统治者、（1516年其祖父斐迪南去世之后）阿拉贡王位的占有者查理国王的治下，特别是在低地诸国，为了民众的福祉而维护仁政。

然而，有人或许会说，伊拉斯谟在刻画美男子腓力的形象时极尽谄媚，这篇东西辞藻华丽，常常近于滑稽可笑，而《论基督教君主的教育》在描述何种治理符合君主之尊时，头脑清醒，冷静克制，两

者实有天壤之别。不过，这其实是忽略了伊拉斯谟的意旨：良君当知如何去除谄谀之言，把注意力放在其咨议向他提出的任何话语的实质上。伊拉斯谟在其给查理的献辞中写道："以下绝不会是您声名中无足轻重的一部分，那就是查理是这样一位君主：一个人将无须犹豫并无须奉承地为他描绘一位虔诚、正直的基督教君主的样子，知道他要么作为一位已然卓越的君主欣然接受，要么作为一位始终追求自我改进的年轻人而明智地加以效仿。"[48] 与此类似，在《颂词》中他写给吕斯特[49]的献辞里，伊拉斯谟坚定地指出，即便是在颂词这种普遍充满谄谀气息的形式中，也可以通过将理论主张与所讨论的君主的具体范例维系在一起，就符合君主之尊的行为的总体特性给出指导：

> 我喜欢直言不讳，这使我对所有那种文章都抱有某种特别的反感。柏拉图所谓的"第四类谄谀"看来特别适用于那种文章……但可以肯定的是，要想矫正君主之行为，最有效的方法莫过于以宣示一篇颂词为旗号，为他们设立一位良君之典范，但前提是您在贯彻德行、祛除邪恶的过程中，要明确地表现出您是在扬善去恶。[50]

因此，这两部作品合在一起，以不同的两种修辞模式，提供了两种运用实例，展现了一位博学多识的咨议（也就是伊拉斯谟自己）如何能够有效地教导年轻君主正当治理之道。

因此，以整体观之，《论基督教君主的教育》首版全书展现了一份宣言，宣告一位"哲学家"（或职业教育者）在一个治理适宜的国

家的管理事务上能够担当关键角色。就在1516年，此书的接受者查理国王任命伊拉斯谟为自己的咨议之一，从而已经在实质上认可了他的这种角色。伊拉斯谟重印了赞颂查理父亲的这篇演讲，相应地坚定认为教育在腓力对低地诸国的治理中扮演了关键角色，借此为他的新雇主又添上了一份公开的敬意。根据1522年4月初查理给伊拉斯谟的一封信，我们知道，伊拉斯谟表达这份敬意的场合是敬献给他另一部作品，也就是对于马太福音的释义：

> 就我们而言，我们还记得您是如何已经展示出了许多非凡的思想才华，既向为我们留下辉煌记忆的父王陛下，也向我们。对于他，您奉献了您的《颂词》；而对于我们，您的《论基督教君主的教育》不仅有助于增进我们的名望，而且令后人受惠良多。因此，我们认为皇室有义务在时机允许的范围内向您表示我们全部的感激，因为我们已经认识到，要是发现君主欣赏他们身上那些杰出的品质，对于人中才俊来说诚可谓莫大的荣幸。与此同时，我们也会竭尽所能促进您的宗教使命，提掖您目前所从事的那项荣耀而可贵的事业，并且将对我们所知的您为基督之荣耀和全体基督教民众之救赎所做的任何事情予以鼓励。[51]

在这封信中，查理明确地担起了伊拉斯谟所倡导的那种角色（支持献出其忠心的那位“人中才俊”），以此回应了给予作为基督教君主的其父及其本人的献辞。

尽管如此，至少从1517年开始，查理就显然并不真心想让伊

拉斯谟的职位不是边缘性、荣誉性的。换言之,虽然查理愿意宣告伊拉斯谟是他的人文主义导师,但并不打算给付一笔可观的定期薪俸或年金。因此,1517 年,伊拉斯谟为了寻求一位更慷慨的庇护者,再一次利用了 1516 年版的《论基督教君主的教育》。这段插曲让我们清楚地看到这些“君主策”能够帮助其作者实施的那种政治功能,也就是直言不讳地宣示作者的能力,以期在一位强有力的君主的宫中,为自己谋得一份咨议或秘书之类的职位。[52]

1517 年 9 月,伊拉斯谟向亨利八世敬赠了一部手工装饰的 1516 年弗洛本版《论基督教君主的教育》。[53]当年早些时候他就曾经访问了英格兰,受到了亨利与沃尔西的热情接待,虽说后者“这个人大体上并不那么热情,不太好打交道”。[54]据伊拉斯谟自己的描述,他不得不相信,如果他在英格兰定居下来,就会受到国王的庇护,形式是一栋居所和一份大约 100 镑的年金。[55]然而,当沃尔西将这份赏赐落实为书面时,薪俸却缩减为区区 20 镑一年。伊拉斯谟继续讨价还价,但最后似乎是竹篮打水一场空。[56]

恰好此时,在 1517 年秋季,亨利的拉丁文秘书阿摩尼奥斯去世,这为一位学者在国王宫中谋职腾出了一份引人注目的空缺。[57]在这个节骨眼上,伊拉斯谟向亨利八世献上了特意准备的一部《论基督教君主的教育》。[58]他精心斟酌了一封信,阐明了选择这部特别之作的理由,并措辞谨慎地促请考虑他的求职。亨利八世是位不同寻常的国王,因为尽管他自己也具备过人的智慧,但依然喜欢“与智者学人亲切交谈”(就好像普鲁塔克受到咨询时的情形)。“王国域内,其实也是整个世界范围内,事务千头万绪,而其中最重要的却是,几乎在过去的每一天里,您都会花上一定的时

间博览群书，享受与那些最不会阿谀奉承的古代哲人之间的精神交流。从那些书本中，尤其是从对它们的精读深思之中，您会变得更加明智，变成一位更加优秀的人，一位更加优秀的国王。”[59] 换言之，亨利八世的行为完美地示范了在所献赠的那部书中收入的那些文献里，伊索克拉底与普鲁塔克就君主统治所给出的建议。

因此，伊拉斯谟提请国王注意弗洛本版《论基督教君主的教育》中特别适合他本人的那些单篇作品。作为书的一部分重印的普鲁塔克的演说已经包含了致亨利八世与沃尔西的献辞，向他们推荐这些演说的咨议作用。亨利八世显然注意到了这一点，并认真关注了这些作品的导向：埃利奥特爵士[60] 随后应亨利八世之请，将这些作品从拉丁文译成英语。致勃艮第的腓力的颂词“我知道您仍对他珍存着一份记忆，当他正值青春而您尚处幼年，您待他如兄长，而您卓越的父王则不仅将其收为义子，而且视为己出”，（伊拉斯谟暗示）这对亨利也具有特别的情感意涵。[61]（伊拉斯谟继续写道）《论基督教君主的教育》是在他加入查理的咨议行列时献给查理国王的：“一接到延聘就响应职责的号召，我认为这种做法并无不妥。关键不在于就某一个具体问题提供咨议，而在于如何向一位天资过人但尚处冲龄的君主展示一切良策。”[62] 因此，作为其君主的一位咨议，伊拉斯谟把自己的角色表现得更像是一位全面性的教育者，而不是就个别的议题提供决策。

由于查理不久前刚从亨利那里谈来了一笔可观的借款，因此对他负有王室的义务，所以对于伊拉斯谟而言，正可惜此大好时机，向英格兰国王提供一份“对您而言如此珍贵的两个王朝的纪念”，而这份纪念中包含的那些劝诫也完美地体现了亨利本人的开

明统治。[63]伊拉斯谟最后提请英格兰国王回忆道，“当我在您的国家里逗留时，您是如此慷慨地款待了我”，而这部赠书或许可以（他的言下之意）提醒国王他做出的那些慷慨的承诺。

但伊拉斯谟并没能得到阿摩尼奥斯的那份工作，当上亨利八世的拉丁文秘书。这个职位落到了阿摩尼奥斯的助手万内斯（Peter Vannes）头上，沃尔西更喜欢这位候选者。不过，这段插曲倒是典型地体现了伊拉斯谟所理解的这部书提供的政治可能性。1518 年 4 月中旬，伊拉斯谟收到了国王赏赐的 20 镑。按照伊拉斯谟的标准，这笔酬报令人失望，但依然在一定程度上表明，亨利已经认识到伊拉斯谟在所赠之书中表现出来的咨议才华，并且此后还有可能给他一份更安定的职位。[64]尽管如此，伊拉斯谟到最后也没能在某位他梦想的潜在的君主庇护者协助下，成功地赢得某种王室任命，或许他开出的条件从来就超出了这些人准备满足的限度。

令人饶感兴味的是，在“君王策”的论著与这样一份咨议的求职申请之间的这种紧密关联，将伊拉斯谟的论著与马基雅维利的作品密切地联系在一起。马基雅维利的《君主论》起初是献给美第奇家族的朱利亚诺，后者在 1512 年佛罗伦萨共和国解体时入掌佛罗伦萨。[65]马基雅维里写道：“那些求宠于君主的人按惯例应该献上一份礼物。我也打算向高贵的陛下自荐，并以某种礼物表明我随时准备为您效劳。”[66]在 16 世纪早期，那些希望在权力中枢里谋得一职的人认为，“君王策”体裁的小册子能够集中展示个人在政治思想领域里的造诣，有助于为他们赢得公职。

莉萨・贾丁

注释：

[1]译自 *The Education of a Christian Prince*，Cambridge University Press，1997，第 vi 至 xxiv 页。

[2] 不过，马基雅维利的《君主论》直至 1532 年方付梓问世。

[3] 意大利美第奇家族（Medici）：又译梅迪契家族。在 1434 年至 1737 年的大部分时间里先后统治佛罗伦萨与托斯卡纳，产生过四位教皇和两位法国王后。家族各成员皆以酷爱文学、艺术和建筑著称，并为此大耗钱财，成为极其仁慈、慷慨的艺术庇护者。在教皇利奥十世在位期间（1475—1521）为最光辉的岁月。

法国瓦罗亚王室（Valois）：1328 年至 1589 年统治法国的王室。促进法国统一和增强王权的事业。在 15 世纪末和 16 世纪初几代国王先后进行侵略意大利的战争，标志着与哈布斯堡王室的角逐。

西班牙、德国与低地诸国的哈布斯堡王室（Habsburgs）：15 世纪至 20 世纪的欧洲重要王室。名称源于今瑞士境内的家族城堡哈布斯堡，先后以国王、公爵、大公、皇帝等身份，在长短不同的时间里统治过德意志、奥地利、匈牙利、波希米亚。与本书有重要相关的是，从 1440 年任哈布斯堡王朝的德意志国王腓特烈五世，于 1452 年加冕为神圣罗马帝国皇帝（称腓特烈三世）。其子马克西米连一世于 1477 年完成一桩意义重大的联姻，取得尼德兰、卢森堡、勃艮第，又通过其后裔取得西班牙、那不勒斯、西西里岛、撒丁岛以及新世界的领地。16 世纪，在本书主人公西班牙国王查理一世（后为神圣罗马帝国皇帝查理五世）时期，哈布斯堡王室达到权力巅峰。

查理（Charles，1500—1558）：西班牙国王（称查理一世，1516—1556），神圣罗马帝国皇帝（称查理五世，1519—1556），奥地利大公（称查理一世，1519—1521）。因此在本书各处译者选择了不同的称呼。

关于查理一家的有关具体情况，我们将在两篇颂词中提及具体人物和事件时结合介绍。

[4] 参见 Charles B. Schmitt，Quentin Skinner 与 Eckhard Kessler 合编的 *The Cambridge History of Renaissance Philosophy*（Cambridge：Cam-

bridge University Press，1988），第 430—434 页；Brian P. Copenhaver 与 Charles B. Schmitt 的 *Renaissance Philosophy*（Oxford：Oxford University Press，1992），第 278—284 页。并请参见第二章注 13。

[5]《论基督教君主的教育》第六章末，见本书第 123 页。

[6]《论基督教君主的教育》献辞首段，见本书正文第 3 页。

[7] 剑桥政治思想史文献系列中也收入了 Thomas More 的 *Utopia*（George M. Logan 与 Robert M. Adams 合编）与 Machiavelli 的 *The Prince*（Quentin Skinner 与 Russell Price 合编）。

[8] 参见 Logan 与 Adams 合编的 *Utopia*，第 xii 与 xxvi 页。

[9] 不过，根据 Logan 与 Adams 的说法，莫尔比伊拉斯谟更倾向于接受符合政治共同体利益的战争（以及某些很卑鄙的计谋）（*Utopia*，第 xxvi 页）。

[10] 有关伊拉斯谟的和平主义，参见 Ross Dealy，"The dynamics of Erasmus' thought on war"，*Erasmus of Rotterdam Society Yearbook*，第 4 卷（1984），第 53—67 页。

[11]《论基督教君主的教育》第十一章首句，见本书第 146 页。

[12] 关于伊拉斯谟与路德宗教改革的关系，标准的观点见 *The Erasmus Reader*（Toronto：University of Toronto Press，1990）中 E. Rummel 的序言（第 9 页）："到了 1520 年代的中期，对于伊拉斯谟同情路德、传播异端观念的怀疑，已经固定为一种普遍的看法。伊拉斯谟成为民谚的攻击对象，比如'伊拉斯谟下蛋路德孵'和'要不就是伊拉斯谟变成了路德，要不就是路德变成了伊拉斯谟'。"因此，他的作品受到教会的审查并不令人奇怪。1527 年，西班牙宗教法庭庭长特别召集了一次会议来审查伊拉斯谟的著述。尽管会议由于暴发瘟疫而中途休会，但会议记录不久便晓之于众，伊拉斯谟不得不在一篇《自辩辞》（*apologia*）中捍卫他的正统立场。极有威望的巴黎大学神学院也审议了伊拉斯谟的作品，谴责其中一些行文令人反感，蕴含异端。他们的结论于 1531 年公开出版，伊拉斯谟被迫再一次为自己的作品辩护。而到了 1552 年，在伊拉斯谟去世之后，卢汶大学的神学家也加入了他们在巴黎索邦的同行的行列，谴责伊拉斯谟作品中的某些行文立场错误、令人反感、蕴含异端。令人啼笑皆非的是，伊拉斯谟也遭到了新教阵营的攻击。他们

对伊拉斯谟未能加入己方的事业极其失望,就对他发出了数不清的攻击。

[13] 阿德里安六世(Adrian VI,1459—1523):历史上唯一一位荷兰籍教皇(1522—1523)。曾就读卢汶大学。1507年被神圣罗马帝国皇帝马克西米连一世聘为其孙查理的老师,后为查理重用。

[14] *Collected Works of Erasmus*(Toronto,University of Toronto Press,1974年至今),第9卷,第61页(1273号函)。

[15] 亚历山大大帝(Alexander the Great,即亚历山大三世,前356—前323):马其顿国王(前336—前323),世上最伟大的将军之一。推翻波斯帝国,为由领土国家组成的希腊世界奠定了基础。后世更成为传奇英雄。在经济上和文化上创造了一个从直布罗陀到南亚次大陆旁遮普的统一世界。13岁至16岁拜亚里士多德为师。亚里士多德的《政治学》则与柏拉图的《理想国》(《国家篇》)和《法篇》一起成为《论基督教君主的教育》依据最多的古典政治哲学原典。

居鲁士,此处指的不是史上有名的波斯阿契美尼德王朝创建者居鲁士大帝,而是小居鲁士(Cyrus,前423?—前401):波斯国王大流士二世之子。希腊人,尤其是色诺芬,对小居鲁士的勇气和能力给予很高评价。但从阿契美尼德王朝的观点来看,他是一个卖国贼,为达到自己的篡位目的,不惜利用敌对的希腊人进攻自己的波斯帝国。

色诺芬(Xenophon,前431—前350?):希腊历史学家,对拉丁文学有极大影响。曾师从苏格拉底,苏格拉底被处死后对极端民主政治产生憎恶。曾在小居鲁士之希腊雇佣兵团服役。所著《远征记》(*Anabasis*)、《师门回忆录》(*Memorabilia*,商务印书馆中译本《回忆苏格拉底》)等甚为有名,不过本书还广为引用了他的《居鲁士之教育》(*Cyropaedia*,通过叙述居鲁士所受之理想教育来说明他对于培养政治人才之见解)、《家政论》(*Oeconomics*)与《亚偈西劳传》(*Agesilaus*)。

[16] 关于阿德里安六世与伊拉斯谟的关系,参看 *Opus epistolarum Desiderii Erasmi Roterodami*,P. S. Allen 编,12卷(Oxford,1906—1958),第1卷,第380页。

[17] 分别出自《论基督教君主的教育》第一章开头部分和末尾,见本书正文

第19、66页。

[18] 这一点最明确地表明，国内以往将此书译成《论一位基督教王子的教育》是很不确切的。甚至于“教育”也带有很强的“训导”、“培养”、“修养”（自我教育）的意味。或许最准确的译法是《论基督教君主的养成》。

[19]《论基督教君主的教育》第一章中段，见本书第29页。

[20]《论基督教君主的教育》第一章中段，见本书第39页。

[21]《论基督教君主的教育》第二章中段，见本书第80页。

[22]《论基督教君主的教育》第四章结尾，见本书第105页。

[23]《论基督教君主的教育》第六章结尾，见本书第146页。

[24]《论基督教君主的教育》第十一章开篇，见本书第161页。

[25] 腓力二世（Philip II，1527—1598）：查理五世与葡萄牙的伊莎贝拉（见附三中的注释）之子。西班牙国王（1556—1598），葡萄牙国王（腓力一世，1580—1598），天主教反改革运动支持者。统治期间西班牙国势强盛，疆域广阔，但未能平定1566年开始的尼德兰叛乱（得到英法两国的支持）。

[26] 关于这部深具影响的作品，参见G. Garnett所编的 *Vindiciae, contra Tyrannos, or Concerning the Legitimate Pawer of a Prince over the People, and of the People over a Prince*（Cambridge：Cambridge University Press，1994）。

[27] 豪达（Gouda）系距鹿特丹不远处一小城，故后世皆称为鹿特丹的伊拉斯谟。

[28] 关于伊拉斯谟（写于1524年）的生平自述，参看“其一生之概略”，收于Rummel，*Erasmus Reader*，第15—20页。

[29] 见附一，尤代序注41。

[30] 亨利八世（Henry VIII，1491—1547）：英格兰国王（1509—1547），在位期间英格兰开始复兴并进行宗教改革。1519年神圣罗马帝国皇帝马克西米连一世逝世时曾有机会继位，但未实现。

[31] 柯利特（John Colet，1466或1467—1519）：英格兰神学家。都铎王朝主要人文学者之一，曾在牛津大学讲学，并邀请伊拉斯谟到该校任教。滕斯托尔（Cuthbert Tunstall，1474—1559）：英格兰高级教士，宗教改革时

期英格兰保守派主要人物之一。在任伦敦主教期间，曾委托莫尔研究所有用英语写成的异端著作，以便为没有文化的人们驳倒这些著作。

[32] 弗洛本(Johann Froben，约 1460—1527)：巴塞尔最著名的印刷家，最多时拥有 7 家印刷厂。出版过许多学术专著。其中于 1516 年出版第一部希腊文《新约全书》并附有伊拉斯谟的拉丁译文。1513 年后受托出版伊拉斯谟所有著作。

[33] 圣哲罗姆(Saint Jerome，约 347—419 或 420)：早期西方教会中学识最渊博的教父，将《圣经》的希伯来文《旧约》和希腊文《新约》译成拉丁文，即后来深深影响西方中世纪思想的通俗拉丁文本圣经。他的通信对史学家、圣经学者和神学家都有重要参考价值。其人文主义思想也产生了深远影响。

[34] 索瓦热：Jean le Sauvage。

[35] 卢汶(Louvain，佛兰芒语作 Leuven)：比利时中部城市，14 世纪开始成为欧洲织布业中心和最大城市之一。1425 年建立卢汶天主教大学后成为文化中心。1517 年，伊拉斯谟参与创建该大学语言学院。该大学是 16 世纪反对宗教改革思想的主要中心。

[36] 多普：Martin Dorp。

[37] 特伦特公会议(Council of Trent)：一称特兰托(Trento)公会议。1545 年至 1563 年间在奥地利特兰托断续召开。主旨在于反对宗教改革运动，谴责路德"因信称义"主张，并在天主教会内部进行改革。

[38] 查理于 1506 年继承其父的勃艮第大公之位(低地诸国大部领域的统治者)。1516 年其祖父斐迪南二世去世，他成为阿拉贡国王。严格说来，要到查理的母亲胡安娜(Juana) 1555 年去世之后，他才算继承了卡斯蒂利亚地区(胡安娜 1504 年从伊莎贝拉那里继承而来)。但是，胡安娜("疯子")被判定不适于掌权，放弃其权利转给自己儿子。因此，伊拉斯谟本篇论著的写作时机实际上是查理登上一个统一的西班牙的王位。1519 年，查理继承其祖父马克西米连而成为哈布斯堡皇帝(虽说从程序上而言这是一个经选举产生的职位，查理不得不与包括法兰西国王弗朗索瓦一世在内的其他候选者竞争该位；但依赖德意志富格尔家族银行家提供的一笔巨额现金借款，查理向许多选帝侯提供 了资金利

诱，足以确保轻松获胜）。

[39] *Opus epistolarum Desiderii Erasmi Roterodami*，P. S. Allen 编，第 1 卷，第 44 页，转引自 J. D. Tracy 所著 *The Politics of Erasmus*：*A Pacifist Intellectual and his Political Milieu*（Toronto：University of Toronto Press，1978），第 52 页："回到安特卫普后，他很快便接到索瓦热的一封贺信，签署日期为 7 月 8 日。……索瓦热表示要'立即'授予他库特赖地区（Courtrai）的一份牧师职位"。并且，"根据他宽容的陛下（查理国王）也就是我的主人的仁慈"，他可以"确信并带着一定的希望"，会有更多的收获。伊拉斯谟马上领会了暗示，7 月 10 日便到了布鲁塞尔。或许就是利用这次机会，他向查理呈上了《论基督教君主之教育》的签名本。

[40] 参见 *Opera omnia Desderii Erasmi Roterodami*（Amsterdam，1969 年至今），第 4 卷下编，第 106—107 页。初版中印行了伊拉斯谟对伊索克拉底箴言的拉丁译本。伊索克拉底（Isocrates，前 436—前 338）：古雅典演说家、修辞学家和教师，其著作成为当时雅典智识生活与政治生活的重要史料。本书中多次引述其《致尼科莱斯》（*To Nicocles* ，前 372 年）。尼科莱斯系塞浦路斯萨拉米斯的统治者。

普鲁塔克（Plutarch，约 46—119?）：在罗马帝国时期生于希腊，对 16—19 世纪的欧洲散文、传记、历史著作的发展影响极大的作家。伊拉斯谟对其《平行列传》（*Bioi parallēloi*）和《道德论丛》（*Mōrālia*，希腊文为 *Ēthika*）多有引鉴。其中《道德论丛》由 78 篇涉及哲学、伦理、法律、教育等多个领域的对话或讽刺文组成，本书后文注解中，有时会直接注出这两部书中的细目。

[41] 德马雷（Jean Desmarez 或 Paludanus，卒于 1525 年）来自圣欧迈尔（St Omer）附近的卡塞勒（Cassel）。他是圣彼得大教堂的教士，同时担任卢汶大学校方发言人一职。1504 年 12 月，他成为卢汶大学的秘书长或称文书（*Scribe*），他有好几次为伊拉斯谟提供了庇护，而伊拉斯谟说起他来也总是充满暖意。莫尔《乌托邦》的首版于 1516 年在卢汶刊行，伊拉斯谟监督了整个印刷过程，其中就收入了德马雷致吉勒斯（Peter Gilles）的一封信，以及他的一些诗文。因此，德马雷充当了 1516 年的

两部出版物《论基督教君主的教育》与《乌托邦》之间的另一个纽带。

[42] 例如可以参见 *Collected Works of Erasmus*（Toronto，University of Toronto Press，1974 年至今）第 27 卷，第 xvii 页："Otto Herding 在 *Opera omnia Desderii Era. smi Roterodami* 版序言中指出，问题就在于搞清楚，伊拉斯谟为何拒绝让这篇《颂词》随着 1506 年腓力的去世而归于湮没。"

[43]"一镑（一里弗赫），赐给圣奥古斯丁修会的一名牧师，他的陛下奖赏其一番苦心，以及他为编著一部精美的著作赞颂其陛下而付出的工作。此书涉及他的西班牙之旅，并于 1504 年 1 月 9 日献给陛下。"[*Opus epistolarum Desiderii Erasmi Roterodami*，P. S. Allen 编，第 1 卷，第 396 页]

[44]"（据我所知）近来您一直在您的许多臣民中甄选一名人士，试验并考察其个人品行和人文学识，可以将这些尚处稚嫩的子嗣交托给他悉心照管，让他可以对他们进行那些符合君主之尊的培养。"（附二结尾，见本书第 219 页）可以把这段话理解为作者在推销自己堪当此任。如果在 1504 年出现过有关伊拉斯谟与腓力子孙教育关系的说法，就有助于说明他为何后来在《论基督教君主的教育》一书中收入《颂词》(J. D. Tracy 所著 *The Politics of Erasmus*：*A Pacifist Intellectual and his Political Milieu*，第 18—19 页)。

[45] J. D. Tracy 所著 *The Politics of Erasmus*：*A Pacifist Intellectual and his Political Milieu*，第 18 页："《颂词》的题献信中明确承认，大公向伊拉斯谟为演说付出的劳动付酬的举动，'如果我希望成为其宫中扈从中的一员，将大有助益'。"1516 年，《颂词》作为《论基督教君主的教育》之附录重印刊行，并加上了这段话。

[46]《论基督教君主的教育》献辞。见本书正文第 5 页。

[47] 这些信件的首次出版，见于普鲁塔克作品首次公开印行的拉丁文本（1514 年，弗洛本出版社）。沃尔西（Thomas Wolsey，约 1475—1530）：天主教英格兰枢机主教，与亨利八世关系极为密切。出身卑贱，盛气凌人，私敛巨财，不得人心。后被控侵害王权罪和叛逆罪，被捕后死去。

[48]《论基督教君主的教育》献辞结尾，见本书正文第 5、6 页。

[49] 卢森堡的吕斯特（Nicholas Ruistre，1442—1509）在勃艮第宫中长大，在

前后四位勃艮第大公麾下，从善良的腓力、勇敢的查理、马克西米连到美男子腓力，供职于行政高位。1487 年他成为卢汶大学校长，1501 年成为阿拉斯主教。

[50] 附一献辞结尾，见本书第 176—177 页。关于“第四类谄谀”(the fourth subdivision of flattery)，参见柏拉图《高尔吉亚篇》第 3 部分。

[51] *Collected Works of Erasmus* (Toronto, University of Toronto Press, 1974 年至今)第 9 卷，第 51—52 页(1270 号函)。或许正是查理在这封信中证实了他在精神上属于基督教君主，才触发了伊拉斯谟在随后几周内写了一连串的信给皇帝的精神咨议和俗务咨议，反复陈说自己对于查理的忠诚，对于神圣罗马教廷的忠诚——查理已经毅然决定支持后者的事业。

[52] 除了伊拉斯谟与马基雅维利的著述，同一题材的作品还有法国学者比代(Guillaume Budé，1467—1540)，1519 年为法兰西国王弗朗索瓦一世所撰的一都。

[53] 有关这段插曲的完整描叙，参看 Cecil H. Clough 的文章“Erasmus and the pursuit of English royal patronage in 1517 and 1518”，刊于 *Erasmus of Rotterdam Society Yearbook*，第 1 卷(1981)，第 126—140 页。

[54] 伊拉斯谟致其友人皮克海默的信(*Opus epistolarum Desiderii Erasmi Roterodami*，P. S. Allen 编，第 3 卷，第 116—119 页，694 号函)。皮克海默(Willibald Pirckheimer，1470—1530)：著名人文主义学者，皇帝咨议，纽伦堡市议会议员。

[55] Clough，“Royal patronage”，第 130 页。

[56] 此份赏赐从未得到证实。有关此桩事实，参见 *Collected Works of Erasmus*，第 5 卷，第 165 页(第 11 行)上的注解。

[57] 来自卢卡(Lucca，意大利中北部城市)的阿摩尼奥斯(Andrew Ammonius，约 1478—1517)约 1504 年自意大利来到英格兰，寻求一份有地位的秘书职位。1509 年他就任蒙乔伊勋爵(Lord Mountjoy)的拉丁文秘书。1511 年他成为亨利八世的拉丁文秘书，并以其服务获得了不少重要的酬报(包括教会的美缺，以及负责征收教皇税的地方税收官一职)。他不到 40 岁便因患汗热病而早逝。

[58] 除了手工装饰,这部书还含有一张刻有亨利八世之徽章的羊皮书页。参见 *Collected Works of Erasmus*,第 5 卷,第 110 页。

[59] *Collected Works of Erasmus*,第 5 卷,第 109 页(657 号函)。

[60] 埃利奥特爵士(Sir Thomas Elyot,约 1490—1546):英国作家、字典编纂家。以提倡并使用英语散文来取代当时习惯使用的拉丁文而闻名。曾任枢密院秘书,与莫尔交游甚密。1531 年出版《治人者》题献给国王,对后来英国绅士理想的形成影响很大。

[61] *Collected Works of Erasmus*,第 5 卷,第 112 页。1506 年 1 月,腓力与其王后胡安娜在从尼德兰到西班牙的路上,因大风被迫靠近英国海岸。亨利七世借机与年轻的哈布斯堡皇帝培养私人交往,而他 15 岁的儿子也和皇帝成了好朋友。腓力去世后,伊拉斯谟还写了一封慰问信给亨利(*Opus epistolarum Desiderii Erasmi Roterodami*,P. S. Allen 编,204 号函)。亨利七世(Henry VII,1457—1509):英格兰国王(1485—1509),都铎王朝开创者。曾将女儿玛丽许配给日后的查理五世。

[62] *Collected Works of Erasmus*,第 5 卷,第 112 页。

[63] *Collected Works of Erasmus*,第 5 卷,第 112 页。关于那笔借款,以及随后查理与英格兰的重新结盟(对抗法国),参见 Clough,"Royal patronage",第 136 页。

[64] Clough,"Royal patronage",第 140 页。伊拉斯谟在答复的时候,感谢了亨利的慷慨赏赐,也接受了来自英格兰的那份(颇有些不明不白的)"职位",允诺自己将在四个月内走马上任。

[65] 朱利亚诺(Giuliano)于 1516 年去世,因此马基雅维利为《君主论》的刊行版写了一篇新献辞,对象是美第奇家族的洛伦佐(Lorenzo,1513 年至 1519 年统治佛罗伦萨)。

[66] 引自 Harry R. Burke,"Audience and intention in Machiavelli's *The Prince* and Erasmus' *Education of a Christian Prince*",*Erasmus of Rotterdam Society Yearbook*,第 4 卷(1984),第 84 页。

论基督教君主的教育

献辞

献给不可征服的马克西米连皇帝之孙，英明卓越的国王

查理鹿特丹的德斯德里乌斯·伊拉斯谟敬呈

英明冠盖众君主的查理啊，智慧本身就令人赞叹，而在亚里士多德看来，没有任何智慧比教授如何成为一位仁君更为高等；[1]色诺芬在其《家政论》中正确地认为，在对自由的、自愿的臣民的绝对治理当中，确有某种超出人的自然的东西，某种全然神圣的东西。[2]这种东西当然就是君主们非常需要得到的智慧，年轻的所罗门纵然聪颖过人，也不屑于其他才能，一心祈望这种天分，渴盼她能始终相伴御座两侧。她是集德性与美貌于一身的书那密（Shunamite 或 Sunamite），欣然承纳了大卫，一位睿智儿子的睿智父亲，成为他唯一的欢悦。[3]她即如《箴言》中所言："君主依我治理，贵族依我行使正义。"[4]一旦国王们招其上廷，驱退那些邪恶的咨议——野心、恼怒、贪婪、奉承——国家就将全面地繁盛。国王既知国家之幸福赖于君主之智慧，自然便会满意地说："一切善好皆偕她来到我这里。"[5]故此，柏拉图在阐述对于其理想国的卫戍者的教育时最为谨慎。理想国的卫戍者之所以秀冠群伦，非因财富、珠宝、服饰、门第和家臣，而只是凭倚智慧。柏拉图主张，除非哲学

家主掌国事，或那些恰好受命治理的人信奉哲学，否则没有任何共和国会幸福。我说的哲学不是在辩论要素、原质、运动和无限，而是让心智摆脱芸芸众生之谬见，摆脱不当之欲望，求诸永恒力量奠立之典范，展现正确治理之原则。[6]我认为，当荷马描述米丘利用白花黑根魔草(moly)援助尤利西斯反抗喀耳刻之巫术时，想必也已有了类似的想法。[7]而普鲁塔克也大有理由认为，没有人比装备了一副君主之头脑的人能对国家做出更大的贡献，这样的头脑必然考虑到所有人的利益，秉持最高的原则，配当君主之名。另一方面，没有人比用谬见或邪欲腐坏君主心灵的人能对凡人事务造成更令人震惊的灾难，就好像一个人会在一口所有人都在其中饮水的公泉内投下致命的毒药。[8]亚历山大大帝有一段脍炙人口的论述，也大有裨益地点出了同样的意旨。在与昔尼克的第欧根尼交谈后，亚历山大对其高远的哲人心智满怀崇敬，赞叹其高于一切凡间事物，万难撼动，不可征服，并言"若吾非亚历山大，当愿为第欧根尼"。[9]实际上，大国之主必当面对的风暴愈是严酷，他或许就愈是渴望拥有这样一位第欧根尼的头脑，足以应对纷繁复杂的事势。

然而您，尊贵的国王查理，要比亚历山大更享天赐，我们希望您在智慧上也同样超越他。他本人倒是已经夺取了一个庞大的帝国，但并非无须流血，更不是注定会永享天祚。您生在一个辉煌的帝国，注定将继承一个更为庞大的帝国。因此，他不得不在征战扩张上大耗精力，而您却可能得努力让人相信，您能够自觉自愿地交出部分的领地，而不是夺取更多的版图。您无须流血而得到您的帝国，没有人会为此承受苦难，您认为这是上天的赐福；而现在，您

的智慧必须确保您可以无须流血，在一片和平之中维续这个帝国。您的善好本性，您的诚实心智，您的天纵英才，还有您在那些极为高尚的教师手下所受的教养，最重要的是，您在自己的先祖当中所看到的那些典范，令我们所有人都满怀自信地期望，晚近的世界期待您父亲腓力所做的事情，国王查理有朝一日也会完成；[10]而若您父亲不曾英年早逝，他也不会辜负公众的期待。因此，即便我知道殿下无须任何人的建议，更不用说是我的建议，我仍打算阐述就一般的善而言，一位完美的君主的理想面貌，不过是借您的名义来描绘，以期那些将要被养成来治理庞大帝国的人可以通过您，以您为楷模，来学习各种治理原则。这样做有两方面的宗旨：以您为名义，这项有益的工作将会传播四方；而借助这些最初的成果，本人，作为您已有的仆人，亦将略表我对您的忠心。

我读过伊索克拉底关于治理原则的著述，并将其译为拉丁文。为了和他一争高下，我还加上了自己的观点，编排的像是一些方便读者的格言警句，不过和伊索克拉底所论述的颇有差异。这是因为他是一位指导某种小王甚或暴君的智者，这两种人都是异教徒。而我是一名神学家，是在向一位深孚众望、正直公道的君主陈述事理，我们都是基督徒。倘若我是写给一位年长些的君主，也许会被某些人怀疑是阿谀奉承或傲慢无礼。然而事实上，这部小书是献给这样一位君主，纵使他身负重望，但依然十分年轻，新近才就位掌权，[11]所以还尚未有机会做许多在其他君主身上值得赞赏或责备的事情。因此，我将免于这两种怀疑，并且不能被视为有出于公益之外的宗旨，公益当是国王及其友人和仆人们所抱持的唯一宗旨。您的功德将为您在凡间赢来无尽的出众之处，其中就有一点，

并且绝不会是您声名中无足轻重的一部分，那就是查理是这样一位君主：人们将无须犹豫并无须奉承地为他描绘一位虔诚、正直的基督教君主的样子，知道他要么作为一位已然卓越的君主欣然接受，要么作为一位始终追求自我改进的年轻人而明智地加以效仿。祝您顺利！［1516 年 3 月前后写于巴塞尔］

注释：

[1] 参见亚里士多德《政治学》第 1 卷。

[2]《家政论》第 21 卷 12。色诺芬有关家政管理的论著在 16 世纪被广泛援用。此书的中译本（商务印书馆出版）译作《经济论》。该书由一系列对话组成，分两部分，第一部分论述处理家政的艺术，第二部分论述妇女教育问题，集中于家政管理。

[3] 所罗门为大卫之子。

[4]《旧约·箴言》第 8 章第 16 节。

[5]《智慧书》（《所罗门智训》）第 7 章第 11 节。

[6] 柏拉图《理想国》第 6 卷 503；《法篇》第 4 卷 715；《政治家篇》311。

[7] 荷马《奥德赛》第 10 卷 302—306，尤 305。米丘利（Mercury，罗马神话人物）即赫耳墨斯（Hermes，希腊神话人物）。尤利西斯（Ulysses）即奥德修斯（Odysseus），《奥德赛》主人公，智慧、口才、机敏、勇气和耐性都很出众。喀耳刻（Circe）：希腊传说中的女巫，太阳神赫利俄斯的女儿，能用药物和咒语把人变成狼、狮子和猪。奥德修斯曾将被喀耳刻变成猪的一些同伴救出来。

[8] 普鲁塔克《道德论丛》778D。

[9] 普鲁塔克《道德论丛》782A；《希腊罗马名人传》“亚历山大传”14。昔尼克的第欧根尼（Diogenes the Cynic，？—前 320 年？）：犬儒派的原型人物，践履苦行生活，提倡回归简朴自然。

[10] 美男子腓力，也是伊拉斯谟《颂词》的对象。他已于 1506 年去世。

[11] 1515 年 1 月 5 日查理受权执掌尼德兰。

第一章
基督教君主之诞生与教养

倘若君主惯例上是通过投票来选择，那么，将对于祖先、外表或身高（我们根据典籍得知，这是某些野蛮民族曾经使用过的一种极其愚蠢的方法）的考虑，与对于平和沉静的气质、对于去除一切鲁莽冲动的从容清明的性情的考虑作等量齐观，就很不合适了。[1]一位君主面对某种危险，既不应当过于激动，在突然获得权力之时或许骤然成为暴君，拒绝接受警告或建议；另一方面，也不应当过于柔顺，任自己随波逐流，人云亦云。[2]他的经验和年龄也必须纳入考虑，因为他既不能年纪太大而失之老迈昏聩，亦不能远未成熟而流于放纵性情。对于他的健康状况或许也应当给予一定的考虑，以便不必未几又得寻找一位新君，那将无异于让国家不堪重负。

我们乘船远航时，不是将舵交给同行之中门第最高、财富最多或外表最好的那一位，而是交给掌舵技能最好、最灵敏、最值得信赖的那一位。同样，一个王国也最好是交托给比其他人都更好的具备国王之资的人，这些国王之资也就是智慧、正义、节制、远见卓识，以及对于公共福祉的关怀。[3]

门第、黄金、珠宝，这些对于治理一个国家来说，就像对于一位

船长在驾驭他的船只时一样没什么关系。[4]

民众在选择一位君主时所遵循的目标，必须和君主在其治国事务中所遵循的唯一目标相同，当然，这就是摒弃一切个人情感的公众的福祉。[5]

人们业已择定的人选越是难以改变，在做出选择时也就越是应当谨慎小心，以免逞一时之快而致长久之痛。但是，如果君主生而得享其位，非经选择而出，这不仅是(按照亚里士多德的说法[6])往日某些野蛮民族当中的习俗，也是我们自身所处时代几乎普遍实行的惯例，当此之时，得到一位良君的主要希望便系于他所受到的恰当教育，对于这种教育的照管应当备加留意，以便让随选举权的丧失而失去的东西由对于君主之教养的关照来弥补。因此，王储的心智必须从(人们所谓之)襁褓之始，当其仍保持开放、未经发育之时，即灌输以健康的思想。[7]从那时开始，就必须在他那尚为婴儿的灵魂的处子地里播撒上道德的种子，以期随着年事渐长，阅历日丰，这些种子会逐渐地发芽、成熟，一经播下，便可以深植于君主内心，伴其终生。这是因为，再没有什么能够像最初数年留下的印象那样，刻下如此根深蒂固、难以磨灭的印记。虽说我们在那段时间里吸收的东西对于我们所有人来说都是极其重要的，但对于君主来说，那却是至关紧要的。

要是无权选择君主，就必须相当细致地挑选教育王储的人。

或许该由祷告人向诸神祈求君主生具良质，但除此之外，要防止生具良质者堕落腐化，对生来绝非良质者加以训练以求改进，这在一定程度上倒是在我们的能力之内。

往日的习俗是为那些替国家建立功勋的人塑立雕像、拱门和

匾额。但那些勤勤恳恳、尽心尽力地负责恰当地教育君主的人，对造福自己国家而非有益一己私利的东西备加关注的人，比谁都更配享有此等荣耀。

国家的一切都应归功于一位良君；但君主本人却得归功于那位以其正确的教导养成君主现状的人。[8]

塑造君主、改进君主的最佳时间，莫过于当他尚未明白自己是位君主之时。因此，必须精心利用这段时间，以便不仅让他在那段时间远离种种不良影响，而且被正面灌输一些良善的原则。

既然任何通晓常理的父母都会煞费苦心地教养一位只不过继承几分薄地的子嗣，那么，对于一位生来就享有广土众民甚至主掌世界而非三两村舍的人，他要么成就良质，造福万民，要么沦为恶徒，祸害苍生，我们殚精竭虑于如何教养他，又是何其正确！

善于治理是一件绝妙而荣耀的事情，但如果确保继承者不低于自己，其功劳也毫不逊色。更准确地说，一位良君的主要职责便在于此，就是保证不能出现一个恶君。

在履行自己的治理时，仿佛孜孜以求于确保没有任何一位继承者堪与您相提并论；但在让您的子嗣为他们未来的治理做准备时，却始终仿佛要确保有一位更好的人真的会继承您。

对于一位卓越的君主，最妙的颂词莫过于他身后留给国家这样一位继承者，相比而言他自己似乎近于常人；而最能真切地照亮他的荣耀的途径，也莫过于就这样掩映在后继者的辉煌之中。

而当一位拙劣的治理者的继承王位转变了他的前人留给世人的印象，尽管前人在世之时令人难以容忍，但身后却让人可悲地怀念他的正直与良善，这可是最让人悲叹的颂词了。

良善而睿智的君主在留意其子嗣的教养时应当始终铭记：生而注定治国者必须以国家为目标加以教养，而不是随其性情。有益公利者始终优先于父母的一己私情。

无论君主可以塑立多少雕像，无论他可以多么煞费苦心地建造宏伟工程，他所能留下的对于自己良善之质的最佳纪念碑，也莫过于一位各方面都不逊乃父、并以自己卓越之行动再创乃父之卓越的子嗣。他为自己留下了一位活生生的肖像，他没有死。

因此，为着这项任务，他应当从自己的全体臣民当中（抑或干脆遍寻四海）挑选一些才士，他们正直、纯洁、高尚；他们所受的教育来自长期的实践阅历而非单纯的格言警句；他们将因其年高德劭而赢得敬重，品行清白而赢得遵从，和蔼友善而赢得喜爱和友谊。[9]这样，年轻而稚嫩的心智就可以既不因教师的严苛而受伤害，从而在尚未理解德性之前就开始憎恨它；另一方面，也不因导师的过分纵容而受娇宠，以不应当的方式堕落腐化。[10]

就像所有的教育，实际上尤以对于君主的教育为甚，都以这样一种方式实施着节制：导师尽管对年轻人的轻浮之举严加约束，但他的方式比较友善，从而令自己实施的严苛控制稍显缓和。[11]

即如塞涅卡曾经精妙地指出的那样，负责教育王储的人，必须知道如何进行责备而不流于滥骂，如何予以赞扬而不流于奉承；要让君主既敬重他严明纪律的生活，同时又喜欢他平易近人的风范。[12]

有些君主会非常细心地考察该交给谁来照管宝马、珍禽或爱犬，却认为该交给谁来负责训练自己的某位子嗣是件无关紧要的事情，常常是交给那些但凡有点理智的庶民百姓都不想让自己的

孩子投其门下的老师。然而，如果你并不留心要训练这位子嗣治理国事，生个儿子来执掌国事又有何意义呢？

生而得享王位的孩子，即使在考虑保姆人选时，也不能随意交托给任何您喜欢的人，而得交托给品性无可指责、接受过这项任务的准备与教导的妇女；与这个孩子交游的友伴，也不应当不经挑选，而应当是品性良善、值得尊重、受过体面正派之教养训练的男孩。[13]寻常可见的那些人群，那些寻欢作乐的轻狂少年、酒鬼、谈吐粗鄙的民众，特别是那些谄媚之徒，您都必须让他们远离王储的视听，只要他的道德发育尚未牢固确立。[14]

通常人有趋恶的本性，况且没有人的本性在其出生伊始便蒙上天所赐，不为乖违养育所腐坏，[15]既然如此，无论一位君主的本性伊始如何（优良的血统并不能确保一个王国的优良，同样也不能确保一个心智的优良），[16]如果从襁褓之始即受制于愚蠢不堪的观念，厮混在傻里傻气的女人堆里度过童年，混迹于放荡娼妓、狐朋狗友、无耻之极的谄媚小人、供人取乐的粗俗小丑、游手好闲的街头浪子、酒鬼、赌徒、皮条客，在这些一事无成、荒唐愚蠢、只知寻欢作乐的人之间消耗少年光阴，您又如何能期待他身上邪恶之外的东西？在这样的交游里，他所听到的、所学会的、所吸收的，只能是纵情声色、骄纵傲慢、贪婪暴躁、强横霸道。而就是从这样的养成中，他将很快被交予王国之舵柄。

在所有的才干之中，最高等的也是最难掌握的，因此再没有什么才干比善于治理更精妙或更难学的了。那么，为何单单是这项才干我们看不到训练的需要，却只是认为享有一项与生俱来的权利便已足够？

如果君主们在年少时一事无成，只是效仿暴君，那么（我请问您）当他们长大成人，除了滥施暴政，又能何为？[17]

不会所有的人都是良善之辈，甚至几乎不可能抱有如此希望。但从成千上万的人当中并不难挑选出那么一两位德才出众之士，经他们之手，其他一大批人能够很快成为良善之士。君主在其年轻时光，会在相当一段时间里因其年龄而难当信任，这部分是因为他缺乏阅历，部分是因为他性情冲动。交付给他处理任何至关重要之事均应小心，除非有贤明智者的咨议，尤其是那些年长智者的咨议。他必须培养与这样的人士之间的交往，让对于长者的敬重遏制年轻人的冲动鲁莽。

无论何人担当教育君主之责，均应多多思考这一点，考虑到他正在履行的绝非寻常工作：这既是重大无比之责任，亦是危险无比之职司。他首先应以堪当此任的精神着手此事，不去考虑自己能从中牟取多少利益，而是思索自己能够以何种方式，把一位仁君交回给这个对其真诚善意寄予厚望的国家。

为人导师者请铭记于心，对于这个将其幸福的完美实现交托予你的国家，你所负何多！你是宁愿为你的国家提供一位将会广施恩泽的仁者，还是降予她一场致命瘟疫的毁灭，全系于你的双手。[18]

因此，国家将其王储交予其手的人，应当明智地首先留意这个男孩当时已养成的性情倾向，因为即便是在那个年纪，也可能通过某些确定的迹象看出来，他是不是往往妄自尊大、性情无常；或易于追名逐利、放纵野心；或耽于声色、贪财好赌；或嗜仇好战；或头脑冲动、行事暴虐。[19]因此，一旦他发现男孩倾向于走上邪路，就

该特别用有益的格言与切要的准则来增强年轻人的心智，努力将尚且富于回应的心智的本性导向它方。再者，如果发现男孩的本性定向恰当，抑或不管怎么说，只有些小瑕疵，很容易加以修正，引为善用（野心和慷慨或许堪称范例），不妨让他愈发地留心这些正面的特质，积极主动地培育它们。

但是，仅仅把这些戒恶劝善之类的格言警句派发出去是不够的。是的，这些格言必须深入君主之心智，令其印象深刻，对其反复灌输。必须千方百计地令君主对这些东西保持鲜活的记忆：时而表现为道德箴言，时而表现为寓言故事，时而借助一种类比，时而借助一例真事、一句隽语或谚语。[20]应当把这些东西镌在指环上，印在图画上，刻在奖品上，或是通过他那个年纪的孩子喜欢的其他任何方式加以呈现，这样，即便当他在做其他什么事情的时候，脑海里也始终会浮现出这些东西。[21]

名人树立的榜样生动有力地激发起一位尊贵的年轻人的想象力，但最重要的还是它所渗透的那些观念，因为这位年轻人生命的全部品性都是以此为源泉发育出来的。因此，如果现在由我们来负责照管一位未经教导的男孩，就必须竭尽所能地一开始就让他从最纯洁、最健康的源泉中啜饮养料，事先就保护他免受常人思想的毒害，好比借助一剂解毒药。但是，如果最后证明他已经在一定程度上遭到了俗见之沾染，那么我们就不得不无微不至地逐步将他解救出来，根除病态的念头，植入健康有益的观点以为替代。正如塞涅卡笔下阿里斯托所言，告诉一个疯人他该如何说话，如何处事，如何交游，如何自处，都是徒劳无益的努力，除非你首先除去他身上深层的疾病。[22]提供治理原则的建议，却不事先让君主的心

智远离那些俗见,那些被最广大的民众所接受但同时又是大谬之极的俗见,也同样是徒劳无益的。

即便导师恰好在自己学生身上遇到一副桀骜不驯的头脑,他也没有任何理由就此退缩或丧失信心。这是因为,既然没有任何一种野生动物是那样的狂烈,那样的粗蛮,以至于在驯兽师的不懈照管之下也无法得到控制,那么这位导师又何必认为,有哪一个人的头脑粗鲁到如此令人绝望,不会对持之以恒的教育做出回应呢?[23]同样,即便他的学生表现出更令人感到幸运的本性,他也没有任何理由考虑放手不管。这是因为,土壤越是天生肥沃,地表就越是容易侵入,任无用的青禾与杂草蔓生,除非农夫加以精心照管。一个人的品性也是如此:越是前程远大,越是家世尊贵,越是诚实正派,也就越是容易被许多可耻的邪恶所攫取,除非被健康有益的教诲所滋养。[24]

我们时常对那些受波涛撞击最厉害的堤岸的加固最为关注。而现在,有数不胜数的事情能够诱使君主的心智偏出其正确的进程:重大时势之机运,物质财富之丰饶,挥金如土之快活,为所欲为之自由,先人治理之恶例,世事人情之跌宕,(最重要的是)假真诚与坦率之名而行的阿谀奉承。[25]有鉴于此,必须标举最适当的准则,树立一些值得称颂的君主为其楷模,让君主准备周全以抗御这一切诱惑。

在人人皆从中啜饮的公泉里投毒的人理当受到最严厉的惩罚;同样,在君主的心智中灌输乖违之观念的人,也就是最为邪恶的家伙,因为这最终将是天下万民的祸根。[26]

既然任何令君主之货币贬值者皆遭处死,那么令其心智腐化

堕落者岂非罪该万死？

教师应当趁君主的理解力依然敏于回应，君主的心智与所有邪恶最为遥远，具备足够的可塑性，形塑它的双手可以塑造出任何的形态，而尽早开始履行自己的职责，播撒正确行为的种子。智慧自有其婴幼期，而虔诚也是如此。教师的目标始终如一，但他必须因时而异地采取不同的方法。当他的学生还只是个小孩时，他可以把孩子长大一些时他会直接教授的那些东西，揉进动人的故事、有趣的寓言和机智的小品。[27]

当小学生已经从聆听伊索寓言中享受乐趣，[28]比如老鼠的善行如何拯救了狮子，蚂蚁的勤奋如何保护了鸽子，当他为此开怀大笑之后，教师即应当详加讲解：动物寓言也适用于君主，告诉他永远也不要看低任何人，而要不懈努力，以仁慈赢取哪怕是最卑贱的普通民众的忠心，因为没有人是那么的弱小，不能在某一个时刻成为一位可以帮助您的朋友或可以伤害您的敌人，无论您自己会是多么的强大有力。

当学生取笑完了百鸟之王老鹰，它几乎被昆虫中最低等的小甲虫所彻底打败，教师就该再一次指出个中的寓意：即便是最强大的君主，也不能承担激怒或藐视哪怕最卑贱的敌人的代价。那些凭借身体不能造成任何伤害的人或生物，常常会凭借计谋达到这种效果。[29]

当学生兴味盎然地学习了法厄同的故事，教师就该点明，法厄同所代表的那位君主，一味年轻气盛，抢过了治国的缰绳，却没有任何足以协助驾驭的智慧，只能给自己乃至整个世界带来毁灭。[30]

当学生复述完眼睛被尤利西斯剜出的库克罗普斯的故事，教师就该总结道，徒具一身蛮力而无过人智慧的君主就会像波吕斐摩斯那样。[31]

有谁不曾饶有兴致地听过蜜蜂和蚂蚁是如何管理自己的？[32]当君主孩童般的心智遍尝了这些美味佳肴，他的导师就该端出具备鲜明的教育意义的东西，比如蜂王从不远飞，因为相比于其身躯，它的翅膀显得太小，而且也只有它没长螫刺。由此得出寓意：一位良君，应当始终将自己的活动限制在领地之内，宽厚仁慈应当是他身上尤其值得赞扬的品性。类似的步骤应当贯彻教育的始终。本文并不打算罗列太多实例，而只想指出基本原则和总体方向。

倘若素材似乎过于尖锐，导师应当以悦耳的措辞陈述，令其感觉上温和一些。教师在表扬学生时应当众进行，但应当真心诚意，理由确凿。而他的斥责应当在私下进行，语调和婉，以减缓其警诫之严厉。如果君主稍许成人，这一点尤当遵照。

必须最深入、最紧要地灌输到君主的心智之中的，就是尽可能好地理解基督。他必须始终全神贯注于基督的教诲，这些东西以某种便利的形式从原始素材本身提取出来并汇聚在一起，而这种提取使得教诲的吸收不仅更纯粹，而且更有效。要让他深信，基督的教诲最适用于君主。[33]

大众当中有很大一部分人是受谬见所左右的，正如那些被缚于柏拉图笔下洞穴之中的人一样，他们错将事物的空洞阴影当成事物本身。[34]但是，不被普通民众视为至关紧要的事情所打动，而是通盘衡量一切，考虑它们确实的善恶，这正是良君的职责所

在。[35]不过，只有与腐化恶行相伴随的事情才是真正恶的事情，也只有与道德价值相维系的东西才是真正善的东西。

因此，导师应当首先留意，让他的学生热爱德性，尊崇德性，视之为最美妙的事物，最重要的幸福之源，特别适于一位君主，并且让他的学生厌憎恶行，远离恶行，视之为最可怖、最无耻的东西。

为了避免承继王位的男孩养成习惯，视财富为某种价值非凡的东西，不择手段地追逐财富，应当让他了解，人们趋之若鹜的那些荣耀并不都是真正的荣耀，真正的荣耀是德性与良行的自然后果，越不刻意追逐，就越显其光华。

相比于一位君主，尤其是一位基督教君主，庶民的快乐何其低俗，乃至于几乎根本不配为人类所拥有。必须彰显四方，另有一种快乐，传之久远，纯洁无瑕，历经一生，不随时易。

要告诉年轻的君主，尊贵的身份，伟岸的塑像，蜡制的面具，显赫的门第，以及一切令一介凡人洋溢着矫揉造作之傲气的得自遗传的浮华，都只是一些空洞的姿态，除非它们得自值得荣耀的业绩。

君主的声望，他的伟大，他的帝王尊严，绝非经由特权地位之炫示，而必然来自智慧、正直与良行。

死亡固不足惧，亦无须对他人之死悲悲戚戚，只要死得重如泰山。[36]因为活得越长命并不就越幸福，要看他的一生是否有更多的光辉业绩。生命的长度不应由年头的多少来衡量，而得看良行之众寡。展现一个人之幸福快乐的并不是他年纪之短长，而是他生命之优劣。[37]可以肯定的是，德性本身即是重大的奖赏。一位良君有责任照管其子民之福祉，哪怕在需要的时候牺牲自己的生

命。而如果一位君主本着如此的理由牺牲了自己的生命，他也不曾真正地死去。芸芸众生固执地视为快乐之源、备加珍视或方便采用的所有那些东西，都只能以其道德价值为唯一标尺予以评价。另一方面，芸芸众生视为可厌而不喜、或以其低人一等而不齿、或因其暗藏危险而退避的那些事情，除非确实蕴含着无耻可憎的后果，否则均不应畏于面对。[38]

王储应当将这些原则铭记于心，在他年轻而稚嫩的心中镌刻上这些极其神圣而永恒的法则。且让他聆听多少人因遵照这些原则而饱尝称颂，又有多少人因未能如此而备遭骂名。这样，他就能在年轻时即已养成习惯，期待因善行而受赞，讨厌因大恶而蒙羞。

不过在这一点上，也有些白痴般的佞臣会反对，他们的思维之愚蠢、原则之错误皆甚于任何一个妇人。他们抗议说："你这是在塑造一个哲学家，而不是一位君主。"而我的回答是："我这正是在塑造一位君主，尽管你们更希望看到一个像你们自己一样的闲汉，而不是一位君主。如果你不是一位哲学家，就不能成为一位君主，而只是一个暴君。再没有什么比一位良君更好，而一个暴君，他是那样一种怪兽，对于万民大众，再没有什么比他更具破坏性，更让人厌恨。"

"不要以为这是在生搬硬套被德高望重的人们所称道的柏拉图的命题，即只有当统治者采纳哲学或哲学家接管政府，这个国家最终才会得享天福。[39]不仅如此，你还得认识到，所谓'哲学家'，说的并不是哪一个在辩证法或自然哲学（physics）上聪明过人的人，而是拒绝虚幻的表象、无畏地追寻并遵循真与善的人。[40]做一位哲学家，实际上便是做一名基督徒。只是术语不同罢了。"[41]

舞姿优雅，赌技高超，酒量过人，神气活现，掠夺人民以养帝王奢华，乃至其他种种我耻于言而有些人却不耻于行的劣迹，根据这样一些才能来判断君主的好坏，还有比这更愚蠢的吗？

真正的君主应当避免寻常民众的那些有失君主身份的意见和兴趣，就好像君主的日常行止必须留意避免庶民阶层的衣着打扮与生活方式。他应当认为，对于自己来说，像寻常民众那样考虑问题意味着自贬身份、有失体面，那些人可是从不会追仿嘉言懿行的。

我恳请您注意，浑身珠光宝气，尽显帝王尊贵，仆从前呼后拥，兼之外表的修饰、蜡制的面具、伟岸的塑像，以及显然并非自己打造的财富，靠这些东西来装点自己，高高在上，却将切切实实的精神财富视为低于民众渣滓中的许多东西，这样的想法何其荒唐！[42]

当君主在自己臣民面前炫示珠宝黄金、帝王尊贵以及其他种种特权奢华，除了教唆他们嫉恨与妒羡，挑起君主自己的立法规定给予惩罚的几乎所有卑劣污秽的罪行，还能有什么效果？

节俭的日常开销和简单的生活方式发生在其他民众身上，总是可以被人不怀好意地解释成出于贫穷或吝啬，但发生在君主身上，同样这些品性却是温和节制的明证，因为他占有着无限的资源，却懂得俭省地使用。

同样一个人，既挑起犯罪，又惩罚罪行，这如何可能是正当的？允许他自己做他禁止别人做的事情，难道不令人大大蒙羞吗？

如果您想要证明自己是一位卓越的君主，就要保证，没有人在睿智、宽宏、节制和正直这些必不可缺的品性上高过您。[43]如果您

想要与其他君主一争高下，就别因为自己夺取了他们的部分领地或击败了他们的军队，就认为自己比他们高明，而是要比他们更少堕落，更少贪婪，更少傲慢，更少狂躁，也更少冲动。[44]

我们可以肯定，与君主相称的是最高一等的高贵身份。当然，有三种高贵身份，第一种源于德性与善行，第二种源于受过最好的教养，第三种是根据列祖列宗的肖像、家世谱系或财富来判断。[45]因此，对于一位君主来说，只是基于这第三种也是最低一等的高贵身份就沾沾自喜，却忽视了最高一等的高贵身份，是多么不恰当！第三种高贵身份鄙俗不堪，若非本身源于德性，根本就不值一提；而第一种高贵身份超凡脱俗，严格地说，只有这一种才可以说是根本上的贵族。

即使您渴望人们认可您的声名，也不要炫示塑像或画像，因为即便它们身上真有什么值得夸赞的东西，也得归功于在它们身上展现了才华与努力的艺术家。借您个人的品质为德性塑造一座纪念碑要远为可取。[46]

即使别的一切均未奏效，那么您的高贵身份的外在装饰至少还有助于提醒您牢记自己的职责。既然威权常常伴随着残暴，那么涂油礼[47]所传递的蕴意，如果不是君主之角色的高贵的温良与文雅的节制，又能是什么？黄金所代表的含义，除了非凡的智慧，又能是什么？熠熠闪光的珠宝除了体现出众的德性，又有何异于常物？亮丽的紫袍除了表示对于国家的至诚之爱，又能意味什么？权杖只能象征一种主持正义的精神，任何诱人的消遣娱乐都不能使其偏离正道，这又是为什么？但是，如果有人很明显缺乏这些品性，那么这些象征在他身上就不是什么装点，而是对其缺陷的

指责。

如果使一位国王成其为国王的只是一条金链、一柄权杖，只是尊贵的紫袍、如云的随从，那么归根结底，又有什么能阻止演剧时满身帝王装扮走上舞台的戏子不被视为真正的国王呢？

您想知道是什么令一位真正的国王有别于戏子吗？那就是适于一位君主的精神：做的要像是一国之父。正是基于这种理解，民众才会发誓效忠于他。[48]

王冠，权杖，王袍，金链，剑带，这些都是一位良君的优良品性的符号或象征，而搁在一个恶君的身上，它们就成了邪恶的耻辱烙印。

君主的品性越是糟糕，您就越是必须警惕，不能让他成为我们所读过的往日曾出现的许许多多君主，但愿那样的君主如今一个也看不到了！如果你剥去他们的帝王装扮，令其素面示人，褫夺他们业已获得的财富，你就会发现，剩下的只是一个高明的赌徒、出色的酒鬼、不知羞耻的冷血者、狡诈异常的骗子、贪得无厌的掠夺者，一个因背信、渎神、叛逆乃至一切罪行而不齿于世的家伙。

一旦您自视为一位君主，就得始终牢记一点事实：您是一位基督教君主！您应当像一个基督徒不同于一个异教徒那般，异于哪怕是高贵的异教君主。[49]

实际上，不要认为一个自称的基督徒的生命就是无忧无虑、怡然自得的，当然，除非你根本不把自己和所有人一样在受洗时所发的誓放在心上：从此永远弃绝任何取悦于魔鬼撒旦而令耶稣基督不悦的事情。任何与福音书的教诲有所抵牾的东西都会令基督徒不悦。

您既然和其他人一起分享了基督的圣餐，难道拒绝也和他们分享基督的教诲？您已经以基督的名义发下誓愿，难道会对恺撒或亚历山大大帝的行径无动于衷？您期待着和别人一样的回报，难道认为基督的箴言不适用于您？

但是，另一方面，不要以为只是在仪礼上发现基督，也就是说，只是在不再被严格遵照的箴言里、在教会的制度里找到基督。谁才是真正的基督徒？不只是受过洗礼、坚信礼或上弥撒，而是在内心深处信奉基督，并通过秉持基督精神行事来表现这一点。[50]

要防备内心出现这样的念头："为什么你用这种腔调跟我说话？我又不是一介草民；我又不是一位牧师；我又不是一名修士。"而是要这样想问题："我既是一位基督徒，又是一位君主。"一位真正的基督徒，有义务始终远离一切堕落，而以其无可指摘的品性和智慧秀冠群伦，更是一位君主的职责所在。既然您强令您的臣民知晓并遵从您的法令，那么，对于作为您的国王的耶稣基督的律法，您又该以怎样的加倍热诚，强令自己知晓并遵从！[51]

要是有人曾经发誓效忠其国王，后来却起而反叛，您会认为这是一件十恶不赦的罪行，因为没有任何惩罚足够严厉。那么，对于您自己受洗时发誓效忠的基督，您投身于他的事业，您祝愿了他的圣餐，却又有何根据为自己开脱，有数不清的次数违背了基督的律法，却只是一笑置之？

如果这些所作所为都是满怀赤诚，我们又为何视同儿戏？但是，如果它只不过是一场儿戏，我们又为何要以基督的名义令它荣耀？凡人皆有一死，乞丐与国王概莫能外。然则身后的留名各有不同，到那时，曾经强权在握的那些人所受的对待也是最苛刻的。

不要以为，只需征发一支大军讨伐土耳其，修筑一座神庙，或在什么地方建造一所小修道院，就已经很好地履行了您对于基督的职责。[52] 再没有什么别的成就，能够比您向您的子民展现出自己是一位仁君更好地让您赢得上帝之恩宠。

要提防那些佞臣的蒙蔽，他们声称这类箴言不适用于君主，只适用于他们称为神职人员的阶层。诚然，君主并非神父，因此不必为基督之肉身祝圣；他不是主教，因此不会向民众宣讲基督教的神迹，不会主持圣餐仪式；他不曾终身归入圣本笃会，因此不会披上蒙头斗篷。但是，他比这些人都更彻底地是一名基督徒。他终身归入的修会不是圣方济的修会，而是基督本人的修会，他由基督本人亲传白袍。如果君主在期望实际回报的同时也期望成就伟大，就必须和其他基督徒一道不懈追寻。您也得背负您的十字架，否则上帝不会接纳您。您也许会问："那么我的十字架是什么？"让我来告诉您。只要您追寻正确的事业，绝不滥施暴虐，绝不横征暴敛，绝不卖官鬻爵，绝不贪污受贿，那么，您的财富当然就会比不这样做时空虚许多。但是，只要您正在展现出正义的获益，就别在意财富的贫乏。再者，只要您不遗余力地在各方面都考虑到国家的利益，您的生活就将处于焦虑之中，您的少年情怀将被剥夺其快乐，您会被夜以继日的工作弄得疲惫不堪。忘掉这些不快，享受您的自觉：您走的是一条正道。与此类似，如果您选择的是宽恕伤害，而不是让国家耗费极大代价来复仇，您的帝国很有可能有所减弱。但请承受这种后果，要想到您已经从给比原本少得多的人们带来伤害之中收获了许多许多。您作为一个男人所具备的个人情感（比如被攻击激起的愤怒、对妻子的爱、对敌人的恨、羞耻之心），

是不是唆使您去做不正当的事情，无益于国家的事情？请您重视值得荣耀的胜利，请让您对于公共福祉的关注战胜您的私人情感。最后，如果你不能够在捍卫您的王国的同时，做到不侵害正义，不流血成河，或者不对宗教的事业造成重大伤害，那还不如顺应现实处境，退位算了。即使您不能在不威胁到自己生命的情况下照管好自己臣民的财产，也要将民众的安危置于自己的安危之上。但是，当您这样行事，像一位真正的基督教君主一样行事的时候，或许会有些家伙说您是个傻瓜，根本不是位君主。矢志不移，宁做一位正义的庶民，不当一个不义的君主。您可以看到，即使是最伟大的国王，如果他们想要始终如一地遵循正确的道路，并且也应当如此，就会背负他们的十字架。

就普通民众而言，人们会原谅少年与长者。对于前者，人们会容忍他们的错误；对于后者，人们会让他们退隐消闲。但是，对于承担着君主之责的人，是没有以少年或长者自我告慰的自由的，因为他经营着万民之事务。他一旦犯下失误，就必然给许许多多的人带来巨大的损害。他一旦玩忽职守，就必然带来极其可怕的灾难。

古人尝言，从经验中得来的智慧是一种可悲的智慧，因为人人都得吃一堑方长一智。[53]因此，应当让君主远离这种智慧，因为一旦它姗姗来迟，就得让全体民众承受巨大的不幸。

阿非利加努斯曾说，对于任何智者，“我没想到”都不是一种合适的表述。如果他所言不谬，那么对于一位君主，这样说岂不是要不合适得多，那不仅会令其付出高昂的代价，而且也会让国家损失惨重？[54]全无征战阅历的年轻君主一旦在冲动之下发动战争，也

许就会持续二十年。从这里会产生多么巨大的不幸！最终当他清醒过来说“我没想到”的时候，已是为时太晚。又有一次，这位君主在其本人的一念之下，或是应某人的不断要求，任命了一个官吏，而此人却破坏了整个国家的有序运转。不久他发现了自己的错误，又说“我没想到”。这种智慧对于国家来说实在太过昂贵，哪怕其他所有东西也都得以同样高昂的代价来换得。[55]

因此，应当首先用确定不移的原则和观念来教育君主的心智，以便让他从理论中而非实践中求取自己的知识。除此之外，长者还能为他补充他因年轻而不能获得的实践阅历。[56]

不要认为您可以随心所欲地行事，就像蠢妇和佞臣常常在君主们耳边嘀咕的那样。您要训练自己不为任何不允许的事情所取悦，要记住对于平民百姓来说相当正常的事情并不一定适合于您。而在其他人身上算是过错的事情，搁在君主身上就可称得上罪行了。

别人越是让您任性，您就越是不应姑息自己；别人越是纵容您，您就越得对自己严加约束。[57]哪怕人人都在称颂您，您也应当成为自己最严厉的批评者。

您的生活完全公开，不能有所隐藏。事实上，您要么是一位造福万民的好人，要么是一个贻害众生的坏蛋。[58]

众人给予您的荣耀越多，您就越得更加努力地保证，自己没有辜负他们的期望。对于一位良君，没有任何荣耀或感激能够称得上恰如其分；同样，对于一个恶君，也没有任何惩罚足以称得上罪有应得。

生活当中，最有裨益的莫过于一个贤明良善的君主统治；反

之，祸害最深的莫过于一个愚蠢邪恶的君主统治。

恶君的腐化堕落的传播比任何瘟疫的传染都要更加迅速、更加广泛。反之，也没有任何增进公共道德的方法，要比君主遵行一种无可指摘的生活更加迅速、更加有效。

庶民效仿起他们眼见自己君主之所作所为来最是高兴。[59]赌棍治天下，赌博猖獗；好斗者治天下，争斗肆虐；饕餮之徒治天下，众民坐吃山空；好色之徒治天下，百姓尽失纲常；冷血鬼治天下，人人相互倾轧。掀开历史书页，您总能发现，一个时代的道德状况就反映着他的君主过着怎样的生活。

没有任何扫帚星，没有任何命定的力量，能够像君主的生活支配并转变了其臣民之道德立场与品性那样，影响人类事物之进步。[60]

在这方面，神父与主教的勤勉用力与道德标准固然是一个重要的因素，但远远比不上君主的同类表现。如果僧侣为人良善，人们会以此效仿；但如果僧侣刚好行恶，人们更容易大加指责。因此，真正虔诚的修士也不会激发人们以为楷模，因为他们似乎不过是在实践着自己的讲道；但如果他们未能如此，人人皆会深感震惊。然而，还没有人不曾感觉有一股冲动要像自己君主那样行事的！[61]

有鉴于此，君主必须特别小心，不要走上邪路，令难以计数的民众效仿他为非作歹。出于同样的原因，他会全心让自己成为楷模，从而带来如此众多的良善之辈。

即如博学多识的普鲁塔克所指出的那样，一位仁君无异于上帝在尘世的再现，既具良善之心，又有显赫之势。他的良善之心让

他希望帮助所有的人，而他的显赫之势又令他有能力如此行事。[62]

与此相反，一个恶君的祸害体现着魔鬼的形象，集歹毒与强力于一身。不管他拥有什么资源，都完全用来破坏人类。尼禄不就是这种邪恶的精神在尘世间的化身吗？卡利古拉和埃拉加巴卢斯不也一样？[63]他们不仅在有生之年祸害世间，而且遗臭万年，遭世人诅咒。

作为一位君主，一位基督教君主，当您听到或读到您是上帝的化身，是上帝的代理，可不要为此洋洋自得，而是要让自己就此愈发留意，要配得上您这位令人赞叹的原型；要牢记，尽管遵循上帝要付出艰苦努力，但不遵循上帝却是一项罪愆。[64]

基督教神学认为上帝具备三项首要特性：全能、全知与全善。您应当竭尽所能掌握这三样事情。全能无全善为辅，是为无法无天的暴政；无全知为佐，则为破坏而非治理。因此，首先一点，只要命运赋予您能力，就一心一意地为自己获取尽可能多的智慧储备，以便凭一己之力，也有能力最好地看清什么应当矢志追寻，什么应当刻意避免。由此引出下一点，您要竭尽所能地造福万民，因为这正是良善之所在。让您的能力服务于此，让自己尽可能多地帮助他人。实际上，您应当比自己实际所能实现的有更高的期望。另一方面，您有能力造成的祸害越多，就越应当降低自己的期望。

上帝为所有良善之辈衷心爱戴。只有邪恶之徒才会畏惧他，即便是那样，也会担心什么人为此受到伤害。同样，一位良君必定只会令恶徒与罪犯心怀畏惧，但即便在这种情况下，也会留有几分受宽恕的希望，只要他们还有能力改过自新。另一方面，撒旦不会

受到任何人的爱戴，只会遭到所有人的恐惧，特别是良善之辈的恐惧，因为邪恶之徒站在他那一边。同样，每一位良善之辈都会对暴君憎恨不已，而最邪恶的人却会最接近于他。[65]

这一点圣丹尼斯看得很清楚，他将世界分成三套等级秩序：上帝在天国中的位置，就如同主教之于教会，君主之于国家。[66]他的良善无与伦比，而他身上的一应良善，宛如永不枯竭的清泉，滋润他人。因此，如果本应是良善之源的他，却引发了绝大部分的国家之不幸，这显然极其荒唐。

民众本性上不服管教，官吏也很容易在贪婪或野心驱使下腐化堕落。君主无可指摘的品性可以说成了举国之舟的最后的锚锭。[67]如果他也被堕落的欲望和愚蠢的观念所攫取，那么这条船又到哪里寻找最后的希望？

因为上帝的仁慈无所不在，并不需要任何人的服务，也不需要任何人的帮助。因此，一位真正伟大的君主（他体现着上帝这位永恒君主的形象），本来就有责任为每一个人赢得自由的良善意志，而不考虑回报或荣耀。

上帝在天上为自己树立了一个美好的肖像，也就是太阳，同样，他也在人间为自己树立了一个有形的、活生生的形象，那就是国王。[68]但是再没有什么比太阳更具有公共性，它的光辉普照其他天体。同样，君主也必须敏于体察其子民的需要，身上洋溢着个人的智慧之光，以便纵然其他人都在某个方面有所盲视，君主自己也从不失察。

虽说上帝从不为任何情绪所左右，但他却以绝佳的判断力安排着世界的秩序。如果君主在一切行动上均遵照他的典范，就必

须摒弃感情的反应，只运用理智和判断力。

上帝高于一切，同样，君主也应当尽可能远离普通民众的那些鄙俗的关注和卑贱的情感。

尽管上帝统掌万物，但没有人能亲眼得见，只是在为其仁慈所打动时，感受到他的存在。同样，君主的国民只有在蒙君主之智慧与良善而得到某种慰藉时，才会感受到君主的力量。与之相反，除了万民之不幸，人们哪里也感受不到暴君之手的存在。

太阳行之天中之时，其运动最为缓慢；就您而言也是一样，您所担当的命运越是高远，您就越是应当多行仁政，少施暴虐。[69]

要展现真正的高尚情怀，既不在于对一丁半点儿的伤害都耿耿于怀，也不在于对任何大于您自己的帝国都记恨在心，而在于对任何有失帝王气度的行动都嗤之以鼻。

一切奴役状态都是可怜而可鄙的，但其中最可怜、最可鄙的一种就是沦为邪恶与可耻之欲望的奴役。我请问您，如果一个人声称主宰着自由的人们，自己却受渴欲、怒气、贪婪和野心乃至其他种种这类不体面的主子的奴役，还有比他更可悲、更可鄙的吗？[70]

如果说在异教徒当中，尚且有人宁可自杀，也不愿为了保住自己的权力而挥霍生命（也就是将国家的福祉置于自己的生命之上），[71]那么，对于一位基督教君主，一心只图着自己的快乐和鄙俗的欲望，而对国家造成巨大的损害，难道不是很荒唐吗？

一旦您登上了王位，可别老想着您被授予了多少荣耀，而得想想您肩负了多重的担子，承受着多少的焦虑。不要只考虑收入与税负，也得考虑您必须付出的心血；不要以为您已经获得了掠夺的机会，而得想到这更是服务的机遇。

照柏拉图的说法，只有非出己愿、需经他劝方才即位的人，才是合适的统治者。[72]因为只要是对君王之位贪恋不已，就只能是这样几种人：要么是个傻瓜，不明白正确履行统治者之职责这项使命充满压力、危险四伏；要么就是个恶棍，企图借君王之权谋一己之利，而非谋国家之益；要么是个不负责任的家伙，根本就不想想自己肩上的担子。要想做个称职的统治者，就需要既负责任，又行良善，还有智慧。

千万不要自以为占有的疆土越是广阔，自己也就越是幸运。要记住，您也就此肩负了更多的挂念和责任，所能享受的闲暇与快乐也注定会更少。

只有那些无私地奉献国家的人，而不是让国家奉献自己的人，才配得上"君主"之名。因为如果某人按照是否适合自己来治理国家，评判一切事情都是看它对自己的便利有何影响，那么，他享有怎样的名位也就无所谓了：实际上，他是个不折不扣的暴君，而不是什么君主。再没有什么名位比"君主"更见尊荣，同样，无论从哪个方面来看，也再没有什么称谓比"暴君"更令人恶心、更让人诅咒。

君主与暴君之别，犹如仁慈的父亲与残酷的主子。[73]前者乐意为自己的孩子牺牲哪怕是自己的生命，而后者却只考虑自己之所得，或者说是生活的安排只图个人的安逸，而不考虑其子民的福祉。

不要满足于被唤作"国王"或"君主"，因为即便是像法拉利斯和狄奥尼修斯这等祸害人世的家伙也有这样的名号，[74]而要用自己的头脑掂量自己的分量。如果塞涅卡所言不谬，暴君与国王之

间的差别就在于其行动，而不在于其名号。[75]

概括而言，亚里士多德在其《政治学》中区分君主与暴君的标尺，就在于后者只谋私利，而前者一心为国。[76]无论君主思考什么问题，他始终在考虑它是否有利于自己的所有臣民；而暴君考虑的则是这是否会有助于自己的目的。君主即便在忙自己的私人事务的时候，首先关心的也是自己臣民的需要。反之，即便暴君确实对自己的臣民不错，也照样会将之转成自己的私利。

如果有些人之所以考虑到了他们的民众，却只是因为这会反过来有助于他们的私利，这样的人对待他们的臣民，无异于老百姓对待他们的牛马。因为老百姓固然是在照管他们的牲畜，但只是根据这会为自己带来怎样的好处，来斟酌自己投入多少心思。然而，对于那些以其贪婪掠夺民众，以其残酷折磨民众，或让民众承受种种危险，只为了满足自己的野心的人，他们给予自由的臣民的地位，尚不如老百姓处置自己买来的牛马，或角斗士主发落自己拥有的角斗士。

君主之导师应当保证，让对于“专制”与“暴政”这样的词语本身的憎恨深入王储之心，办法就是经常不断地谴责那些为整个人类所唾弃的名姓：法拉利斯，马森提乌斯，叙拉古的狄奥尼修斯，尼禄，卡利古拉，还有图密善，他们都喜欢被称作“上帝”、“主”。[77]

另一方面，任何与暴君形象有云泥之别的良君典范，都应当以不绝于口的称赞和推荐予以介绍。然后，让君主试着刻画各种类型的形象，包括国王和暴君，尽可能在脑海里留下深刻的印象。这样，君主才会对前者愈发热诚，而对后者避犹不及。

因此，教师不妨描绘某种天物，更似不朽之圣灵，而非凡俗之

世人，一应德性无不具备；为共同的善而生，实际是奉天承运，通过留心并关怀每一个人，赈济苍生；在他那里，最重要、最珍视的莫过于国家；对于每一个人，他都有着非凡的父爱；他对每一个人的生命都比自己的还要珍视；他夜以继日地努力工作，只为了每一个人都能过上尽可能好的生活；他为所有良善之辈都准备好了奖赏，也为邪恶之徒预备好了宽恕，只要这些人会改过自新，因为他是那样发乎内心地期望善待自己的民众，一旦有必要，他就会毫不犹豫地以自己的巨大牺牲换取臣民的幸福安康；他认为自己的财富正在于国家的福祉；他枕戈待旦，以便其他人等皆可高枕无忧；他让自己不得片刻闲暇，以便国家有机会和平生活；他用终日的忧虑折磨自己，以便他的臣民可以享受平和的心境。[78]就让全体民众的幸福系于这一个人的道德品质，就让导师指明这就是一位真正的君主的形象！

另一方面，导师不妨向他的学生展现一头可怖、可憎的野兽：集凶龙、恶狼、悍狮、毒蛇、笨熊以及类似的怪物于一身；浑身长眼，遍体獠牙，处处可怖，倒刺鳞爪；它永不餍足，食人心肝，饮人热血；它时时刻刻威胁着所有人的财富与生命，对于每一个人，尤其是那些良善之辈，都是一种威胁，对于整个世界都是一种致命的摧残；每一个心中牵挂国家利益的人都会诅咒它、憎恨它；它的丑怪令人难以容忍，但要想彻底消灭它，就不得不对世间造成惨重的破坏，因为它的恶意后面有着武力和财富的支持。这就是一个暴君的形象，除非你还可以刻画出更让人可恨的东西来。克劳狄和卡利古拉就属于这种怪物；布西里斯、潘修斯、迈达斯也是这样，就像诗人的传说里描述的一样。所有这些名字现在都成了全人类憎恨的

对象。[79]

暴君的目标是要让自己任性而为；而国王的宗旨，则是要遵行正当与荣耀的事情。对一个暴君来说，财富就是回报；而在一位国王看来，回报则是得自德性的荣耀。[80]暴君靠恐惧、欺骗和狡诈来统治；而国王则凭智慧、正直与善意来治理。[81]暴君将权力供自己驱使，而国王把权力奉献于国家。暴君靠一帮外国的侍臣和雇佣军来保障自己的安全，而国王则认为自己有足够的安全，因为他对于其子民的善意，因为他的子民对于他的善意。[82]那些德高望重、明智过人的臣民，会让暴君疑惧重重，[83]而国王则会让他们成为自己坚定的臂膀与友伴。能够取悦暴君的，要么是被他哄骗的傻瓜，要么是供他驱使为非作歹以保障自己暴君之位的那些恶棍，要么就是专拣他爱听的话说的那些谄媚小人。反之，对于一位国王，任何一位能够提出有助于他的建议的智者，都会受到热情的欢迎。任何人本身越是良善，国王的评价就越高，因为可以放心地信赖他的忠诚。他喜欢那些直言相告的朋友，因为他们的这种相伴能够令自己不断进步。国王和暴君都有许多帮手与耳目，但这些辅佐的作用却相当不同。[84]暴君的举动会让其臣民的财富聚敛在一小撮人也就是最邪恶的那些家伙的手中，通过削弱其臣民的力量来加固自己的权力；而国王则将其臣民的财富视为自己最大的资产。暴君要么通过严刑峻法，要么借助刺探告密，令每个人都在其股掌之上；而国王则乐见其子民欣享自由。暴君竭力要让别人害怕自己，而国王努力要让自己受到爱戴。暴君对良善之民之间的互助、城市之间的协作最是疑心；而良君对这样的事情却是深感欣慰。暴君喜欢挑起党派倾轧、臣民相斗，一旦出现这类仇恨的苗头，反

倒细心扶持,错误地利用这样的情势来增强自己的暴政。但国王却会以培养臣民之间的和谐共处作为自己的利益所在,一旦臣民当中显露这类分歧的征兆,就会迅速果断地予以消除。这没有什么可奇怪的,因为他明白,这样的纷争是国家最严重的病患。暴君一旦看到国家的事业蒸蒸日上,就会捏造某种借口,甚或邀来某个敌人,从而挑起一场战争,也就此削弱自己臣民的力量。[85]与此相反,国王会允许并实施一切将有助于国家的持久和平的事情,因为他认识到,战争是国家之种种不幸的唯一根源。暴君设立各种法律、章程、条令、协约乃至一切神法俗规,都是为了保护他自己,要不就歪曲这些东西服从这样的目的,而国王则根据所有这些东西对于国家的价值来评判它们。

暴政有许许多多这一类的特性与手段,亚里士多德在其《政治学》中已经作了详细的阐述,不过他把它们概括为三类。他说,暴君只想保证,首先,其臣民既不愿也不敢起来反抗他的暴虐统治;其次,他们互不信任;第三,他们没有任何办法可以改变体制。[86]为了实现第一个目标,他想尽办法防止其臣民培育出任何精神或智慧,让他们永远像奴隶一样,甘居卑贱,易受诬陷,在自我放纵中逐渐衰弱。因为他知道,高贵而自信的精神不会欣然承受专制的统治。为了实现第二个目标,他挑起臣民之间的分歧与互憎,让他们相互攻讦,同时自己却可以在子民的纷争中变得更加强大。为了实现第三个目标,他千方百计地削弱每一位臣民特别是那些良善之民的财富与声望;并且,任何明白事理的人都不愿在这一点上抵制他,因为知道毫无成功的希望。

君主应当尽可能远离所有这类念头,事实上,就像常言说的那

样，他必须旗帜鲜明地反对这些立场，[87]如果他是一位基督教君主就尤当如此。亚里士多德既是一个异教徒，也是一位哲学家（但即便按照当时人的标准，也不像我们所听到的那样神圣），假如他都能够刻画出这样一种形象，作为耶稣基督之代表的人是不是更得这样做呢？

甚至在哑巴牲口当中，都能够找到与国王和暴君相比拟的对子。蜂王占的蜂房最大，不过是在中心，仿佛是为蜂王专留的最安全的地方。实际上它什么活儿也不干，却统管着其他蜂的工作。如果它不在了，整个蜂群也就解散了。不仅如此，蜂王还有一副独特的外表，在躯体大小和光泽上都与众不同。但按照塞涅卡的说法，这种特性基本确保它与其他蜜蜂相分别：尽管蜜蜂属于非常易怒的生物，会将螯刺留在攻击的伤口中，但只有蜂王没长螯刺。[88]大自然并不想要它凶残暴躁，寻求会让自己付出惨重代价的报复，所以剥夺了它的这门武器，让它的愤怒不具效力。对于强大的国王来说，这是一个重要的范例。

接下来，如果您要寻找与暴君相对应的例子，可以想想悍狮、笨熊、恶狼或秃鹫，这些东西都以残害和掠夺为生，并且因为它们知道自己容易遭到万物之厌恨，人人得而诛之，只能出没于穷山恶岭，或者隐身在洞穴荒漠。但暴君之凶残成性甚至超过这些动物。凶猛的狮虎蛇豹以及其他以凶残成性而臭名昭著的动物，至少在攻击它们的同类时会有所节制，野生动物中天性的相类会带来安全。但暴君，作为一个人，却会将自己动物般的凶残对准人类，对准公民，尽管他自己也是个公民。

实际上，甚至在圣经里，上帝也已经这样描绘了一幅专制暴君

的画像:“管辖你们的王必这样行:他必派你们的儿子为他赶车、跟马,奔走在车前;又派他们作千夫长、五十夫长,为他耕种田地,收割庄稼,打造军器和车上的器械;必取你们的女儿为他制造香膏,做饭烤饼;也必取你们最好的田地、葡萄园、橄榄园,赐给他的臣仆。你们的粮食和葡萄园所出的,他必取四分之一给他的太监和臣仆;又必取你们的仆人婢女、健壮的少年人和你们的驴,供他的差役。你们的羊群,他必取十分之一,你们也必做他的仆人。那时你们必因所选的王哀求耶和华,耶和华却不应允你们。”[89]如果有人唤这样的人为国王而非暴君,也不要打断他,因为在过去,“暴君”这个名号并不比“国王”更让人憎恨。那么,既然看到没有什么比一位良君更为有益,愤怒中的上帝又为什么要把这样一幅画像摆到其子民的面前,好像是为了吓唬他们不再去寻找一位国王?他以同样的腔调说道,国王的权力就是暴君的权力。此外,撒母耳本人的统治倒像是一位真正的国王,在那么多年的时间里,以虔诚和纯洁治理臣民的事务。但是,臣民们却不理解自己的好命,还要求有一位异教的国王,会以傲慢和强迫的方式统治他们。甚至在某些基督教君主身上,这种邪恶的形象对于我们也是记忆犹新,它对整个世界的巨大不幸所起的作用又何其大哉!

现在,请允许我向您展现一位良君的形象,上帝自己在《申命记》中作过如下刻画:“只是王不可为自己加添马匹,也不可使百姓回埃及去,为要加添他的马匹,因耶和华曾吩咐你们说:‘不可再回那条路去。’他也不可为自己多立妃嫔,恐怕他的心偏邪;也不可为自己多积金银。他登了王位,就要将祭司利未人面前的这律法书,为自己抄录一本,存在他那里;要平生诵读,好学习敬畏耶和华他

的神，谨守遵行这律法书上的一切言语和这些律例，免得他向弟兄心高气傲，偏左偏右，离了这诫命。这样，他和他的子孙，便可在以色列中、在国位上年长日久。”[90]倘若一位希伯来的王都被教导说要学习一整套只粗略勾勒出正义之形象的法律，那么一位基督教君主谨守遵行福音书的教诲，难道不要合适得多么？倘若上帝不想要一个犹太国王高高在上于他的子民，唤他们不为仆役而做兄弟，那么对于一位基督教国王，又是多么不应该高高在上于基督徒们，因为就连耶稣基督自己也称他们为我的兄弟，即便他是天下众君王之王？

现在来听听以西结是怎样描述暴君的。他说：“其中的首领仿佛豺狼抓撕掠物，杀人流血。”[91]柏拉图称君主为国家的卫戍者，因为他们之于国家，恰如牧羊犬之于羊群；但如果牧羊犬变成了豺狼，羊群还能有什么希望？[92]

在另一处，他把凶残贪婪的君主称作悍狮；又在一处指责这类只顾照料自己而对羊群不管不顾的牧羊犬，说的就是那些只为自己的目的行使权力的君主。[93]保罗也就尼禄说过：“我也从狮子口里被救出来。”[94]来看看智慧的所罗门是如何以几乎同样的情感来描绘暴君的。他曾言道：“暴虐的君王辖制贫民，好像吼叫的狮子、觅食的熊。”在另一处又说：“恶人掌权，民就叹息。”仿佛就此被领入奴役状态。还有一处他又说道：“恶人兴起，人就躲藏。”[95]

《以赛亚书》中有一段，主恼怒民众之恶行，以言威慑道：“我必使孩童作他们的首领，使婴孩辖管他们。”[96]这段话是什么意思？难道不是明确宣称，再没有什么比有一个愚蠢邪恶的君主，能够给国家带来更加苦痛的灾难吗？

然而，当耶稣基督作为万国之君、万民之主，自己断然指明了基督教君主与异教君主之间的区别，说："你们知道外邦人有君王为主治理他们，有大臣操权管束他们。只是在你们中间不可这样。"[97]我们又为何抱守这种倾向呢？如果说主宰是异教君主的本分，那么主宰并不是基督徒治理的方式。他说"在你们中间不可这样"，除了说必须在基督徒中间实施另一种做法，在基督徒中间，君主之职司只意味着有序的控制，而不是霸蛮的权力，而王制除了意味着有助的照管，而不是暴虐的专政，还能有什么意思？[98]

君主也不可愤懑地想着"这些东西适用于主教，而不适用于朕"。其实它们的确适用于您；只要您是一位基督徒！假如您不是基督徒，它们就完全不适用于您了。倘若您看到有些主教离这种理想差得很远，也不应愤愤不平。就请让他们谨言慎行，而您专注做自己该做的事情。即使和别人相比，您看起来不那么坏，也不要就此自以为是位良君。不要以为其他君主大凡都做的事情您就可以做。您要依照荣耀的准则约束自己，评判自己。[99]即便您已经傲视群伦，毫无对手，也要和自己来一番竞争，因为最出色的竞赛，真正值得一位不可征服的君主参与的竞赛，正是日省己身，精益求精。

如果专制统治已是臭名昭著，抑或其宗旨已是恶声远扬，那么纵有许多人如此施为，亦不能令其增添荣耀。只要道德价值仍是行动本身的一种属性，有多少人如此施为就无关紧要。

塞涅卡充满智慧地写道，国王如果长着一副盗贼的头脑，就应当被归为强取豪夺之辈。因为只有这一点，只有头脑，而不是其名号，才使国王有别于暴君。[100]

亚里士多德在其《政治学》中告诉我们，在有些寡头政体里有这样一种惯例，即将担任公职者应当订立如下誓约："吾将以仇恨迫害人民，奋力而为，以令其不利。"[101]但即将就任王位的君主则要对他的子民立下截然不同的誓约。不过我们仍然听闻有一些君主，他们对待自己子民的方式，就好像是按照野蛮人的说法，在各个方面都与民众事务为敌。

如果不管什么时候事情都有利于君主而不利于民众，如果一个人的好运得自其他人的灾难，如果一家之长会暗自盘算从自家成员的不幸中为自己谋取更多的财富与强势，这显然散发着暴政的味道。

希望自己得享君主之尊号而摆脱暴君之恶名的人，都必须自己凭借仁慈的行动而不是恐惧与威胁来赢取。这是因为，如果某人被阿谀奉承的小人或备受压迫的小民唤作君主或国父，而其实是个暴君，甚或只是被自己的时代所尊崇而被后世所唾弃，则毫无意义。您可以看到，曾经让人畏惧的国王在生前无人胆敢冒犯，只有唯唯诺诺，生后却被人满怀憎恨地记录下他的恶行。您可以看到，甚至连他们的名字都是那么容易令人作呕。

良君对待自己的臣民，必须有如好的家长对待他的家人。这是因为，如果一个王国不是一个大家庭，一个国王不是万民之父，那又能是什么？[102]因为他虽然被置于众民之上，但仍属于同类：人治理的是人，自由的人治理的就是自由的人，而不是野兽，亚里士多德此言甚是。[103]当古代的诗人将朱庇特，也就是他们认为主宰全世界和众神的那一位，（以他们的说法）相应地称之为"众神与万民之父"，脑子里想的似乎也就是这一点。[104]我们从我们的老

师那里也已经学到，耶稣基督也同样用“父亲”来呼唤上帝，而上帝无疑是统率一切的君主。

然而，(我认为)当荷马笔下的阿喀琉斯如此谴责其统治只为自己不为其臣民的君主：“一个吞噬其子民的国王”，还有什么措辞更令人厌恶，更值得诅咒？[105]因为他出于满腔愤怒，认为要抨击一个在他看来不配做统治者的人，能找到的最具攻击性的言词就是说他在吞噬自己的民众。还是这位荷马，当他用“国王”来表示尊崇其荣耀时，常常称其为“牧民者”。[106]牧羊人与掠食者之间有着天壤之别。因此，如果君主们从他们的臣民大众当中单挑出一小撮邪恶之徒，用不怀好意的借口，用反复无常的遁词，消耗着人民的力量，榨取着人民的财富，将其归入自己的名下；如果他们在声色犬马中挥霍堕落，或吞噬自己在残酷的战争中无情掠夺来的财物，那么，他们又能基于哪些特别的理由，将“君主”之名用诸己身呢？在这样的所谓事业里，谁能扮演怙恶不悛的恶棍，谁反倒能赢得至高的赞赏。仿佛君主乃其子民之敌，而非子民之父，而最能有效地威胁民众幸福的人，反倒是君主的最佳官吏。

家长会认为，不管什么给任何家庭成员带来收益，都代表着自己财富的一份增长；同样，真正具有一副王者头脑的人，会认为自己臣民的任何财产无论在什么地方，也还是自己财富的一部分；因为他令臣民们对自己忠心耿耿，足以为了他们的君主，毫不退缩，甚至牺牲自己的生命，而不仅仅是牺牲自己的钱财。

我们有必要留意一下，康茂德皇帝儿时的导师坡吕克斯如何向康茂德形容国王与暴君。在他看来，众神之下即是国王，国王与众神很贴近，也很相似。然后他说道(拉丁文缺少希腊语的某些特

定属性，不能恰如其分地转译词语，尽管如此，我将给出如下说法以便理解）："用这些言词来赞颂国王：严慈之父，温和沉静，宽厚仁慈，高瞻远瞩，公正无私，虚怀若谷，胸襟坦荡，不贪私财，不为情迷，自控力强，消遣有度，讲求理性，判断敏锐，洞察力强，深谋远虑，不徇不私，举止有节，上敬天神，下察人事，言行持重，坚毅果敢，诚信可靠，思虑高远，富于主见，日理万机，成就卓著，爱民如子，乐于助人，慎于报复，处事决断，性情稳定，矢志不移，热爱正义，公允持正，谨守君道，平易近人，对处如沐春风，交谈和蔼可亲，魅力四射，开诚布公，体恤民情，爱兵如子，骁勇善战但不滥生争端，热爱和平，缔造和平，维护和平，宜于增进公德，明于指挥之术、君主之道以及修行善法之理，生具良愿，宛如天人。此外尚有众多品质可以一书，惟憾片言只语难以尽表。"至此我们都是在阐释坡吕克斯的观点。那么，既然一个异教徒的教师都为异教徒设计了这样一种君主，为一位基督教君主设计的计划是不是应该神圣得多？

现在来看看坡吕克斯用什么辞藻来描绘暴君。行文大意如下："你会这样来指责一个恶君：专制残酷，野蛮粗暴，强取豪夺，唯利是图（依柏拉图所言），[107]贪恋财富，劫掠成性，吞噬臣民（依荷马所言），[108]傲慢自恃，狂妄自大，孤高冷漠，性情乖戾，不喜结交，执拗难处，言谈多不投机，脾气喜怒无常，忽而令人战战兢兢，忽而兀自暴躁不已，耽于欲望，无以自制，我行我素，全无韬略，为人刻薄，处事不公，行止粗率，徇私枉法，道德欠缺，蠢笨有加，浅薄短视，三心二意，遇事缺乏主见，纳谏难以从容，冷酷无情，任性而为，不容批评，滥施权力，乱生战事，遍行苛政，四处挑衅，难以应

付，无法容忍。”[109]

既然上帝与这样一种专制的人格有天壤之别，那么显而易见的是，他最厌憎的莫过于祸害起于国王。既然没有任何野兽比暴君更为有害，那么无可争议的是，对于全人类来说最厌憎的莫过于一个恶君。但是，谁又愿意在上帝和人类的憎恨与诅咒中度尽一生呢？因此，当屋大维认识到，企图夺其性命的阴谋接连不断，此伏彼起，他认为既然人人都憎恨他，自己的生命也就没有那么重的价值，不应当为了维护自己的安全，而以民众血流成河为代价。[110]

同样，在一个以荣耀和仁慈的方式治理的领土上，不仅会更让民众安居乐业，而且会更保证长治久安，国祚永继。求诸古代历史，不难得此结论。没有任何暴君的防护措施做得那么好，能够让他久保王位，一旦国家的治理沦为暴政，就会明显加速其覆亡。

为万民所惧怕者，本人必定惧怕众人；[111]为大多数民众所期盼一死者，绝不能求取安生。

往昔之时，那些善行治理者被授予圣人之荣耀。而对于暴君亦有律法，如今已是用诸虎豹豺狼，也就是说要从公共基金中拨出一笔酬报，用来清除某个公敌。

往昔之时，国王只是凭借他们的非凡品质，由公意所任命。这些品质被称为英雄般的，意味着他们超出凡人，上抵天神。因此，且让君主们牢记自己的起源，认识到倘若他们身上缺乏最初令君主成其为君主的东西，他们就根本算不上君主。[112]

尽管国家的种类有许多，但在哲学家当中却有相当的共识，认为最健康有益的政制就是君主制；这并不令人奇怪，因为在与神祇

的类比中,当一个人统管了万事万物,那么由于他在这方面符合了上帝的形象,实际上也就在智和善这两方面秀冠群伦,并且卓然自立,一心为国。任何有别于这种类型的形式都将是最差的政制类型,因为它会与最佳的政制形式产生冲突。

如果你的君主恰好具备所有的德性,那么君主制绝对就是唯一值得追求的形式。但是,尽管这样的情况是一种值得抱持的最完美的理想,但或许永远不会出现,如果只能推出一个常人(现如今就是这种情况),那么最好对君主制加以牵制,混之以贵族制和民主制的成分,防止它有朝一日沦为专制暴政。正如几大要素之间可以相互平衡,国家也不妨通过类似的控制来保持稳定。这是因为,如果君主一心为国,他会得出这样的结论:在这样一种体制下,他的权力不会受到制约,而是得到维续。但是如果君主与国家貌合神离,用某种东西来牵制和抗击一个人的暴力也就愈发有必要了。[113]

亚里士多德明确指出,尽管权威有许多种类型(人之于动物,主子之于奴隶,父亲之于孩子,丈夫之于妻子),但国王的权威是最完美的一种,认为它尤具神性,因为它似乎具有某些超出凡俗的东西。[114]那么,如果像国王一样统治是庄严神圣的,接下来就可以说,做一个暴君也就必然是在扮演上帝的对立面的角色。

常言道,奴隶亦有优劣之分。[115]同样,主子之力各有强弱,才艺本领互见高下,功劳贡献也是有大有小。但是,在最高等的智慧上,也就是在对于如何公正地治理国家的理解上,君主却必须有卓越的表现。

发号施令乃主子之职责,遵行不悖亦奴才之义务。但暴君只

发布自己喜欢的号令，而国王则判断这是否对国家最为有利。那么，如果某人不知道何者为最佳，又该发出怎样的号令？甚或有人出于愚昧无知或情绪冲动，错把最劣当成最佳？

正如眼以观色，耳以听声，鼻以察味，君主之责，也正在于照看民众之利益。但是，他可以用来照看这些利益的唯一手段就是智慧；因此，倘若一位君主缺乏智慧，照看起国家利益来，也就无异于盲人观物了。[116]

色诺芬在其《家政论》中写道，在自由人的授意之下对他们实施统治，颇有些神圣的意味，而非人间的俗务。[117]因为对哑巴牲口或被迫遭受奴役的人实施统治并无体面可言。但人是一种具备神性的动物，而自由人就具有双重的神性：天性赋予一重，律法又加赋一重。同样，对于一位国王，把他的治理调节得让民众感到是一种施恩而非奴役，就表明了一种神性鲜明的至高德性。

所以，千万注意不要只把自己的厨房打杂、猎场下手或家事仆役当作自己的人，因为在绝大多数情况下，所有人都同样地属于您；要想到，您的所有臣民都在同等程度上属于您。即使要从他们当中挑选出什么人，也要保证让品性最为高尚、对国家人民最为热爱的人作为自己最亲近、最贴己的朋友。当您巡访治下的城镇，不要让自己有这样的想法："朕乃所有这一切的主人；他（它）们都得任朕处置；朕可以对他（它）们为所欲为。"如果您希望像一位良君应当想的那样思考问题，就得这样想："人民已经出于信任将这里的一切交托于朕，朕务必好好照看，交还时可以比朕得到时状况更好。"

当您清点自己难以计数的臣民，千万不要想："朕拥有如此众

多的仆人”，而要这样想：“如此众多的民众有赖于朕的照看；他们已经把自己的人身与财产完全交托于朕保护；他们视朕如父，若朕将自己树立为他们之上的一位良君，即可施惠于如此众多的子民；但若朕是一个恶君，则能祸害更多的人。那么，难道我不应当竭尽全力不沦为恶君，不祸害万民么？”

必须始终牢记：“主权”、“皇权”、“王权”、“君权”和“威权”都是异教的用语，而不是基督教的措辞。基督徒的“皇权”指的只是治国、施恩与卫戍。[118]

但是，即使这些词语依然让您喜欢，也得记住，异教哲学家自己对它们是如何理解和阐释的：君主之于民众的权威，犹如大脑之于身体。大脑之所以控制了身体，正是因为它比身体有智慧，但它所实施的控制不是为了自己，而是为了身体的巨大益处。[119]身体的幸福就在于大脑的治理。

心脏之于生命体，犹如君主之于国家。它是鲜血之泉，它是精神之源，故此为整个身体注入了生命。但是，一旦它受到损害，就会削弱身体的每个部分。生命体中的心脏是疾病所影响的一切器官中最后一个遭侵袭的，据说是维持了生命的最后一丝痕迹；同样，即使愚昧无知征服了他的子民，君主也应当与任何此类迹象保持相当的距离。

在人那里最重要的部分当然就是大脑，控制着一切，而在头脑中最高级的部分，也就是理性，居于主导的地位；而统领整个世界的是万物之最高者，也就是上帝。同样，不管是谁仿佛掌管了国家这个庞大的身体中统领性的部分，就必须具备超出其他众民的正直、智慧与警醒。在这些品性上，君主必须充分高于其官吏，犹如

官吏必须充分高于普通民众。

如果头脑中有何邪念，盖因与身体之密切接触，因为后者受情绪的支配。而任何善好之处，均系身体得自有如清泉的头脑。如果有害的影响系由头脑流入身体，如果身体之健康源于大脑疾病之侵害，显然自相悖谬，有违常理。同样，如果战争、叛乱、腐败、恶法、贪官以及国家所受的其他种种此类祸患皆出于君主本人，他们的智慧就和普通民众的愚昧一样，塑造了诸如此类的动荡，那么这也是彻头彻尾的荒唐！然而我们常常看到，有多少靠民众的卓绝奋斗牢固打造起来的国家，正在蒸蒸日上之间，却被它们君主的倒行逆施断送！[120]

“主人”这个名号，有那么多并不心归基督的统治者都避犹不及，出于惧怕遭人憎恨，拒绝接受野心之中实际想要被人称呼的这个名号。那对这个名号欣喜不已，又是多么不合基督教的教义！然而，同样这位基督教君主会认为自己被称作“伟大的”是合适的么？[121]

尽管已经以犯罪行径攫取了帝王之位，屋大维仍然认为被称作“主人”是对自己的一种冒犯。一次有个戏子在众人面前这样称呼他，他面露不豫，语带不悦，仿佛在宣称这是指责暴君的一种用语。[122]难道一位基督教君主还不能展现出异教徒都有的那种谦逊么？

如果说你是你所有子民的主人，那么他们就必定是你的奴隶；在这种情况下你可就得当心了，因为诚如古人所言，每一个奴隶那里你都会发现一个敌人。[123]

既然大自然让所有的人都生而自由，奴役是被强加在自然上

的(就连异教的律法也承认这个事实),那么,如果一位基督徒获取了对其基督教友的主宰地位,而律法并不希望让他们成为奴隶,耶稣基督也把他们从一切奴役状态中拯救出来,这个基督徒的行为又何其不妥！保罗就见证了这一点,生而为奴的阿尼西姆在受洗之后,即被保罗称为阿尼西姆过去的主人腓利门的兄弟。[124]

那些人是耶稣基督像拯救你一般用同样的鲜血拯救回来,让他们享受与你一样的自由,并令他们和你一起继承了不朽,却被视作奴隶;那些人也信奉我主、上帝,正如你对于耶稣基督的信奉,却被强加以奴役的枷锁,这是多么的可笑！既然基督徒只有一位吾主,[125]那些代行其职责的人又为何宁愿从别人身上搬来治理的模式,而单单我主即是万事万物的楷模？从他人身上借鉴其性格中正好具备的某些德性成分是很正当的事情,但在我主那里,却有着一切德性与智慧的完美典范。听起来这确实像是一个愚蠢的想法,但只是对于那些没有宗教信仰的人:对于我们,如果我们是真正的信徒,耶稣基督就是上帝之善,就是上帝之智慧。

在这一点上,我不希望您这样想:“可这是在为人服务,不是在治理他人。”绝非如此。这是一种最高明的治理,除非您或许也将上帝视同仆人,因为他统领整个世界而毫无回报,万事万物都感受到他的良愿,却不付给他任何酬劳;除非大脑也像是个仆人,因为它如此勤勉地照看着身体的健康,尽管它自己并不需要这一点;除非眼睛也被认为是身体其他部分的仆人,因为它为其他所有部分担当警卫。

您大可以这样来看问题:如果有人借助喀耳刻的巫术,将您称为自己臣民的所有民众都变成猪和驴,难道您不会说自己的帝国

已经为此贬值了吗?[126]我认为您会这样想的。当然,您或许可以对猪和驴实施比人更多的控制,因为您可以对它们随兴使唤,任性驱赶,甚至肆意屠戮。因此,将自由的臣民转变成奴隶的人,势必令其帝国贬值。服膺于您的治理的人越是具有声望,您的统辖也就越是宽慈、荣耀。也因此,保护臣民之自由与尊严的人,亦有助于彰显您的帝王之尊贵。

为了避免对臣民的统治令臣民身陷胁迫,上帝自己为天使与凡人都授予了自由意志,以便让他的权力更显壮伟与仁慈。那么,如果是因为统治着一群像牛马那样出于惧怕而俯首帖耳的民众,又凭什么洋洋自得呢?

您不要忽略一点:福音书或使徒书信中所谈论的如何需要忍受主人、遵从官吏、崇敬国王、照数纳税等等,针对的都是异教君主,因为当时还没有出现什么基督教君主。那些教导是针对如何遵从非基督教的当权者的,以免民间秩序发生任何骚动,只要这些当权者各守其司,不要发布冒犯上帝的号令。有一个异教君主要求得到荣耀,保罗说荣耀将被彰显于他。君主征收了一款税,保罗希望大家照付不误。君主抽取一笔贡赋,保罗建议众民如数呈上。因为基督徒绝不会被这类事情所削弱,这些统治者也确实有某种正当的权力,不管出现什么情况,也不应当受到挑战。但他接下来又对基督徒说了什么?他说:"凡事都不可亏欠人,唯有彼此相爱。"否则我们就不得不说,耶稣基督也确实欠恺撒一笔贡赋,只因为根据记载,他付了一笔税(didrachma)。[127]

在福音书中,当耶稣被不怀好意地问道,自认奉献于上帝的子民,还应不应当向恺撒纳税,他就要求拿一枚银钱来给他看。银钱

拿来后，他不露声色，只是仿佛一无所知般地问道，银钱上的图像和铭文是谁的。当人们回答说是恺撒的，他就含糊地答复那些想要抓他把柄的人说："恺撒的物当归给恺撒，神的物当归给神。"[128]这样，他既避免了提问者设下的陷阱，也借机劝人归顺上帝，我们的一切都得之于上帝。不仅如此，这还好比在说："你有责任照看你所亏欠恺撒的东西，我与此毫无干系；还要考虑你亏欠上帝的东西，这是我（而非恺撒）履行的事务。"

我希望在这一点上，任何人都不要产生以下这样的念头："那么，你又为什么夺走君主自身的权利，更多地给予异教徒而非基督徒？"可我并非如此。我是在捍卫基督教君主的权利。异教君主有权利凭借恐惧来压迫其子民，驱使他们从事卑贱的劳作，令他们身无长物，劫掠他们的财货，最后让他们受害牺牲：这就是异教君主的权利。您可不希望基督教君主也有这般权利，不是吗？或者，如果禁止他做这些事情，他的正当权力难道会为此削弱吗？

以基督徒的方式治理国家的人，是不会失落权威的，但要维持权威还需要其他一些方式，事实上，是一些荣耀得多、安全得多的方式。基于以下考虑，您将能够体悟到这种说法的道理。首先，您借奴役状态压迫的民众并不真正属于您，因为只有万民一心归顺方能成就一位君主。说到底，那些自觉自愿遵从于您的人才真正属于您的臣民。其次，当您的臣民被迫深陷惧怕，您就连他们的一半也算不上拥有：他们的身体在您权力之下，但他们的灵魂却与您疏离。而当基督徒的博爱将君主与子民维系在一起，那么不管有什么样的情势需要，一切仍都供您调遣。这是因为，良君只是在国家利益有需要的时候才发号施令。再者，如果只有强硬的主宰而

无仁慈的良愿，无论君主如何尽力，最终也必然比不上万民归顺于他时的状况。毫不强取豪夺、唯求受人敬重，方能收获最丰。

不仅如此，暴君所看到的荣耀根本就不是什么荣耀，而是阿谀奉承或虚伪矫饰；不是顺从，而是奴役；他所展现的宽宏并不真诚，而只是傲慢；他所拥有的并不是权威，而是强迫。但像一位基督教君主那样行事的人会真正地具备所有这些东西。不强令人们敬重他的人，反倒会获得比其他任何人都多的敬重；不强令人们顺从他的人，反倒会获得比其他任何人都多的自愿遵从；这是因为，民众对于认为他会将之奉献公益并回报于民的人，最是毫不犹豫地准备献出自己的财富。

君民之间有某种相互的交换。人民应当向您奉献贡赋，向您奉献遵从与敬重；但您反过来也应当向人民奉献一位良善、警醒的君主。税负看起来像是您的人民亏欠您的，但当您要征收一项税款时，先得考问自己，您是否已经履行了自己之职位对于他们的应尽之责。

亚里士多德说过，主宰的本质并不在于占有奴隶，而在于使用他们。[129]然而君主之职应该更多地为民众着想，而不是依赖富贵浮名、横征暴敛。

既然国家是一种由多个部分组成的身体，而君主本人也属于其中一个（即便他是特殊的一个），那就很有必要维持一种对各部分都有益处的均衡，勿令哪一个部分丰厚肥实、生气勃勃，而其他部分则贫弱乏力。因为如果君主从国家的不幸当中得享快乐和发达，他就既不属于国家的一个组成部分，也不是一位君主，而是一个强盗。

亚里士多德指出，如果奴隶主确实是一位真正的主人，那么他手下的奴隶就该是其主人的一个有机组成部分。[130]至少，不仅部分与整体之间存在某种友好的关系，同时它们彼此能提供某种互惠。常言道，主人与奴隶之间就是买卖关系，如果此言不谬，那么在基督教民众与基督教君主之间的关系当中，是否应当有多得多的内涵？[131]

如果君主的一思一念，一言一行，完全在于如何通过自己制定的法律，尽可能多地榨取民众的钱财，尽可能多地搜刮岁入，肆无忌惮地卖官鬻爵，那么，我请问您，是应当将他称作一位君主，还是一个商人，抑或我想更准确地称之为一个强盗？

克罗伊斯在其城市陷落之后，眼见着居鲁士的兵士在一片喧哗与骚动中四处冲杀，便问他们正在干什么。居鲁士回答道，他们在做一支胜利的大军通常所做的事情，也就是劫掠民众之财货。于是克罗伊斯问居鲁士："我没听错吧？既然你已经征服了我，这些东西难道不已经是你的了么？那么，为什么你的人还要掠夺属于你们自己的东西？"居鲁士深以为然，号令约束其兵士继续抢劫。[132]这一点君主应当始终铭记于心：这些正被榨取的东西本已归我所有，这些正被剥夺和压迫的民众本已归我所有，我对他们犯下罪错，也就是对自己犯下罪错。

您必须以这样的方式治理国家，让自己能够方便地为自己之所作所为给出一个正当理由。如果没有人要求您这样做，您就更有义务这样自我要求。因为终究有朝一日，并且是在不久的将来，上帝将会如此要求于您。对上帝而言，您是否是一位君主并无关紧要，只不过您曾被授予的权力越大，您所面对的审判也就越是严

格。即便您一个人是整个世界的君主，在这种审判面前，您也不能够采取欺瞒、逃避、恐吓或腐蚀的手段。

您一旦已经将自身奉献于国家，就不再有权利按照自己的方式自在地生活：您必须维护并磨炼您业已承担的角色。

任何人在参加奥林匹亚竞赛之前，都必须首先思量竞赛所要求的那些规则。他不会抱怨阳光、沙尘、汗水或其他诸如此类的东西妨碍了他，因为所有这些东西都是比赛条件的自然组成部分。同样，担当治理之务的人必须首先在脑海中思量君主之职司会有哪些要求。他必须考量其他人的利益，把自己的利益放到脑后；他必须枕戈待旦，以便他人高枕无忧；他必须勤勉工作，以便他人安心休闲。他必须表现无比正直的品性，哪怕在其他人身上，保持起码的正派即已足够。他的心智必须去除一切私人情感，在从事公务时，必须只考虑民众。即使对于那些忘恩负义的家伙，不理解他的民众，甚至反对他的民众，他也必须广施恩泽。倘若这些均为您所不喜，您又为何要担当治理？或者您为何不就此放弃碰巧落到您身上的机遇，将其转与他人？如果这样做不可能，那么至少将任何执行的权位都下放给那些具备您原本应当自己展现的品性的人。[133]

希腊智者中有一位曾经非常明智地说过，成就卓越之士，必负艰苦卓绝之责。[134]因此，必须记住，要证明自己是位良君，其实绝对是件最美妙的事情，但同时也是件最艰难的事情。现在您看到有些君主的日子过得实在滋润，好像当个君主比做一家之主还容易，仿佛老话说的，当国王和当傻子都是天生就会，无须后天培养。即便如此，您也绝对不能为之所动。[135]

因此，既然其他所有人都早做准备，努力学习自己立志为业的技能，那么，君主又应该多么的加倍专注，提早学习治理的原则？事实上，其他技能的造诣主要有赖于以下四点因素：天赋、教育、示范与实践。柏拉图在君主身上寻求一种平和沉静的气质。因为尽管他承认生气勃勃的人民宜于训练，但否认这种类型的人适于掌管国家。[136]后天的教养与特别的关照可以弥补某些性情上的缺陷，但偶尔也会碰上这样的天性，或者蠢笨如牛，或者桀骜不驯，或者凶残狂躁，再怎么努力训练，也只是白费工夫。尼禄的天性是这样的败坏，甚至睿智如塞涅卡这般的贤师，也无法阻止他成为祸害最甚的统治者。[137]

正如我所言，教育必须从小抓起，必须配得上一位真正的君主，必须明确坚定。正因为此，柏拉图希望他笔下的卫戍者年事稍长后再接触辩证法，因为要从问题争执的正反两方面分别论证观点，会使得对错之判断不那么牢靠。[138]特别要从上帝本身那里，从兼具神性与人性的耶稣基督身上，借鉴治理之典范，他们的教诲也将是教育的主要源泉。最后一部分，也就是实践，对于一位君主是相当有危险的：这是因为，如果有人通过实践练习成为一位好琴师，那么练坏几把竖琴也没有什么大不了的，但要是君主学习如何治理国家，对于国家来说可确实是承担着严重的后果。因此，必须想尽办法，通过陪坐国事咨议，参加法庭审判，出席授官典礼，听取国王颁旨，让他从孩提开始就慢慢熟悉治国之道。但这一切都得事先接受其中所涉原则的教导，以便他可以做出更好的评价。谨防他没有得到其他许多人的判断的支持就贸然决策，直到他的年龄与阅历都使他自己的判断更可信赖。

荷马尝言，君主不能指望有阖夜安枕的时候，因为有千千万万民众和如此沉重的事务交托予他；维吉尔笔下也曾描绘过埃涅阿斯的类似形象。如果荷马所言不谬，[139]如果维吉尔刻画精当，[140]那么，我请问您，君主又能到哪里寻求闲暇，把一个个的整天，其实是他的大部分生命，都浪费在赌博、跳舞、打猎、闲荡甚或其他更加琐碎的杂事上？

国家正在遭受党派相争的腐蚀，战争的伤害，抢劫四下盛行，庶民忍饥挨饿，被横征暴敛逼得走投无路，弱者承受着身居高位者全无正义的压迫，贪官污吏目无法纪，为所欲为；而置身这一切，君主还能像在度假一般终日斗鸡走狗？

掌舵之人都不能是个贪眠的懒鬼，那么身居如此险境的君主还能兀自鼾睡？任何大海曾经历的风暴，都不会比每一个王国始终经历着的风暴更为严峻。因此，君主必须始终警惕，避免在某个方面偏离正道，因为他一旦走上邪路，就必定会给成千上万的人带来灾难。

对一位优秀的船长来说，如果驾驭着一条庞大的船，装载着价值连城的财货，抑或运送着为数众多的乘客，都不能让他骄傲无比，而只会令其警惕万分。同样，良君之臣民越是众多，他就必须越发警醒，而不是更加傲慢自负。

如果您想想自己所支撑的王国是多么庞大，就始终会有些事情等着去做；如果您养成习惯，以民众之幸福安康为乐，就永远不会丧失快乐之源，到那时，让良君分心于不当消遣的懒散倦怠将无容身之地。君主尤当遵行智者贤人业已阐明的道理，也就是说，选择最佳的生活方式，而不是最诱人的生活方式，因为到最后习以为

常，将使最佳的生活方式也同样充满魅力。

如果艺术家从自己所画的一幅美丽的画中得到了快乐，如果耕夫、菜农和工匠都能从自己的劳作中享受乐趣，那么最能让君主感到快乐的，就应当是巡视在自己的努力下日渐繁荣进步的国家。

尽管我们决不否认，做一位良君是一种重担；但当一个恶君更是一种负累。发乎自然、循乎情理，要比装腔作势、招摇撞骗轻松得多。[141]

倘若您确实是一位君主，那么当您自忖："我的智慧足以避免战争，用尽可能少的流血来平息这场骚乱是一件好事；而任命此人当官，我的行动也符合国家及我个人声名的最佳利益"，这样还不能令您深感欣慰，就很令人奇怪了。这当然是一种配得上基督教君主的快乐。[142]在您的日常善行中不断增添快乐的养料，而将其他粗鄙的消遣留给无足轻重的愚民。

人人都称颂所罗门，因为以他的地位，想要什么就可以索求什么，而索求什么就能立即得到什么，但他并未索求巨大的财富，或治理整个世界，或消灭他的敌人，或索求非凡的声名与荣耀，或快乐愉悦，而是索求智慧。并且，他所索求的不是什么别的智慧，而是能够使他值得信赖地治理交托予他的王国的那种智慧。[143]与之相反，人人都谴责迈达斯，因为他眼里只看重黄金。那么，凭什么要为历史设置一种判断标准，为现实生活另设置一种判断标准呢？我们希望君主得享幸福，百战百胜，饱受赞誉，健康长寿，财富多多，但如果我们真的全心忠于君主，又为何不希望他得到所罗门希望得到的那种东西？为了防止他索求听起来很愚蠢的东西，上帝就此推荐了那种智慧。而我们又为何要把唯一有些重要意义的

东西当成最不重要的呢？当然，有好多人认为，君主之智慧倒是阻碍政制运作的因素之一。他们说，睿智的君主的坚强性格为此软弱涣散，变得优柔寡断。但他们在谈的是鲁莽，而不是果敢。由于缺乏判断而无所畏惧，这可不是善思明辨，而是愚昧无知。君主身上的勇敢必须从其他来源寻求，因为要是按照这个标准，一般的年轻人固然勇敢，而狂躁中的人甚至更为勇猛。当一种恐惧感指出了危险所在，教育人们予以避免，当它约束人过一种可耻、腐化的生活，它就是有益的。

自己负责照看众人的人必须非常警惕，自己负责照管众人利益的人必须智慧过人。君主之于国家，当如上帝之于宇宙，太阳之于世界，眼睛之于身体。

古时的智者运用象形文字，通过栩栩如生的象征符号勾勒事情的意义。他们也常常这样来表现国王的形象：他们会画一双眼睛，一柄权杖，表示生命之正直，表示心智不会出于任何理由偏离正道，具备深思熟虑，时刻保持警醒。[144]

也有人常常如此刻画君王权杖：顶端是一只鹳，象征尽忠职守；底端是一只河马，一种危险的野生动物。[145]您可以看到，这意味着如果愤怒、复仇欲望、贪婪或暴力之类的粗野情感在君主心中肆虐，那么对他国家的赤诚将会压制、克服这些感情。机遇之幸运、物质之成功都会助长傲慢，但对祖国的热爱将胜过这些冲动。

根据普鲁塔克的说法，往昔的底比斯人习惯在他们的神圣绘像当中，放上一些没有双手的坐像，而这些坐像的首领更是没有双目。他告诉我们，他们之所以坐着，是因为官吏与法官应当性情平和，不为任何情绪所扰乱。他同时指出，他们之所以没有双手，是

因为他们必须清白无瑕，不为任何腐蚀贿赂所沾染。进而，唯独首领没有眼睛这一点更意味着，国王是那么难以在腐蚀之下沦为不信不义之徒，甚至不会被什么人的外表所动，只会用自己的双耳来听取讯息。[146]

同样，请让君主学会从装饰自己的那些标志中领会哲学层面上的教益。国王的涂油礼除了意味着精神的伟大平和，还能意味着什么？国王头上的王冠除了意味着秀冠群伦的智慧，还能意味着什么？国王颈上缠绕的金链，代表着所有德性的和谐统一；色泽缤纷、光华夺目的珠宝，意味着德性的完美，意味着每一种善好都必然在君主身上有着突出的表现；光鲜亮丽的紫袍表示着他对其臣民的挚诚关爱；他的这些正式装饰表明他会赶上抑或超过其先人的成就。他身前的佩剑意味着在他的庇护之下，国家将外拒强敌，内除犯罪。[147]

良君的首要之责，即在于具备可能有的最佳意图。接下来便是时刻警惕避免或祛除邪恶，另一方面还要不断地实现、增加和巩固善好的东西。对于一个私人来说，意愿良好或已足够，因为他受法律的引导，官吏事先规定了该做些什么。但搁在君主身上，仅有良好的立意、最佳的意图还不够，还必须伴之以智慧，指点他实现自己的欲望可以借助哪些手段。

镌刻着克罗伊斯或居鲁士之名，并精妙地装饰着王冠与权杖的大理石塑像，与一个没心没肺的君主之间，其实并无多少差异！唯一的不同只在于：前者茫然无神的目光不会对任何人产生什么伤害，而后者的蠢笨无知则会给国家带来极大的损失。[148]

在评判自己时不要根据您身材之高矮或命运之优劣，而要依

据心智的性质;掂量自己的分量时,不要依照他人的颂词,而要依照自身的行动。

既然您已经是位君主,就得注意只能允许配得上一位君主的那些溢美之词。如果有人赞美您外表俊朗,要想到那样的赞美只适于女人。如果有人羡慕您能言善辩,要记住那样的赞美是针对诡辩士与演说家。如果有人颂扬您强壮有力,要牢记这是赞扬运动健将而非一国之君。如果有人夸奖您高大魁梧,自己得这样想:"如果需要从高处拿什么东西下来,他这么夸奖我还有些道理。"如果有人夸赞您富甲一方,一定要想到这是夸赞商人的办法。只要您耳朵里还都是这种路数的吹捧,就要想到您尚未听到半点适合一位君主的赞词。那么,什么样的称颂是适合君主的呢?好,如果他就像荷马所说的那样,不仅前面有眼,脑后也长着眼睛,可以眼观六路;也就是说,如果他知道所有可能出现的情况,不仅通晓过去,而且富于前瞻,如果他就此利用自己的全部所知造福祖国而非图谋私利,那肯定符合君主的标准。[149] 无论如何,最能增长其本人智慧的方式,莫过于将这种智慧用于他的国家。

假定有人这样来称赞一位医生:"他外表俊朗,体格健硕,世交广泛,家道殷实,赌技高超,舞姿风雅,歌喉动人,球艺娴熟。"难道您不会立刻自问:"这和当个医生有什么关系?"那么,当您从愚蠢的奉承者那里听到同样的滥调,更会想到:"这和为君之道又有何干?"

对于行医之人有三点基本要求。首先,他应当医术精稔,熟悉身体的资源、疾病的作用以及对症的良方;其次,他应当坦诚相待,眼里只关注病人的健康,因为有许多人只是为野心或金钱所诱引,

以至于投下致命的毒药而不是开出治病的良方；第三，他应当备加关注，不惜心血。而这些要求对君主来说更是无比的重要。

最后来看看，作为异教徒的亚里士多德，在其《政治学》中对君主提出了怎样的要求。[150]是涅柔斯之俊美？麦洛之强壮？马克西米努斯之魁梧？还是坦塔罗斯之财富？[151]不，都不是。那么是什么？亚里士多德期待的是具备最高等、最完备的正直，即便就个别的私人而言，中人之资即可令他满足。

如果您可以同时是一位君主和一个好人，就会是在服务于一项高尚的事业。但如果不是这样，还不如放弃君主之位，而不是为了当君主而成恶人。要找到一个好人但不能为良君是很有可能的，但所有良君都必定同时是个好人。尽管如此，某些君主的水准现在已经下落到这样的地步，好人和良君这两种角色似乎已是相互抵触，同时谈论好人与良君，竟可能被视为愚蠢可笑之论调。

只有奉理性为您的国王，也就是说，只有您凡事遵行理智，判断照顾大局，而不是被个人欲望所攫取，您自己才能成为国王。同样，只有您自己事先遵从正道，才能去治理他人。[152]

“此乃朕之欲望，此乃朕之旨令，朕之意志即为理性”，且让这等口号成为不折不扣的暴君腔调，远离君主之心智。[153]而若有论调已经遭到了全人类的一致谴责，有如“只要他们惧怕我，恨我又有何妨！”，[154]就更该如此。这是暴君的标志，其实也是妇人的标志，因为它为情绪之冲动所驱使，一旦时日稍长，恐惧就只不过是个非常拙劣的保护者。

绝不伤害任何人，帮助每一个人，特别是帮助他的子民，要么宽容诸如此类的失误，要么根据自己对于何者有利于共同的善的

评判改正失误——且让这些成为君主的永久准则。任何对国家不抱有这种态度的人，非为君主，乃是暴君。

如果有人不唤您作君主，而称您为暴君和强盗，您会不会在盛怒之下，对此人实施严厉的惩罚？当然会这样，因为这是一种极大的侮辱，任何情况下都不应当予以容忍。但我宁愿您考虑这一点：如果一个人自己选择成为他被指责的那种人，对他本人的攻击是不是该严重得多？因为真正做一个贼要比被称作一个贼更为严重，而侵犯一位少女要比被指控强奸野蛮得多。

要想赢得良好口碑，最令人放心的途径就是表明自己确实是你希望别人称呼你的那种人。[155]依靠恐吓榨取或得自佞臣之口的颂词并非发乎内心的赞美，而仰赖由威胁所导致的缄口求得保障，也有害于君主之声名。尽管您在世之时或许会保持一段相当的平静，但后世之人必定会畅所欲言。有哪一位暴君是那么令人恐惧，可以绝对地封上每一个人的嘴？

基督教君主必须特别留意塞涅卡业已睿智地探讨过的问题。在那些被称作国王的人当中，可以发现有些人甚至比法拉利斯、狄奥尼修斯和波利克拉特斯[156]（这些名姓都已经成为世世代代遭人唾弃的对象）都更像暴君。这是因为，关键并不在于你正在走的是哪一条路，而在于你正要去的方向。留心共同的善的人是国王；在意自己的好处的是暴君。那么，对于那些以举国之卵危、换一己之巢安的人，对于那些顶君主之名（实则不配）行强盗之实的人，我们又当如何称呼？[157]

根据柏拉图的《法篇》，禁止任何人说神是罪恶之渊薮，因为神在本性上是良善仁慈的。[158]但君主是神的某种代表，只要他是一

位真正的君主。那么，如果统治者的行事如此糟糕，以至于一国之罪恶皆起于君主自身之缺陷，离上述理念相差又何其远哉？

即使有些谄媚小人反对这一点，认为这无异于将君主贬为常人，也丝毫无须挂怀。情况完全相反：正是那些想要纵容君主以有辱声名的方式行事的人，才将君主贬为常人。这是因为，除了将君主变成与贩夫走卒同类，为愤怒、欲望、野心、贪婪和愚蠢所左右，还能有什么别的可以将君主贬为常人？如果不允许上帝具有的也不允许君主具有，难道真的让人感到羞耻和难以容忍么？上帝并不要求人们允许他任性而为，可以忽略善的原则所规定的界限：假如他真的这样，也就不是上帝了。因此，那些即使在有悖为君之自然本性与根本原则的情况下，也想纵容君主如此作为的人，归根结底是在剥夺君主的帝王之尊，让他沦为一介庶民。君主不应耻于遵从善好和正当的原则，因为这些也为上帝自己所遵从；他也不应认为自己一旦竭尽全力接近万君之主的形象，会对自己的君主之尊有什么削弱。

要养成一位良君，父母、保姆和导师应当从一开始就在男孩的稚嫩心智之中播撒下诸如此类的种子，让他自觉自愿而非迫不得已地学习这些为君之道。因为这样才能养成一位注定要治理自由自愿之臣民的君主。且让他学会热爱善好，远避堕落，戒绝腐化影响，并且是出于正派而非出于恐惧。尽管培养一位良君的部分希望在于行为的改变和情绪的控制，但主要的希望还在于信仰的矫正。虽说有时即使邪念也会牵制恶行，但成熟或指责却会矫正卑劣的倾向，但当人相信全无荣耀可言的事情也自有其价值，相信绝对暴君做派的东西倒是君主身上某种出众的特质（也就是说，当生

命的一切所为的源泉都受到了污染),那就很难治愈了。因此,正如前文所言,教育者首要的、特别的关注就在于这一点:从其学生的心智之中根除所有可能已在一定程度上扎下根了的那些可耻、粗鄙的念头,移植入那些配得上基督教君主的健康观念。[159]

注释:

[1] 柏拉图《法篇》第 4 卷 715;塞涅卡《道德短简》XLIV.3—4。塞涅卡(Lucius Annaeus Seneca,约前 4—公元 65):古罗马哲学家、政治家、雄辩家、悲剧作家。有关在当时罗马政界的作用和与皇帝尼禄的关系,参见本章注 137。伊拉斯谟本书较多引用其《道德短简》(*Epistulae morales*)、《论仁慈》(*De clementia*)、《论愤怒》(*De ira*)。

[2] 柏拉图《政治家篇》311;《理想国》第 6 卷 503。

[3] 参见柏拉图《理想国》第 6 卷 487—489;亦见亚里士多德《政治学》第 1 卷第 13 章,第 2 卷第 9 章,第 3 卷第 13 章。

[4] 财富与地位的外在象征对于善治毫无意义,伊拉斯谟在这类议论中采用的讽刺笔调令人想起同年出版的托马斯·莫尔《乌托邦》。

[5] 西塞罗《论责任》第 1 卷 25,85。西塞罗(Marcus Tullius Cicero,前 106—前 43):古罗马政治家、古典学者、作家、演说家。关于在当时罗马政界中的作用及与皇帝恺撒的关系,参见附二注 21。伊拉斯谟本书频繁引用其《论法律》(*De legibus*)、《论共和国》(*De Republica*)和《论责任》(*De officiis*)。

[6] 亚里士多德《政治学》第 3 卷第 14 章。

[7] 参见柏拉图《理想国》第 2 卷 377;普鲁塔克《论孩童之教养》(*de liberis educandis*)5。普鲁塔克《道德论丛》中的这篇小作虽然在日后被考证出并非其亲作,但在文艺复兴时期影响极大。

[8] 参见普鲁塔克《哲人者即与伟人交流》1—3。

[9] 伊拉斯谟在此提出,为一个世袭王室挑选教育继承者的导师,乃是一件至关紧要的事务。在《论基督教君主的教育》出版前不久,伊拉斯谟被任命为查理国王的咨议之一,据说正是出于他的某种教育才干(同书收入

伊拉斯谟翻译的普鲁塔克一篇短论，并附有致亨利八世的献辞，其中便指明了这一点）。《颂词》中的一段话表明，伊拉斯谟在 1504 年或许希望得到腓力继承人之导师一职（查理当时年仅三岁）：“（据我所知）近来您一直在您的许多臣民中甄选一名人士，试验并考察其个人品行和人文学识，可以将这些尚处稚嫩的子嗣交托给他悉心照管，让他可以对他们进行那些符合君主之尊的培养。”（附二结尾，见本书第 200 页）

[10] 参见塞涅卡《道德短简》52“论择师”；普鲁塔克《论孩童之教养》7。

[11] 参见塞涅卡《论忿怒》第 2 卷 21.3；柏拉图《理想国》第 7 卷 536。

[12] 参见塞涅卡《道德短简》52“论择师”8、9。

[13] 参见普鲁塔克《论孩童之教养》6。

[14] 参见普鲁塔克《论孩童之教养》17；塞涅卡《论愤怒》第 2 卷 21.7—8。普鲁塔克的一篇短作也以谄媚之徒的危害为主题，即弗洛本出版社 1516 年随伊拉斯谟《论基督教君主的教育》首版一并印行的“论如何区辨佞臣与诤友”（*quomodo adū-lāt-ōr ab amico internoscatur*）。

[15] 参见柏拉图《理想国》第 6 卷 491、494；亦见《法篇》第 3 卷 691。

[16] 这句格言可以用作伊拉斯谟整篇论著的点睛之笔。只要是在世袭王室的条件下，进行系统的基督教教育就是不可或缺的。

[17] 暴政，也就是没有被统治者之授意而实施无情的专制统治，是整部《论基督教君主的教育》所反对的一种极端的治理形式。参见柏拉图《法篇》第 1 卷 643；伊索克拉底《致尼科莱斯》4。

[18] 参见普鲁塔克《哲人者即与伟人交流》2。

[19] 参见柏拉图《理想国》第 6 卷 486。

[20] 伊拉斯谟自己之所以编写《格言集》（*Adages*），就是为了尽可能完整地搜罗容易记诵的格言，以供指导一种善好的生活。

[21] 伊拉斯谟在另一篇教育论著中也曾建议，在奖品上镌刻箴言是一种使道德劝诫容易记诵的好方法。参见“正确学习法”（*De ratione studii*）（*Collected Works of Erasmus*，第 24 卷，第 671 页）。

[22] 塞涅卡《道德短简》94.3,17。阿里斯托（Aristo，亦作 Ariston，活动时期为公元前 3 世纪中叶）：希腊哲学家，师从斯多亚学派哲学家芝诺，认为生活中唯一真正的德行是智力得到发展而又保持健旺的一种精神

状态。

[23] 参见普鲁塔克《论孩童之教养》4。

[24] 参见柏拉图《理想国》第6卷491。

[25] 参见奥古斯丁《上帝之城》(*De civitate Dei*)第17卷20。

[26] 参见普鲁塔克《哲人者即与伟人交流》3。

[27] 参见柏拉图《理想国》第6卷498。

[28]《伊索寓言》(C. Halm编选本)第256、296、297篇。

[29] 在伊拉斯谟所指定的人文主义教育方案中,孩子的文学教育就是从阅读(然后模仿)《伊索寓言》开始的。伊拉斯谟在1515年版的《格言集》中增补了对于老鹰与甲虫之寓言的详细讨论:"Scarabeus aquilam quaerit",见伊拉斯谟《格言集》第3卷vii.1。

[30] 法厄同(Phaethon):据希腊神话,系太阳神赫利俄斯与某个仙女的儿子,因被人说是私生子而感到受了嘲弄,向其父诉说。赫利俄斯于是发誓满足其任何要求。法厄同要求驾驭太阳车穿越天空一日,但根本无法驾驭马匹,结果把车烤焦。为防止更大的灾祸,宙斯用雷霆把他击落。

[31] 参见荷马《奥德赛》9。库克罗普斯(Cyclops):希腊传说中指几个独眼巨人中的任意一个,此处实指其中最著名者波吕斐摩斯(Polyphemus)。奥德修斯被冲到西西里海岸,落到波吕斐摩斯手中,后者将奥德修斯及其同伴关在洞穴中,用巨石堵住洞口。但奥德修斯设计将波吕斐摩斯灌醉并弄瞎其独眼后巧妙逃出。

[32] 关于蜜蜂,参见维吉尔《农事诗》第4卷67—87;普林尼《博物志》第11卷5(4);关于蚂蚁,参见普林尼《博物志》第11卷30(36)。维吉尔(Virgil,前70—前19):古罗马最伟大的诗人。伊拉斯谟本书多处引用其《埃涅阿斯纪》(*Aeneid*)、《农事诗》(*Georgics*)和《牧歌》(*Eclogues*)。普林尼,此处乃老普林尼(Pliny, 23—79):古罗马大科学家、作家。《博物志》(*Natural History*)成书于77年,共37卷,涉及各类自然科学,其中第11卷专论昆虫。随着古代世界的衰落以及希腊典籍的散失,此书起到代替一般教育的作用。中世纪欧洲许多较大的隐修院皆藏有此书。伊拉斯谟本书后面谈到的普林尼是小普林尼,详见附一注10。

[33] 引人注目的是,这里才第一次诉诸基督教而非异教作为道德教导。

[34] 柏拉图《理想国》第 7 卷 514—518。

[35] 参见伊索克拉底《致尼科莱斯》50。

[36] 除了《圣经》中的多处经文,亦见塞涅卡《道德短简》4。

[37] 参见塞涅卡《道德短简》93. 2—5。

[38] 参见奥古斯丁《上帝之城》第 5 卷 14。

[39] 柏拉图《理想国》第 5 卷 473C—D;第 6 卷 487,499B—C。

[40] 参见柏拉图《理想国》第 6 卷 485。

[41] 在这里,伊拉斯谟融合了柏拉图、亚里士多德、色诺芬、塞涅卡等异教徒的教诲,他们都主张,统治者必须成为一位哲学家,才能认识真理并追求真理。而他自己的基督教君主教育,在他看来也是哲学性的:“只是术语不同罢了”。

[42] 参见伊索克拉底《致尼科莱斯》32;亦见色诺芬《居鲁士之教育》第 1 卷 6.8。莫尔的《乌托邦》中也响应着对于用外在物质来装点地位的做法的蔑视。

[43] 参见色诺芬《亚偈西劳传》第 5 卷 l;《居鲁士之教育》第 8 卷 I.37;亚里士多德《政治学》第 1 卷第 13 章。亚偈西劳(前 444—前 360),即斯巴达国王亚偈西劳二世(前 399—前 360 年在位),在斯巴达称霸希腊时期一直统率军队,精于谋略,通常被视为斯巴达尚武精神之化身。色诺芬参加过其军队远征小亚细亚,并曾陪同亚偈西劳前往德尔斐神庙献祭。该传为一篇颂词,记载亚偈西劳在欧洲和亚洲的功绩,歌颂其品德、爱国精神和高尚胸怀。

[44] 参见普鲁塔克《亚偈西劳传》23. 5;7.3。(英译本原文如此)

[45] 参见塞涅卡《道德短简》44. 3—5。

[46] 这是伊拉斯谟对于当时欧洲各国君主的宫中塑像艺术泛滥的一种典型反应。

[47] 涂油礼(anointment):一种宗教仪式,指涂油于人的头部或全身,也有涂在物件上的。此礼在各宗教历史上十分普遍,有医疗、祝圣和授予神职等多种意义(可同时蕴含)。在古代以色列和一些基督教国家,君主在加冕时也要经过涂油礼,表示他是由上帝选派实行统治的。

[48] 有关这种观点，尤见西塞罗《论共和国》第 2 卷 26.47。但此书不应成为直接素材，因为根据伊拉斯谟本人的说法，此书当时业已失传。根据伊拉斯谟的说法，只有当人民明确宣示效忠他们的君主，他才有权统治他们。而只有他们相信他会“像父亲一样”对待他们（也就是为着他们“家庭”的利益，而不是他自己的利益），他们才会做出这样的宣誓。授权统治的是宣示效忠，而不是外在的官职象征。

[49] 参见奥古斯丁《上帝之城》第 5 卷 18。

[50] 参见柏拉图《法篇》第 4 卷 716。

[51] 参见普鲁塔克《欢宴篇》（*The Banquet*）7。

[52] 这一点是在评论当时君主与教皇的那些“象征性”行动。1502 年，法兰西与威尼斯国王路易十二就发动了这样一场征伐。

[53] 参见柏拉图《会饮篇》222。

[54] 参见马克西穆斯《嘉言懿行录》第 7 卷 2.2。马克西穆斯（Valerius Maximus）：罗马历史学家和道德学家。所著《嘉言懿行录》（*Factorum dictorumque memorabilium libri novem*，成书约 31 年）系题献给皇帝提比略的一部轶事汇编，以希腊罗马史事举例说明人类的善与恶，在中世纪颇为流行。伊拉斯谟在《格言》（*Apophthegms*）中也（从此处）引用了这种说法。

阿非利加努斯（Sextus Julius Africanus，约 180—约 250）：最早的基督教历史学家。著有《年代志》（*Chronographia*），将古典年表与圣经年表合勘。

[55] 在伊拉斯谟看来，战争无论降临到哪个国家，都是最大的灾难。他常常把战争说成是君主这方面鲁莽无谋或疏忽草率的直接后果。

[56] 参见西塞罗《论责任》第 1 卷 34. 122。

[57] 参见普鲁塔克《与未受教育的君主对话》2。

[58] 参见普鲁塔克《与未受教育的君主对话》7；色诺芬《居鲁士之教育》第 8 卷 7. 23。

[59] 参见色诺芬《亚偈西劳传》第 7 卷 2；《居鲁士之教育》第 8 卷 1.21；伊索克拉底《致尼科莱斯》31；西塞罗《论共和国》第 2 卷 42.69。

[60] 参见西塞罗《论法律》第 3 卷 14. 31。

[61] 关于君主行为与其臣民行为之间一体关系的这种思路，也启发了他的《颂词》。

[62] 普鲁塔克《道德论丛》780E(《与未受教育的君主对话》3)。

[63] 文艺复兴时期的作者们常常用这三位罗马皇帝作为邪恶与残暴之统治的代表。

尼禄(Nero，37—68)：54—68 年在位，少年即位，纵情声色，奢华无度，曾下令处死自己母亲和妻子。更有传说焚烧罗马城、迫害基督徒，后被元老院处死，在历史上臭名昭著。

卡利古拉(Caligula，12—41)：37—41 年在位，本名盖尤斯·恺撒，幼年时得绰号卡利古拉(意为"小靴子")，以残酷手段罗织叛国罪名，处决多人，后被密谋处死。

埃拉加巴卢斯(Heliogabalus，又作 Elagabalus，204—222)：218—222 年在位，即位后将崇拜太阳神的宗教强加给罗马世界，处决许多拒绝接受新信仰的将军，使许多受宠的亲信当上高官，时常公开举行同性恋聚会，被当时罗马舆论视为放荡而引发公愤，后被禁卫军所杀。

[64] 尤参见伪安布罗斯(Ambrosiaster)，《新约考释》(*Quaest. Vet. Et Novi Test.*)第 35 卷，第 91 卷 8。此书系考订《新约》中保罗的书信，对考证拉丁文本《新约》很有参考价值。原本一直认为是圣安布罗斯(卒于 397 年)所著，但 1527 年伊拉斯谟对此提出怀疑，此后便称此书为伪安布罗斯所著。

[65] 对于伊拉斯谟来说，暴君，也就是未经授意而统治的君主，可谓一无是处。

[66] 伪丢尼修《论教会等级》(*De ecclesiastica hierarchia*)第 2 卷，伊拉斯谟的引用完全根据记忆，不甚准确。伪丢尼修(Dionysius the Areopagite，活动时期约公元 500 年前后)：叙利亚修士，著有《论教会等级》、《论神秘神学》、《论上天等级》等，其论等级制度的论文使现存的一切——基督教社会的形式、祈祷的阶段和天使的世界——都理论化，构成永恒的三位一体的映像。丢尼修(Areopagite，亚略巴古的大法官)原为《圣经》所载人物，见《新约·使徒行传》第 17 章第 34 节。9 世纪时世人认为他就是圣丹尼斯(St. Denis，拉丁文拼作 Dionysius)，巴黎首任基督教主

教，法兰西主保圣人。

[67] 伊拉斯谟《格言集》第 1 卷 i.24："Sacram ancoram solvere"。

[68] 参见普鲁塔克《与未受教育的君主对话》3。

[69] 参见普鲁塔克《与未受教育的君主对话》6。

[70] 参见奥古斯丁《上帝之城》第 4 卷 3；第 19 卷 15。

[71] 参见奥古斯丁《上帝之城》第 18 卷 19；西塞罗《论责任》第 3 卷 27.100。

[72] 柏拉图《理想国》第 1 卷 347D 和第 7 卷 520D—521B；西塞罗《论共和国》第 1 卷 17. 27；奥古斯丁《上帝之城》第 19 卷 19。

[73] 参见色诺芬《居鲁士之教育》第 8 卷 I.1；塞涅卡《论仁慈》第 1 卷 14.2。

[74] 法拉利斯（Demetrius Phalereus，？—约前 554 年）：西西里一僭主，以残酷闻名，据说曾把活人放在铜牛里烧死，把人们的惨叫当作牛的吼声来听。而铜牛的设计者佩里乌斯（Perillus）是第一个被烧死的人。最后他也被人推翻，并被投入自己的铜牛中烧死。参见第二章注 15 和 22。

狄奥尼修斯（Dionysius the Great，或称 Dionysius of Syracuse，约前 430—前 367）：前 405—前 367 年任叙拉古僭主。曾征服西西里和意大利南部，使叙拉古成为希腊本土以西最强大的城邦。虽然使西西里免遭迦太基的征服，但其野蛮的军事专制主义仍损害了希腊化的事业。为扩充自己权力，手段极其残酷，在希腊非常不得人心。当其派选手参加奥林匹亚赛会时，群众抢劫了选手的帐篷。

[75] 塞涅卡《论仁慈》第 1 卷 13.1。

[76] 亚里士多德《政治学》第 3 卷第 5 章，第 4 卷第 8 章、第 10 章。

[77] 有关法拉利斯，参见普鲁塔克《哲人者即与伟人交流》3；亚里士多德《政治学》第 5 卷第 10 章；塞涅卡《论愤怒》第 2 卷 5。有关狄奥尼修斯，参见普鲁塔克《哲人者即与伟人交流》与《希腊罗马名人传》中《狄昂传》（(*Dion*)(7。有关尼禄、卡利古拉和图密善，参见苏维托尼乌斯《恺撒传》。关于图密善，尤见苏维托尼乌斯《图密善传》13。

马森提乌斯（Mezentius）：维吉尔《埃涅阿斯纪》中埃特鲁斯坎（Etruscan）的一个不信神的残酷暴君，为其民众所驱逐后，加入图努斯（Turnus）一方与埃涅阿斯和特洛伊作战。

图密善（Domitian，51—96）：81—96 年任罗马皇帝，韦斯巴芗次子。

以恐怖统治闻名，性情暴戾，好大喜功，强取豪夺，大兴土木。以“叛逆法”罗织罪名，大肆清洗。死于宫廷政变。

苏维托尼乌斯（Suetonius，约 69—约 122）：古罗马传记作家。伊拉斯谟本书多处引用其《诸恺撒生平》（*De vita Caesarum*，即商务印书馆中译本《罗马十二帝王传》），记叙裘力斯・恺撒以下至图密善的十二位罗马皇帝生平。后文注解直接注出具体帝王传记。

[78] 参见奥古斯丁《上帝之城》第 5 卷 24；亦见塞涅卡《论仁慈》第 1 卷 13.4、5。

[79] 伊拉斯谟采用了一种传统的道德教育策略：教师应当用生动的语言“描绘”出两种极端的对立面，把其中一种行动方式说成是绝对值得追求、值得赞扬的，而其对立面则令人生厌，避犹不及。因此，他自己完全采纳了这种策略。这一段非常类似于伊拉斯谟在其格言“Scarabeus aquilam quaerit”（《格言集》第 3 卷 vii.1）中有关暴政的讨论

克劳狄（Claudius，前 10—公元 54）：罗马皇帝（41—54），体质羸弱，相貌平庸，举止笨拙，趣味粗俗，长期离群索居。将罗马统治扩至北非，并使不列颠成为行省。后被其妻毒死。

布西里斯（Busiris）：希腊神话中的埃及国王。据说埃及遭受多年饥馑后，先知宣称只有按规定每年向宙斯祭献一位异邦人作牺牲，饥馑才能停止。后来赫拉克勒斯（海格立斯）来到埃及，被捉住后带上祭坛。赫拉克勒斯挣脱了束缚，杀死了布西里斯。

潘修斯（Pentheus）：忒拜国王。传说试图禁止妇女参加狄奥尼索斯的庆节，被酒神的狂女包括其母亲撕为粉碎。

迈达斯（Midas）：一译米达斯。古希腊和罗马传说中以愚蠢和贪欲闻名的国王。据说他曾捉住酒神狄奥尼索斯的同伴西勒诺斯，并以宽厚仁慈待之，所以狄奥尼索斯答应满足迈达斯的一个要求以示酬谢。迈达斯希望自己触摸到的一切东西都变成金子，但当他的食物也因此变成黄金，以致几乎饿死时，他才认识到自己的错误。

[80] 参见亚里士多德《政治学》第 5 卷第 10 章。

[81] 参见普鲁塔克《与未受教育的君主对话》4。

[82] 参见塞涅卡《论仁慈》第 1 卷 13.1。

[83] 参见柏拉图《理想国》第 8 卷 567;亚里士多德《政治学》第 5 卷第 10 章。

[84] 色诺芬《居鲁士之教育》第 8 卷 2. 10。

[85] 参见柏拉图《理想国》第 8 卷 567。

[86] 亚里士多德《政治学》第 5 卷第 11 章。

[87] 伊拉斯谟《格言集》第 1 卷 x.45:“E diametro opposita”。

[88] 塞涅卡《论仁慈》第 1 卷 19.2、3。

[89]《旧约・撒母耳记上》第 8 章第 11—18 节。

[90]《旧约・申命记》第 17 章第 16—20 节。

[91]《旧约・以西结书》第 22 章第 27 节。

[92] 柏拉图《理想国》第 3 卷 416A—B。

[93] 柏拉图《理想国》第 9 卷 588—590。

[94]《新约・提摩太后书》第 4 章第 17 节。

[95]《旧约・箴言》第 28 章第 15 节、第 28 节;第 29 章第 2 节。

[96]《旧约・以赛亚书》第 3 章第 4 节。

[97]《新约・马太福音》第 20 章第 25—26 节。

[98] 奥古斯丁《上帝之城》第 5 卷 12。

[99] 同上。

[100] 塞涅卡《论恩宠》(*De beneficiis*)第 2 卷 18.6。

[101] 亚里士多德《政治学》第 5 卷第 9 章。

[102] 这是伊拉斯谟政治思想的一个根本要旨,也为道德说教文字所广泛采用。

[103] 亚里士多德《政治学》第 1 卷第 5 章。

[104] 荷马《伊利亚特》第 15 卷 47。

[105] 荷马《伊利亚特》第 1 卷 231。在《颂词》和格言“Scarabeus aquilam quaerit”中,伊拉斯谟也都引用了荷马的这一句乃至下一句话。

[106] 荷马《伊利亚特》第 1 卷 263。

[107] 色诺芬《师门回忆录》第 1 卷 2.5。

[108] 荷马《伊利亚特》第 1 卷 231。

[109] 坡吕克斯,《词类汇编》(*Onomasticon*)I. 40—42。在伊拉斯谟的作品中,这些引文都是先给出希腊文,然后译成拉丁文。坡吕克斯(Julius

Pollux,活动时期2世纪下半叶):学者、修辞学家。康茂德皇帝任命其为雅典的修辞学主持人,著有希腊词典《词类汇编》。

康茂德(Commodus,161—192):177—192年为罗马皇帝。先与其父(著名的马可·奥勒留皇帝)同朝为皇,180年马可·奥勒留去世后独享王位。其暴虐统治加速了内战爆发,结束了帝国此前多年的稳定与繁荣。统治残暴,精神失常,自以为大力神海格立斯转世,经常进入斗兽场充当角斗士。后由其手下招来摔跤冠军将其勒死。

[110] 塞涅卡《论仁慈》第1卷9.5。

[111] 参见塞涅卡《论愤怒》第2卷11.3。

[112] 参见西塞罗《论责任》第2卷12. 42;亦见亚里士多德《政治学》第3卷第17章;第7卷第3章。

[113] 参见柏拉图《法篇》第4卷709;亦见亚里士多德《政治学》第4卷第1章;柏拉图《理想国》第9卷580;伊索克拉底《致尼科莱斯》26;西塞罗《论共和国》第1卷35. 54、55;第2卷23. 43。

[114] 亚里士多德《政治学》第4卷第2章。

[115] 亚里士多德《政治学》第1卷第7章。

[116] 参见柏拉图《理想国》第6卷484,506—507。

[117] 色诺芬《家政论》21. 12。

[118] 伊拉斯谟在此模糊了道德训教与政治评论之间脆弱的界限,因为这些措辞都涉及哈布斯堡皇帝马克西米连的统治,查理日后于1519年继承了他的帝国。

[119] 参见亚里士多德《政治学》第1卷第5章;柏拉图《理想国》第4卷441;塞涅卡《论仁慈》第1卷3.5;奥古斯丁《上帝之城》第9卷9。

[120] 在伊拉斯谟有关作为政治实体的国家的广泛类比中,战争与叛乱典型地属于身体的疾病与解体。

[121] 欧洲有一批君主采用"伟大的"这个名号,当然就包括佛罗伦萨美第奇家族中的伟大的洛伦佐(1469—1492年间统治佛罗伦萨)。

[122] 参见苏维托尼乌斯前引书之《奥古斯都传》53。

[123] 引自马克罗比乌斯《农神节说》第1卷11. 13;塞涅卡《道德短简》47.5;Quintus Curtius Rufus(公元1世纪时罗马史学家)《亚历山大传》

第7卷8.28。马克罗比乌斯(Ambrosius Theodosius Macrobius,活动时期约公元400年前后):拉丁语法家和哲学家,《农神节说》(*Saturnalia*)系自柏拉图《会饮篇》开创的古代宴饮论辩之作中的最后一篇。

[124]《新约·歌罗西书》第4章第9节。

[125] 参见《薪约·马太福音》第23章第10节。

[126] 参见献辞注7。

[127]《新约·罗马人书》第13章第1—8节。

[128]《新约·马太福音》第22章第16—22节。此处该撒即通译恺撒。

[129] 亚里士多德《政治学》第1卷第7章。

[130] 亚里士多德《政治学》第1卷第6章。

[131] 尽管伊拉斯谟引用了亚里士多德《政治学》中的一个观点,但他倾向于继续主张,如果对于亚里士多德如此,那么对于一位基督教的君主,绝对更应该如此。

[132] 希罗多德《历史》I.88。克罗伊斯(Croesus,?—约前546年):吕底亚末代国王,约前560—前546年在位,以财富甚多著名。后居鲁士大帝奇袭首都萨迪斯,将其捉住。

[133] 伊拉斯谟以华丽的辞藻展现了一种独特的比较:按照君主之位的要求,除非一个人达到巅峰状态,尽力加以训练,否则他企图统治一个国家就很荒唐了。

[134] 伊拉斯谟《格言集》第2卷i.12。参见普鲁塔克《道德论丛》6C(《论孩童之教养》9),以及柏拉图《理想国》第4卷435C和第6卷497D。

[135] 伊拉斯谟《格言集》第1卷iii.1;塞涅卡《变瓜记》(*Apocolocyntosis*)1,此篇乃讽刺皇帝克劳狄,以"南瓜"喻其愚蠢,参见前注79。

[136] 柏拉图《理想国》第3卷410;第6卷503C—D和第8卷547—548。

[137] 塞涅卡不仅是公元1世纪罗马学术界的领袖人物,而且在公元54—62年尼禄在位前期与朋友一起实际统治着罗马世界。公元50年任执政官,营建权力集团。后任皇储尼禄之教师。公元65年因政敌指控参与阴谋被勒令自尽。

[138] 柏拉图《理想国》第7卷539A—B;参见《法篇》第7卷808。

[139] 荷马《伊利亚特》第5卷490。

[140] 维吉尔《埃涅阿斯纪》第 1 卷 305。

[141] 参见塞涅卡《论忿怒》第 2 卷 13．1—2。

[142] 参见亚里士多德《政治学》第 7 卷第 1 章；《尼各玛可伦理学》第 7 卷 13。

[143]《旧约・列王纪上》第 3 章第 5—12 节。

[144] 普鲁塔克《道德论丛》354F 和 371E（“论伊希斯与俄塞里斯”10）。亦见伊拉斯谟《格言集》第 2 卷 i.1。

[145] 普鲁塔克《道德论丛》962E（“论水生与陆生动物”4）。

[146] 普鲁塔克《道德论丛》355A（“论伊希斯与俄塞里斯”10）。此例以及上文的权杖与眼睛，亦见于格言“Scarabeus aquilam quaerit”（《格言集》第 3 卷 vii.1）。

[147] 直至 20 世纪，在描绘王室加冕仪式时还常常诉诸王室标志的这些象征意义。整个这一段都深受普鲁塔克《道德论丛》的影响。

[148] 参见普鲁塔克《与未受教育的君主对话》2。

[149] 荷马《伊利亚特》第 1 卷 343 和第 3 卷 109。

[150] 亚里士多德《政治学》第 1 卷、第 3 卷。

[151] 涅柔斯（Nereus）：希腊宗教中的海神，以智慧、预言天赋和变形的本领闻名。

麦洛（Milo），一作 Milon，活动时期约前 6 世纪末。希腊运动员，古代最有名的摔跤能手。其名字至今仍是膂力过人的代名词。但据说是一次徒手劈树，手被卡在树杈间，结果被野兽所食。

马克西米努斯（Maximinus，？—238）：先为普通罗马士兵，以膂力超群赢得罗马皇帝注目。235 年至 238 年更任罗马皇帝，开始罗马帝国其后半个世纪的动乱，后为部下所杀。

坦塔罗斯（Tantalus）：希腊神话人物，宙斯与普路托（Pluto，意即“财富”、“施财者”）之子。在冥界受到惩罚：站在齐颈的水里，口渴想喝时水即退去；头上悬着果子，想抓住果子吃时，风即把果子吹开；总之是空受财富之诱惑而不可得。一说在其头上悬着巨石，让他在极度惊惧之中享受盛宴。

可以看出，伊拉斯谟有意选择了这四位纵有某方面长处而无长久维

持能力或好结局的例子。

[152] 参见柏拉图《法篇》第6卷762;西塞罗《论法律》第3卷2.5。

[153] 尤维纳利斯《讽刺诗》第6首223。尤维纳利斯(Juvenal,55或60?—约127):古罗马最有影响的讽刺诗人。在图密善皇帝执政期间作过军官,因不得升迁而写诗发牢骚,结果被放逐,财产遭没收。著有16首《讽刺诗》(*Satires*),记述图密善及其后几位皇帝之下的罗马生活,主要讽刺罗马社会的腐化和人类的愚蠢与残暴。后世所谓"尤维纳利斯氏讽刺",指作品中对同时代人与事的讥讽,贯穿强烈的道德愤慨和悲观情绪。薄伽丘、布瓦洛、拜伦、斯威夫特等都是这方面的大师。

[154] 参见伊拉斯谟《格言集》第2卷ix. 62。亦见塞涅卡《论仁慈》第1卷12.4;西塞罗《论责任》第1卷28. 97。

[155] 色诺芬《居鲁士之教育》第1卷6.22。

[156] 波利克拉特斯(Polycrates,活动时期公元前6世纪):爱琴海萨摩斯岛的僭主,杀害自己兄弟后进行独裁,大肆从事海盗活动,在全希腊臭名昭著。曾与埃及结盟,但波斯进犯埃及时又背弃盟友。最后被波斯总督钉死在十字架上。

[157] 塞涅卡《论仁慈》第1卷12.1;第2卷4.3。

[158] 根据Born英译本注140,此处更适用的是柏拉图《理想国》第2卷380B—C。柏拉图《法篇》第10卷901与此处的阐述关联非常含糊。亦参普鲁塔克《伊壁鸠鲁之学说》22。而在剑桥英译本注90中,此处直接译为"法律"("laws"而非"*Laws*"),注为出自《理想国》同处。

[159] 伊拉斯谟在此概括的这套方案,有意设计成可以适用于教育任何一位未来需要把握他人生活的男孩,也就是出身名门的男孩。

第二章
君主须远佞臣

君主必须远离佞臣。但要达到这种效果，除非想方设法杜绝佞臣之进路，因为伟大君主的幸福尤其容易受到这种特别的祸害的侵袭。年少无知本身就特别容易遭受这种邪恶的沾染，这部分是因为人们天性上就更喜欢听些奉承之语，而不是逆耳的真言；又有部分是因为缺乏阅历：君主对阴谋诡计越是缺乏警惕，也就越不知道要事先预防。[1]

如果有人认为这只是一种无足轻重的晦气，无须小题大做，他应当认识到，有些辉煌一时的国王的欣欣向荣的帝国，正是在谄媚小人的嘴皮上走向覆亡的。我们处处都能读到，在每一个顽固的暴政压迫的国家里，都有一个谄媚小人在悲剧中扮演着主角。

要是我没弄错的话，这正是第欧根尼在回答"哪一种动物最危险？"这个问题时脑子里的想法。他说："如果你说的是狂野的动物，那是暴君；如果你说的是驯良的动物，那是佞臣。"[2]这种害虫确实具有某种非常诱人的毒素，但它的生效非常迅速，一旦统治世界的君主被这种毒药搞得失去理智，就会纵容自己成为无比奸诈的谄媚之徒的玩物，被他们哄骗。这些令人厌恶的无耻小人，有时甚至只是奴隶，却成了世界之主的主人。

因此，首先必须保证，所雇用的保姆对此疾具有完全的免疫力，即使不能如此，那么也极难受到它的感染。这是因为，保姆的性别本身往往使她们极易受到这种邪恶的侵袭；再者，多数保姆深具母亲的善感倾向，她们中大多数往往由于过分溺爱，宠坏了孩子的性格。事实上，应当将这整个群体尽可能远离王储，因为她们的本性当中已经多多少少地承继了愚蠢与谄媚这两种重大缺陷。[3]

接下来该关注的，就是要为他提供教养良好的友伴（尽管他们仍需从其导师那里得到某种以此为目的的训练），让这些友伴成为他的朋友而不是围在他身边的佞臣，为他创造一种谈吐文雅的氛围，而不用矫饰和谎言来邀宠。至于导师的选择，我已经阐述过了。

君主的随从可不是一个无足轻重的问题，因为他们由于自己的愚蠢，或者是指望自己会得到某种酬报，常常会迎合这个男孩的喜好。因此，必须尽可能选用慎思明辨、诚实正直的人来充任这些位置，并且通过警告和威慑来防止他们过于顺从，甚至用奖赏来引导他们尽忠职守。有些人已被赋予如此的勇气和俯首帖耳的态度，怂恿君主的思维趋向那些有失君主尊严的事情，如果对这些人实施公开惩罚（倘若其罪行性质严重，甚至可处死刑），以儆效尤，那将大大促进此项事业。既然我们对窃取偶尔碰到的一点钱财的小贼都处以死刑，那么如果对妄图败坏国家拥有的最优秀、最珍贵的东西的人处以极刑，任何人都不应视之为过于残酷。罗马帝国的皇帝塞维鲁·亚历山大就曾经下令，将一个名叫图里努斯（Thurinus）的乱许空愿的家伙缚在火刑柱上，脚下堆上木柴，点火烧死。[4]尽管如此，这种想法仍比较新奇，不容易为人所接受。在

这种情况下,或许可以人为设计一个范例,找一个已经被判其他某项死罪的人,并宣称其之所以遭此刑罚,是因为以谄言之祸害污染王储之心智。

如果在定罪时考虑的是所造成的危害,那么佞臣之祸因其以暴君的观念败坏和污染君主的年少时光,对于国家所造成的祸害更有甚于窃取公共财富的贼。任何人污损君主之钱币都尚且受到精密设计的惩罚,而污损君主之心智的那些人,却似乎会受到几乎可说是酬报的待遇。

但愿卡涅阿德斯的名言至少在我们基督徒中间不那么正确。他说:王室子弟除了骑马,其他任何事情都不能正确地学会,因为在其他所有事情上,每一个人都会迁就他,奉承他,但因为纯粹的马并不懂得骑在自己身上的是王公贵族还是庶民百姓,是富得流油还是一贫如洗,是帝王之尊还是一介平民,只要那人没有高超的驭术,它都会把他甩下背来。[5]但我们的确也时常看到,不仅保姆、友伴、随从会对帝王家的孩子阿谀奉承,甚至负有形塑男孩性格之重托的导师本人,在履行自己职责的时候,也会考虑自己由此发财致富,而不是培养出一位更好的君主。就连那些在宗教事务上一本正经地讲道的人,也会曲言奉承,讨好君主及其廷臣,即便要做出某种批评,口气也像是最热乎的奉承。我之所以说这些,并不是因为我认为用刺激性的语言大声斥骂君主的生活是一种值得鼓励的做法,而是因为我宁愿看到布道者们在宣扬良君的正面典范时不作妄语,不曲言奉承,一味纵容基督教君主身上那些连异教徒也会谴责异教君主的表现。国家之官吏不能直言相谏,国家之咨议不能坦诚相待,对商国是。其原因就在于,既然王公贵族之间利益

相争，也就都相互倾轧，争宠于君主之前，或打击对手，或力避授敌以柄，自讨苦吃。神父者亦为阿谀奉承之徒，医生者也是唯唯诺诺之辈。听取异邦演说家赤裸裸的颂扬，而今已成随处可见的习俗。过去尚存有一丝最后的希望，而今就连这一点也是无法信赖：我所指的当然就是那些被老百姓称之为“王室告解神父”的人。如果这些人坦率真诚，慎思明辨，当然就有能力在他们享有的绝对私密的状况下，给予君主坦诚友好的建议。但现实往往是人人都在寻求他自己的利益，同时却忽视了服务于共同的善的手段。诗人和演说家现在都已经驾轻就熟，不根据君主实际应得的奖赏，而是根据他们自己的灵感，来掂量如何颂扬君主。当然，他们的危害还算比较轻，巫师和预言家之类的人危害要严重得多。他们担保国王长命百岁，无往不胜，功勋彪炳，幸福快活，广土众民；然后又对其他人危言恐吓：暴死，灾难，折磨，流放。在此过程中，他们利用了人类生活中两个首要的暴君，也就是希望与恐惧。从星辰流转之中预卜未来的占星术士和他们也是一丘之貉，至于他们的东西是不是一种真正的科学，这里不是讨论的地方。无论如何，他们现在对普通人所拥有的支配力量，给人类带来的绝对不是个小问题。[6]

但各种谄媚小人中危害最大的，还是有些人表面上坦坦荡荡，却以某种令人瞩目的方式，设法在看起来约束你的时候怂恿你，在看起来批评你的时候赞扬你。普鲁塔克在一篇名为“论如何区辨佞臣与诤友”的短文中，对这些人做了绝妙的刻画。[7]

一生当中有两段时光特别容易受到谄谀的侵袭。一是少年，因为少不经事；一是老年，因为老迈昏聩。不过，愚人在什么年纪上都会出现，也总会伴随着自恋。柏拉图也正确地警示我们，最危

险的一种奉承，就是当人自我奉承，结果当其他人对自己做的事情恰好是自己自愿做的时，很容易不加防备。[8]

在肖像、塑像和铭文上，也有某种暗含的奉承。[9]阿佩利斯就是这样通过画出一幅耀武扬威的肖像，来奉承亚历山大大帝；[10]而屋大维就喜欢被画得像阿波罗一般。[11]那些伟岸的“巨人”塑像也同样如此，大过真人，树立的往往是昔时的帝王。艺术家在表现君主的时候，应当着眼于表现最配得上一位睿智、出众的君主的衣饰和举止，这些在有些人看来或许显得琐屑，但在这里却相当重要。刻画他正在专注国事，比刻画他闲暇消遣要好：比如说，亚历山大单手捂耳，正聆听审讯；大流士手握石榴；[12]西庇阿将小伙子的未婚妻完好无损地归还给他，却拒绝了呈奉与他的黄金。当然，君王临朝的大殿也应当装饰着这类精美的画像，而不是那些助长奢侈淫逸、傲慢自负或专制暴政的东西。

现在来看看荣誉封号，我本人并不认为君主不应当接受人们出于敬重呈奉给他的名号，但我宁愿这些东西能够提醒君主以某种方式牢记他的职责，也就是说，我宁愿他被称作最荣耀的、最完美的、最睿智的、最宽宏的、最仁慈的、最通达的、最警醒的、最温和的、最爱国的，而不是被称作名扬四海的、不可征服的、无往不胜的、奥古斯都般的，更不用说什么“高贵的殿下”、“神圣的大人”、“神人”，乃至比这些更谄媚的名号。我赞成现在的习惯，用“圣座”(his Holiness)来尊称罗马教宗，因为他不断地听着这一名号，会记住他应该在哪一方面成就卓越，什么才是他最佳的品质：不是富可敌国，不是辖域广袤，而是具有出众的圣洁品行。[13]

但是，如果君主不可避免地时常会听到这类名号，甚至有违他

自己的意愿，那么他就应该不加掩饰地表露出，什么能更加取悦于他。据说塞维鲁对所有的谄媚之徒都是如此的憎恨，如果有谁向他举手行礼时过于恭顺，或者俯首致意时过于谦卑，他就会立即大声训斥此人，打发他卸职滚蛋。而即使此人出身名门或身居要职，免遭当众高声呵斥，等待他的也是面容冷峻，以示训诫。[14]

因此，应该及早教导男孩改变他被迫听到的这些名号，使之有利于他的发展。当他听到“国父”的尊号时，他得想到，给予君主的称号中，再没有哪一个比“国父”更确切地符合良君了；因此，他的行事方式必须让人看在眼里感觉配得上这一尊号。如果他这么想，这个名号就是一种提醒；如果他不这么想，这个名号就是一种奉承。

当他被称为“不可征服的”，得想到对于一个被愤怒所征服的人，一个每一天都为贪欲所奴役的人，一个为野心所俘获的人，一个被这些东西任意驱使的人，这个名号是多么的荒唐！他应当想到，一个人只有在不屈服于任何情绪，不被任何情势左右偏离正道的时候，才真正是不可征服的。

当他被称为“高贵安宁的”，得想到维护天下承平、苍生和睦是君主之职责。但如果有人煽动叛乱，挑起战争，从而扰乱甚至破坏了事物的秩序，无论此人是出于野心还是出于愤怒，“高贵安宁的”这个名号都不是对他的美饰，而是在当面揭露他的罪行。

当他被称作“名扬四海的”，他得想到，唯有得自正直与善行的荣誉称号才令人信服。这是因为，如果有人被欲望腐化，被贪婪败坏，被野心侵蚀，那么“名扬四海的”这个名号只能是在他一时失足时发出的警示，或是在他有意为恶时提出的谴责。

当他听到其治下领土的名字时，让他不要对于自己成为如此伟业之主人顿生傲气，而要让他想到，他必须要在多少民众面前成为一位良君。

如果有谁尊称他“殿下”、“阁下”、“神”，他得记住，只有对于效法上帝以神圣的宽宏仁慈治理辖域的人，这些尊号才令人信服。

当他听到庄重的颂词，让他不要立即相信或赞同对他的这类称颂，而如果他还不是颂词使其看起来是的那种人，那么让他视之为一种告诫，满怀热情地追求有朝一日符合赞扬的标准。如果他已经是这样一种人，那就必须努力自我提高。

实际上，就连法律本身也必须予以质疑，因为甚至它们有时也会与君主沆瀣一气；这毫不令人奇怪，因为编纂或设立它们的人，自己就在国王或皇帝的主掌之下。当这些人说君主超乎法律之上，当他们臣服于君主膝下，当他们授予君主管辖万事万物的权限，君主必须谨防自己立即想到，自己可以为所欲为。对于良君，你可以放心地许可他做一切；对于庸君，有可有不可；对于恶君，什么都不可放心。

法拉利斯敏锐地建议君主开卷有益，因为很多情况下，他会从这些书本中学到其友伴不敢提请他注意的事情。[15]但在读书之前，必须让他先具备某种解毒剂，好比这样：“您正在读的这位作者是个异教徒，而您是一位基督教读者；尽管他有许多精到的东西要说，但并不曾十分确切地描绘出一位基督教君主的理想形象，您必须小心，不要认为自己在那里偶尔读到的东西可以径直加以效仿，而要把一切都放到耶稣基督的标准面前来检验。”[16]

不过事实上，首先得对作者有所筛选，因为男孩最初阅读并吸

收什么书非常重要。不良的交流会败坏心智，不良的阅读所造成的危害也毫不逊色。这是因为，那些沉默不语的文字会转变成行为与情感，一旦它们攫取了心智，令其趋于某种缺陷，情况就尤其如此。例如，一个天性狂野暴烈的男孩如果不曾具备某种解毒剂，就读了阿喀琉斯、亚历山大大帝、薛西斯或恺撒的武功事迹，很容易就会被刺激成为一个暴君。[17]

但是今天，我们看到有许许多多人津津乐道于亚瑟王、兰塞洛特之类的乡间野谈，这些故事不仅充满暴君气息，而且粗野无文、愚蠢可笑，根本就是无稽之谈。因此，诗人的叙事诗歌或神话传说要比那种无聊的故事更值得耗费时间阅读。[18]

但是，如果有哪一位导师接受我的建议，一旦男孩掌握了语言，就给他读所罗门的箴言、传道书、智慧书，不要让小伙子在夸夸其谈的解经者手下受那臭名昭著的四种义理的折磨，而要以简明便捷的方式向他展示与良君之职司切切相关的职责。[19]首先，必须培养对于作者及其作品的一种喜爱之情。可以说："你天生注定为王。这位作者教导了为君之道。你是国王之子，自己就是王储；你会听到最睿智的国王如何教育他正准备继承王位的儿子。"接下来便是福音书。在这里，你用什么样的方式在男孩心中点燃对于作者和作品的热爱非常重要。因为事情要进展得顺利合意，有赖于解经者心思巧妙，口才娴熟，能够简洁、清晰、令人信服甚至令人激动地和男孩交流，不是教给他所有东西，而是那些与君主角色特别相关、有助于清除他脑海中属于庸君的危险立场。第三步，是普鲁塔克的《格言集》，然后是《道德论丛》，因为你再找不到什么别的东西比这更健康明智了，并且我认为他的《希腊罗马名人传》比其

他任何人的类似作品都更值得指定阅读。普鲁塔克之后，我不难指定是塞涅卡，因为他的作品催人奋进，激励读者以令人赞叹的方式培养正直的人格，提升精神，超越世俗关怀，尤其是它们还反复不断地斥责暴政统治。从亚里士多德的《政治学》和西塞罗的《论责任》中确实能摘出许多非常值得留意的嘉言警句，但依我之见，柏拉图在此主题上的论述更显纯正，而西塞罗在其讨论《法篇》的著作（因为柏拉图的《理想国》业已失传）中也在一定程度上仿效了他。当然，我现在并不是不承认，从阅读史家当中可以获取相当的智慧，但你也会从同样这些作者那里得到颇具破坏性的观念，除非你预做准备，读有取舍。要保证你不要在历朝历代的一致判断所称道的那些作者和领袖的名姓面前失却自主的方向。希罗多德与色诺芬都是异教徒，也都常常刻画极为恶劣的君主形象，虽说他们这样做只是在秉笔直书历史，不管是讲述某位杰出领袖的一则轶事，还是为他刻画一副形象。萨卢斯特和李维的大部分著述倒是值得赞叹，并且我还要补充一点，他们的所有著述都具有博学深思的特点，但他们并不赞成自己笔下所叙述的所有事情，而他们所赞成的某些事情，对于一位基督教君主来说是无论如何不应表示赞同的。[20]当你听着阿喀琉斯、薛西斯、居鲁士、大流士或恺撒的事迹，根本不要被他们这些振聋发聩的名姓所淹没，您所听到的只是些声名昭彰的恶棍狂徒，塞涅卡就有几次这么称呼他们。[21]

不过，如果您在这些人的行动中碰巧看到什么配得上良君所为，就得把它当成粪堆上的一颗宝石，小心捡回来珍存。这是因为，没有任何一个暴君是这样彻底地应遭诅咒，不能在他有份的所有事情当中挑出一些来，至少有点符合德性的展现，哪怕并非出自

德性的本意。在法拉利斯的书信中有许多东西似乎很配得上随便哪位良君，他让酷刑的始作俑者佩里乌斯自受其刑，就是为君之道的一个相当不错的示例。[22]亚历山大大帝在许多方面行事狂野，但他不碰自己从大流士那里俘获的女人，当发现有个女人已经成婚时命令放她回家，这都是正确的做法。[23]所以，必须从其他许多行文中将这些片断摘选出来，取自异教徒和卑鄙之徒身上的这些范例仍然可以具有深切的感染力。如果一个暴君、一个非基督徒都能够表现出如此的自制力，如果一个血气方刚的征服者都能够对敌方的女人表现出这种可敬的态度，我作为一个基督教君主，又该对自己采取什么样的态度呢？如果区区少女都能具有这般头脑，堂堂男人又该有何表现？如果什么事情表现在异教君主身上，连异教徒都会予以谴责，那么既然我皈依了基督宗教，又该以何等的热诚，努力避免这样的事情？

除此之外，我自认已经在我的《论文体》(*De copia*)一书中多次指出，如何通过扩充来积累范例。[24]无论如何，哪怕是恶行的范例，也可以转为善行所用：恺撒的力量与高傲被他出卖给了自己的野心，但您却大可以将之奉献给祖国的利益；恺撒为了赢得并维持暴君之位而装出来的宽厚仁慈，您应当满怀真诚地用来赢得自己臣民对您的爱戴。

事实上，恶君之范例有时候倒比良君或庸君更多地激励德行。这是因为，如果有人听到韦斯巴芗征收尿税的故事，听到他声称“不管钱从哪儿来，味道都是好的”(此话之令人作呕，较之事实本身无有不及)，其贪婪之心会有所收敛；[25]如果听到尼禄用来训导其官吏的可憎的话语：“你们要知道我想得到什么，就得保证其他

任何人不得拥有半点”，也会出现类似的情况。[26]通过这些方式，您将能把从史家那里读到的任何东西都转变成正确行为的范例。

至于您的精神向导，要保证从一大堆示范中选取最佳的典范，比如亚里斯泰迪斯、伊巴米浓达、屋大维、图拉真、安东尼·庇护和曼米斯。[27]当然，您也许并不打算亦步亦趋，只想为自己挑选他们身上最精华的品质；反之，即便在大卫和所罗门这两位被上帝所称赞的国王身上，也有些特质是你想避免的。

另一方面，如果一位已经受过基督教圣礼的人以亚历山大大帝、恺撒或薛西斯，这些连异教作者（或是其中那些稍具判断力的人）都会指责其生平的人，作为自己的楷模，还能有比这更疯狂的事情吗？他们的任何一项善行如果超过了我们，将是一种不折不扣的羞辱；同样，如果一位基督教君主想要照搬他们的行事为人，将是一种彻头彻尾的荒唐。

君主必须保持警惕，即便是对于自己在圣经上读到的东西，也不要认为可以径直模仿。他应当学会，如何将其中希伯来人的争战与杀戮，他们对于敌人的野蛮酷刑，解释为一种寓言，否则这种阅读就是有害的。在时代标准下允许人们所做的东西，与为受福的基督教子民所规定的戒律，其间有着巨大的差异。[28]

君主无论何时翻开书卷，必不能为求消遣，而应为着从阅读中自我充实，自我增进。[29]任何满怀热情努力改进自身的人，都会很快发现如何依此而行。所谓良善之相当一部分内涵，即在于成就良善的愿望本身：例如，如果有人认识到，自己身上野心大炽、凶残成性或贪欲日重，憎恨一切所见所闻，当他掀开书册，为自己的病患寻求解药，会很快发现祛除或缓解这种病痛的良方。

没有人讲述真理能比书本更诚实、更有益、更坦率;但君主依然必须让他的友伴们了解到,自己更喜欢听到他们提出坦诚的建议。能够及时、有益、友善地为其提供咨议,其实正是那些随侍君主左右的人的本职工作;不过对于那些提出建议的方式不甚得体的人,也应给予充分的谅解,以免有任何不好的前例让那些尽忠职守的人在给予适当的建议时心生踌躇。

在猛烈的风暴之中,即使是训练有素的航海者也得接受他人的建议。而一个王国是从不会完全风平浪静的。当马其顿的腓力听到有人私下建议他,说他坐下来时,膝盖把大氅顶了起来,看起来有欠得体,腓力于是授予此人自由民地位。他在公共事务上所展现出来的这种审慎明辨,又有谁能给出充分的赞赏?[30] 他在这等小事上尚且如此,那么在出访外国、修订法令、签立条约、宣布开战之类事关一国之安危的大事上,君主必须做的就要多得多了。

注释:

[1] 这一节集中讨论了君主的咨议——伊拉斯谟本人在撰写《论基督教君主的教育》时,刚刚被查理任命为这种职位。在这一节里,伊拉斯谟广泛借鉴了普鲁塔克的文章"论如何区辨佞臣与诤友",是他将此文翻译过来,献给英格兰国王亨利八世,并随《论基督教君主的教育》初版重印。

[2] 普鲁塔克《道德论丛》61C("论如何区辨佞臣与诤友"19)。事实上,提出这一看法的不是第欧根尼,而是希腊七贤中的另一位,即 Bias。"要是我没弄错的话"表明伊拉斯谟这里是凭着记忆引用的。

[3] 这差不多就是伊拉斯谟有关妇女在抚养王储中的角色的全部意见。

[4]《罗马帝王文献集成》"塞维鲁·亚历山大传"第 36 卷 2、3。塞维鲁·亚历山大(Severus Alexander,208—235):222—235 年任罗马皇帝,统治虚弱,内部倾轧严重。

《罗马帝王文献集成》(*Scriptores historiae Augustae*, E. Hohl, Leipzig, 1927)是由六位作者的作品合编而成,汇集了苏维托尼乌斯《罗马十二帝王传》之后多位罗马皇帝的生平资料:尽管后世评价认为价值不大,但伊拉斯谟多次引用了其中一些帝王的资料。

[5] 普鲁塔克《道德论丛》58F("论如何区辨佞臣与诤友"16)。亦参伊拉斯谟《格言》。卡涅阿德斯(Carneades,前 214? —前 129?):希腊哲学家,在反教条的怀疑主义者势力最盛时主持过雅典的新学园。

[6] 亦参见伊拉斯谟《颂词》。莫尔在《乌托邦》第 2 部中对占星术士也有类似的黯淡观点。伊拉斯谟论著中此节最近于莫尔小作的社会讽刺。

[7] "论如何区辨佞臣与诤友"18、19。

[8] 柏拉图《法篇》第 5 卷 731、732。

[9] 这是对文艺复兴时期君主庇护艺术的做法的另一次隐晦批评。

[10] 参见普鲁塔克《亚历山大传》第 4 卷 2。阿佩利斯(Apelles,活动时期前 4 世纪):一作阿佩莱斯,希腊化时代早期画家,作品虽无真迹存世,但一直被认为是古代绘画大师。曾给马其顿的腓力二世及其子亚历山大大帝充当宫廷画师。

[11] 参见苏维托尼乌斯《奥古斯都传》70。

[12] 石榴(pomegranate):参见附二注 22。另据圣经记载,所罗门王有一座石榴园,以色列的子孙们在旷野里徘徊,叹息一起在埃及的舒适的事务时,常常怀念那里的给人荫凉的石榴树。石榴在东西方各民族有着广泛的象征用途,集中表现丰产、贞节、驱除妒忌与邪恶等。

有关亚历山大捂耳听审,参见本书第 141 页。

[13] 最后这点议论,伊拉斯谟是在刻意避免直接批评罗马教皇,尽管他所提及的其他名号中有许多也被利奥十世这样的教皇所使用,他们对欧洲同时行使着神圣的统治与世俗的统治。伊拉斯谟将自己的"Novum instrumentum"(新工具,即 1516 年出版的他备受争议的新约修订本)献给利奥十世,希望会给他提供教会庇护与资助。

利奥十世(Leo X,1475—1521):即美第奇家族的 Giovanni,1513 年至 1521 年任罗马教皇。大肆挥霍教会资产以资助文学艺术,使罗马成为欧洲文化中心,教廷成为欧洲重要政治力量。由于未能认真对待路

德提出的问题和进行的活动，导致统一的西方教会分裂。1512 年指挥美第奇家族重新获得佛罗伦萨控制权，其弟任佛罗伦萨共和国首脑，但自己控制实权。此事乃马基雅维利写作《君主论》的契机之一。

[14]《罗马帝王文献集成》，“塞维鲁·亚历山大传”第 36 卷 18.1。

[15] 普鲁塔克《道德论丛》189D。亦见伊拉斯谟《格言》。有关法拉利斯的史实及其谬传，参见第一章注 74 和本章注 22。

[16] 参见普鲁塔克《年轻人应如何读诗》8。

[17] 薛西斯（Xerxes，约前 519—前 465）：即薛西斯大帝（薛西斯一世），波斯国王（前 486—前 465），大流士一世之子，曾跨海大举入侵希腊，洗劫雅典城。镇压埃及叛乱，血洗尼罗河三角洲。

[18] 亚瑟王（Arthur）和兰塞洛特（Lancelot，又译朗斯洛）：亚瑟是出现在一系列中世纪传奇故事中的不列颠国王，圆桌骑士团的首领。中世纪作家特别是法国作家，对他及其骑士们的冒险经历、手下最重要骑士之一兰塞洛特与亚瑟王后之间的奸情、寻找圣杯等有各种各样的描述，不同时期流传着不同版本的同主题通俗作品。亚瑟作为世界征服者的概念显然产生于亚历山大大帝和查理大帝等伟大领袖为核心的传说。伊拉斯谟对于罗曼司持否定态度，其他有许多人文主义教育家也持有相同立场。查理皇帝由于在勃艮第宫中长大，因此相比于意大利等地人文主义导师和其学生一起阅读的那些希腊文、拉丁文古典著作，或许对亚瑟王和兰塞洛特的罗曼司更为熟悉。

[19] 换言之，王储应以自己的认识来读圣经及其中包含的智慧，而不是像一个神学家那样，以神学观点来分析文献。四种义理：中世纪释经时，认为经文包括 literal、allegory、anagogical、tropological（moral）四个层面的意含。

[20] 萨卢斯特（Sallust，约前 86—前 35 或 34）：罗马历史学家和伟大的拉丁文学家，以描述政治人物、腐败与党派斗争的记事作品而闻名于世。著有《喀提林战争》、《朱古达战争》等，多有揭露罗马政治生活中的黑暗之处。

李维（Livy，前 64 或前 59—公元 17）：与萨卢斯特、塔西佗并称罗马三大史家。所著罗马史在其生前即成为经典，对直至 18 世纪的历史撰

写风格和历史哲学产生深远影响。不是从政治上而是从个人和道德的观点看待历史进程，甚至超出对历史准确性的追求。

[21] 塞涅卡《论愤怒》第2卷2.3；第3卷16.3、4；21.1。Born在此书中找不到裘力斯·恺撒的相关叙述，倒是在第3卷19发现盖尤斯·恺撒（即卡利古拉）的相关叙述，疑系伊拉斯谟之误。这一次伊拉斯谟不同于前文对于异教文献的强调，确实主张君主的教育应从新旧约开始。接下来他开列的异教著作目录正是他在本篇论著中最常引用的那些作品。尤其值得注意的是，目录以普鲁塔克的作品打头，然后是塞涅卡。两人都是伊拉斯谟道德学说与政治学说的关键。稍后是亚里士多德《政治学》，以及伊拉斯谟（和其他人文主义者）喜爱的另一作品，西塞罗的《论责任》。

[22] 参见普鲁塔克《希腊罗马名人传》39。参见本书第一章注74。法拉利斯的书信是人文主义道德学者大加称道的另一部著作。但后来英国学者Richard Bentley（1662—1742）考证其为伪作，真正的作者系公元2世纪的一位智者。

[23] 参见普鲁塔克《亚历山大传》xxi.3；亦见xii。

[24] 伊拉斯谟的*De copia*（1512年出版），全名为Commentarius de verborum copia，可能是他最著名也最被人广为阅读的世俗作品。他所明言的宗旨是要训练学生说流利的拉丁文，为他们提供涉及广泛的道德论题的大量文学素材。值得注意的是，伊拉斯谟在此仿佛是指出，让学生流利地掌握优雅的拉丁文，也等于是从道德上和政治上为一种负责任的生活做的准备之一。

[25] 苏维托尼乌斯《韦斯巴芗传》23.3。韦斯巴芗（Vespasian，9—79）：罗马皇帝（69—79年在位），在许多地区横征暴敛，甚至提出要将国家岁入增加两倍，国家才能恢复正常。引起民众不满，但其财政改革和巩固帝国的措施促进了政治稳定和罗马的繁荣。

[26] 苏维托尼乌斯《尼禄传》32—4。

[27] 亚里斯泰迪斯（Aristides，活动时期前5世纪）：雅典政治家和将军，提洛同盟创始人。

伊巴米浓达（Epaminondas，约前410—前362）：第比斯政治家、军事

战术家和领袖。为打破斯巴达军事优势和永久地改变希腊各城邦间的力量均势起过重要作用。

图拉真(Trajan,约53—117):罗马皇帝(98—117年在位),大大扩展了帝国东部边界。对元老院极其尊敬和友好,对罗马民众十分仁厚和关心,豁免了皇帝登基时各城市照例献奉的黄金。减免赋税,改革慈善机构,鼓励并亲自监督在各地兴建公共工程。

安东尼·庇护(Antoninus Pius,86—161):罗马皇帝(138—161年在位),性情温和,富有才干,治下帝国一片升平。

曼米斯:Alexander Mammeas。

[28] 在此伊拉斯谟是在警告,旧约的训示不能完全等同于新约的训示。

[29] 学习必然会使学习者改进自身,这是人文主义假设的一段经典阐述。

[30] 普鲁塔克《道德论丛》178C—D。亦参见伊拉斯谟《格言》。马其顿的腓力:即腓力二世(Philip II,约前382—前336),马其顿国王(前359—前336),以军事和外交手段取得对整个希腊的统治权,为其子亚历山大大帝的扩张奠定了基础。

第三章
和平之艺术

古代作者将整个治国术的学说划分为两套技能，一是和平之技艺，一是战争之技艺。尽管如此，我们最主要的关注还必须放在如何训练君主在和平时期贤明治理的有关技艺，因为他必须凭着这些技艺，竭尽全能达成此项目的：可以永不需要战争之机谋。[1]

其实，在这一点上，君主似乎有必要首先学会知晓他治下的王国，要想卓有成效地实现这一点，需要三样事情：学习地理，学习历史，经常巡游领土内的城镇乡村。因此，要让他特别留意，通晓城镇乡村的区位，它们的历史沿革、自然特征、制度规矩、风土人情、法律法规、文字记录和特许权利。只有了解了身体，才能治愈它的病痛；只有了解了地块，才能给予恰当的耕种。诚然，暴君也非常密切地留心这些东西，但与良君的真正区别在于内心的动机而不是表面的行动。医生考察身体的运作，是为了能够更方便地救死扶伤；而下毒的人也研究身体，不过却是为了更有把握地投毒致命。[2]

接下来的一课就是要热爱他所治理的国家，对于她的态度，就像一位好的农夫对待自己祖传的土地，就像一位好男人对待他的家庭；尤其要留意的是，不管下一位会是谁来继位，在向他移交的

时候，比自己所接受时都要有一定的增进。如果有孩子，要让君主对于孩子的职责来指引作为父亲的君主；如果没有孩子，就让君主对于自己国家的职责来指引他，让他的爱国之心犹如火炬，不断激励着他对自己的臣民保持生机盎然的慈爱之情。他得将自己的王国视作某种庞大的身体，而他自己则是其中一个至关重要的器官，他的子民已经将他们的一切财富与安全寄予一个人的善心诚意，理当仁慈待之。他得不断地想起那些珍视其子民之幸福更有甚于自己生命的楷模。最后，他还得想到，君主若是危害国家，必将危害自己。

接下来，该轮到他来尽其所能赢得子民的爱戴，但其方式绝不能有损于他在子民当中所享有的权威。确实有些人太过愚蠢，妄图借符咒和魔戒来为自己赢得良愿。但最有效、最可取的魔咒莫过于德性本身，既然德性是一种真正的善，别无其他任何目的，因此它能够为一个人赢得真正的、永恒的良愿。第二剂“魔药”就是，如果一个人希望得到别人的爱，自己就得展现出对别人的爱，那是他们应得的报偿。这样，他就像上帝将整个世界结为一体维系于自身一样，将其子民维系于自己。[3]

那些凭借胡乱的施舍、肆意的欢宴和可耻的纵容来迎合普通民众的欢心的人，也是走错了方向，因为通过这些东西所达成的并非纯洁的良愿，而只是某种媚俗的民心，一种虚伪和短命的民心。这样做同时还助长了民众邪恶的贪婪，当这种贪婪无限膨胀（事实往往如此），他们就开始认为一切都有所欠缺，如果他们自私的要求不能得到全方位的满足，就会变得无法无天。这等于是让您的人民腐化堕落，而不是让他们忠心耿耿。[4]君主以这样的方式在其

子民中得到的，往往有如那些愚蠢的丈夫，他们用甜言蜜语、小恩小惠和俯首帖耳哄得自己妻子的爱，而这种爱本应通过他们的良善品性和正直行为来赢得。之所以这么说，是因为丈夫们最终并未得到妻子的爱，他们得到的只是小题大做、难以管教的老婆，而不是勤俭持家、规规矩矩的妻子；不是谨守妇道的贤内助，而是唠唠叨叨的碎嘴婆。又或者，正好似常常有些女人企图用迷药来强使其丈夫爱她们，结果也是一样，她们得到的不是理智的男人，而是癫狂的疯子。

首先，要让妻子通过学习一些正确的方式与品性，明白丈夫是值得去爱的；然后让丈夫看起来像是那种可以终生厮守的良人。同样，要让民众养成对于最佳的品味，并让君主表现出他正是最佳。爱之初明智善辨，方能历久弥坚。

因此，君主若想被其子民所爱戴，首先就得表现出自己是值得爱戴的那种人；然后，如果他所遵循的政策可以更加确保自己深入万民之心，便有莫大的益处。君主先当为此，然后那些才杰俊彦才会更加喜爱他，他才能得到那些为万众所拥护的人的拥护。他得将这些人作为自己最亲密的友伴，接纳他们参与国事咨议，授予他们荣誉名位，允许他们深刻影响自己。如此，普天万民将很快对君主产生可能有的最好的民意，君主将是一切纯洁良愿的源泉。我知道有些君主本身并不太坏，但却遭到了公众的厌恶，只因为他们太放纵那些被普通大众所蔑视的人，而大众正是根据这些人的行径来判断君主的品性。

以我之见，我宁愿看到君主在其将要治理的子民中间呱呱落地并长大成人。这样，无论从天然的源泉中何时涌出纯洁的良愿，

都能滋养并巩固相互的敬重。甚至是善好的人与事，如果未尝熟知，普通百姓也会畏缩不前甚至心生憎恨；反之，熟视无睹的邪恶有时也会让人珍视。这一建议会带来两点好处：君主将能更好地适应其子民，更加全心全意地将他们视为自己的子民；不仅如此，子民们也将更加真诚、更加乐意的支持他，承认他为他们的君主。有鉴于此，我反对目前被普遍接受的君主与外国的联姻，尤其是那些遥远的异邦。[5]同文同种、同一祖国的纽带，以及婚姻双方仿佛共同具备的某种本性，有着巨大的力量可以孕育纯洁的良愿。而当不纯的婚姻沾染了这种天性固有的同胞之情，这种力量的相当一部分就必然会消失。而当天性已经奠定了某种互敬互爱的基础，就会有利于以其他许多方式不断地增加并巩固这种力量。无论如何，一旦缺乏这种起于天性的力量，就必须付出更为艰辛的努力，以确保相互的奉献和值得赞赏的行为能够增强良愿。但在婚姻中，妻子就得一开始归依其丈夫，而那个男人也在一定程度上顺应和迎合他的妻子，直至他们开始相互了解，爱恋的纽带逐步增强；同样，从别国过来继承王位的君主也要经历类似的过程。米特拉达梯六世学会了自己统治的所有国家——据说多达二十二国——的语言。[6]在和其他民族打交道时，无论该民族是多么的野蛮，亚历山大大帝首先借鉴他们的风俗民情与生活方式，以此赢得了他们对自己的爱戴。[7]阿尔西比亚德也具备这种值得赞赏的品质。[8]

最能疏离人民对于君主的爱戴的，莫过于君主喜欢出游外国，因为他们似乎被君主所忽视，而他们原本希望这个人把他们特别放在心上。如此，他们便会认为从自己身上征收的税是自己所失

去的东西，因为税收被花在了别处；他们认为税收不是呈献给了君主，而是像被劫掠了一样扔给外国人。有鉴于此，远离领土出游，尤其是延宕不归的巡游，对于国家有着莫大的危害，对于君主本人也有着莫大的危险。因为在每一个人的眼里，正是这一点让我们失去了腓力，让他的王国饱受折磨，不逊于与海尔德兰人久争未决的战事。[9]

正如蜂王位居中心，四周由普通蜜蜂环拱，从不远飞别处；正如心脏位于身体深处，君主也应当始终积极主动地深入其子民。

根据亚里士多德《政治学》的说法，有两样事情特别能够暗中摧毁政府，也就是憎恨和轻视：良愿乃憎恨之敌人，权威系轻视之对立。[10]因此，时刻留意采取各种方式，培育良愿与权威，避免憎恨与轻视，正是君主之职责。野蛮、暴力、侮辱、愠怒、固执、贪婪都会挑起憎恨；而一旦激起憎恨，再要抚平它可就难多了。因此，良君应当千方百计防止自己出于某种原因而失去其臣民的爱戴。请相信我，失却民众之良愿的人，也将被剥夺大部分的保护。[11]另一方面，大体而言，宽宏、友爱、公正、礼貌、慈悲，这些在暴君身上最缺乏的品性，正能滋养良愿。仁政助长人民争先为公，如果他们已经看到那些为国建功的人会受到王室嘉奖，就更是如此。宽宏慈悲会使那些本无良愿的人焕然一新；而对于那些努力改过自新，为自己既往之孽赎罪的人，也会就此看到宽恕的希望；同时它也树立了一种富有魅力的人性形象，甚至对于那些最无可挑剔的行为形象也有所助益。至于礼貌，无论在什么场合下，都会激发友爱，或至少抚平憎恨，而在人民的眼中，它绝对是一位伟大的君主身上最起码的一种品性。

追求享乐、自我纵容、酒池肉林、赌博成性，与无知之徒和寄生小人交游，再加上愚昧和轻率，这些都特别能滋长民众对于君主的轻视。而要赢得敬重，就得靠与之相反的一些品性：明智善断、诚实正直、自我约束、清醒持重。[12]因此，君主若想在其子民当中培植权威，就得将这些东西铭记于心。

但也有些君主有种荒唐的信念，认为要想赢得他们臣民的高度评价，就要尽可能展示自己声势之浩大、气派之尊贵、生活之奢华。可是，对于一个满身珠光宝气的君主，人人皆知他所在意的只是他自己，谁又会有高度的评价？无论如何，除了他那些用自己的代价支撑君主奢华的臣民之不幸，他又展现了什么？最后，他以这种方式教给其子民的，除了一切邪念恶行的渊薮，又能是什么？

要让良君的成长和生活的方式，能使其他的人民，无论是王公贵族，还是庶民百姓，都能以他的生活作为节俭与平和的模范。

君主居家时应注意起居，不让任何突然造访者发觉他不在处理国事；而他在外时也应小心行止，不随意露面，除非人们看到他在随时履行公务。

要认识君主的本性，更可信的办法是听其言而非观其衣：君主之片言只语都会遍传海内外。他必须始终小心备至，让自己的一言一语无不体现诚实正直，让自己的一思一念皆能证明堪为良君。

亚里士多德关于这一点的建议也不应当忽视。他认为君主如果想要避免其子民的憎恨，培育他们的良愿，就该把民众厌恶的那些差使交给他人代办，而将民众欢迎的那些事务留待自己亲为。[13]以这种手段，大量的憎恨之情会转嫁到那些执行前一类任务的人，当民众还基于其他理由讨厌这些人的时候就更是如此；不

仅如此，君主仅仅以其仁政善举，会赢来民众无所保留的感恩戴德之情。

对于这一点我也有自己的看法要补充：如果恩惠的施与非常及时，真心诚意，无须乞求，善加鼓励，那么受恩后的感激之情也会成倍增长；一旦有什么事情不得不予以拒绝，也得平心静气、不失于礼。如果要给予某种惩罚，应当在一定程度上减轻法令所预先规定的刑罚，执刑的方式也应当让人们感到，君主之所以如此，实非得已。

君主要向国家展现出自己清明无瑕的个人品行，但这还不够；他还必须尽可能让其所有随从（贵族、朋友、咨议、官吏）都和他自己一样。这些都是君主之代理人，他们的错误所挑起的憎恨会在君主本人身上激起回荡。但也有人会说，要做到这一点谈何容易。然而，如果君主为自己的宫廷审慎挑选才杰俊彦，如果他确保这些人都明白，那些最有利于民众的事情也最能取悦于君主，那么做到这一点也会证明毫不困难。如若不然，我们也常常看到，如果君主失察于这些人的行动，甚或默许他们，那么十恶不赦的人也能够打着君主的旗号，将暴政强施于民。表面上他们是在推行君主的事业，实际上却能够对君主的声名造成莫大的危害。

从某些方面来说，只是君主本人不好，比起他的朋友不好来，对于国家还算是更让人接受的一种情形。这是因为，只是孤零零一个暴君，我们不管怎么样还能忍受。因为民众很容易就能满足一个人的贪婪之心：要满足一个人的欲望，代价并不太大，而要扑灭一个人的凶残也是有可能的。但要满足个个如暴君般的全体随从，可就不堪重负了。

君主应当尽可能避免任何创新，因为即使有什么事情经过变化后有所改善，新奇的情势本身也依然令人不安。[14]无论是国家的结构，城镇的公务惯例，还是日久既定的法律，一旦变革就必然带来动荡。因此，如果有什么事情尚能容忍延续，就没有必要加以变革。正确的做法要么是继续维持现状，要么是以改良为目的平稳地扭转实践惯例。另一方面，如果有什么事情已经无法容忍，那就不得不予以纠正，但要逐步地、细致地来推行。[15]

掌权者为自己制定什么样的整体目标至关重要，因为如果他对目标的选择失误，就必然会沿着这条路一直错误地走下去。因此，良君不仅必须以国家当下的幸福安康为自己的终极意图，而且必须立志要在传位的时候，国家的状况比他当初即位时繁荣得多。

然而，由于(依照逍遥派的说法)善好的事情有三类，即精神的、身体的和外在的，所以君主必须小心，不要本末倒置地考虑这三类事情，主要根据这些排在最末的"外在的"事情来判断国家的福祉所在。[16]这是因为，判断外在的事情的唯一标准，只能是它们与精神上、身体上的幸福关系是否密切。也就是说，他在评价其子民是否幸福快乐时，必须以此为唯一标准：不是看他是否让民众家财殷实或身体健康，而是看是否让民众诚实正直、温和节制，是否全无贪婪、侵略与争执，是否有着尽可能充分的和谐。

他还必须留意，不要被嘉言美句的虚伪使用迷了头脑。实际上，这是世间差不多所有邪恶滋生并肆虐的源头所在。这是因为，如果放任一个民族生活在闲散而奢侈之中，并非真正的安乐；如果民众可以为所欲为，也不是真正的自由。根据正确的法律事先规定的原则生活，这不是甘受奴役。是否是一个和平的国家，不是看

民众是否对君主的任何念头都表示顺从，而要看是否遵从良法，是否尊崇这样的一位君主，其睿智的考量符合法律的要求。[17]人人皆拥有同等的报酬，同等的权利，同等的地位，这并不算什么平等，实际上，这倒往往导致极端的不平等。

将要即位的君主必须特别牢记，事实上，国家的主要希望就在于对其子嗣的正确训练，色诺芬在其《居鲁士之教育》中已经非常明智地告诉了世人这一点。[18]这是因为，在那个稚嫩的年纪，他们对您喜欢的任何训练都会有积极的回应。因此，必须对各类公立私立学校，对于女孩的教育，给予最充分的关注，让他（她）们直接接受最好的、最可信赖的教师的关照，既吸收基督教教义，也学习品味端正、有益于国家福祉的文学。[19]以这样的方式，其结果将会是许多法律或刑罚真的没有任何必要了，因为公民已经自觉自愿地遵循了正确的道路。

这便是教育之力量，正如柏拉图曾经写道的那样，[20]一个接受了正确的养成训练的人，将会成长为一种神圣的生灵；反之，错误的养成会使此人沦为一头可怖的怪兽。对于君主来说，最紧要的莫过于他应当拥有尽可能好的臣民。

因此，必须殚精竭虑，让这些孩子从一开始就习惯于最好的东西，因为不管是什么音乐，在习惯了的耳朵听来总是动人的。一个人若是已经习惯成自然，再要让他根除业已在其性格中扎下根的行为，可就极其困难了。但只要君主本人追求尽善尽美，这些事情也都会证明不那么困难。

以驯兽师习惯上对待野兽的方式来对待全体人民，这正是暴君之标记，其实是一种见不得人的欺骗。因为驯兽师首要关注的

就是留心什么能让野兽安静下来，什么又能挑动它们，这样他们就可以挑动或平息这些野兽以求方便自己。柏拉图已经有力地强调了这一点。[21]这不是在考虑民众的情感，而是在滥用民众的情感。

但如果民众顽固不化，对有利于自己的东西坚持抵制，那么您就不得不暂时顺应他们，逐步地赢取他们对您计划的合作，或者通过某种精巧的策略或善意的欺瞒来达成此项目标。同样，酒固然引人酣醉，它也是先顺应了饮者，然后逐步深入其血脉，直至对整个人发挥其效力。

即使万一事务的混乱和民众的情绪在一定程度上阻碍了君主的计划，使他被迫顺从时势，只要他还能继续保持压力，就不应从此放弃，用这种方式未曾实现的目标，就应当换一种方式再做努力。

注释：

[1] 亦见莫尔《乌托邦》第一部。伊拉斯谟满怀激情地认为，只有在和平时期，人文学术与文明价值才能繁荣。

[2] 本段中的建议特别针对了统辖欧洲多个民族的哈布斯堡王室。

[3] 参见西塞罗《论责任》第 2 卷 6. 22—7. 23；色诺芬《居鲁士之教育》第 8 卷 2.1。

[4] 参见西塞罗《论责任》第 2 卷 15.53。

[5] 整个 16 世纪欧洲的强权政治都是在依靠各主要地域的统治者们——尤其是哈布斯堡王室、都铎王室和瓦洛亚王室——之间脆弱的联盟。

[6] 查理只会说自己统治地域上多种方言中的少数几种。他以西班牙语作为自己宫中的正式语言。参见格利乌斯《雅典之夜》第 17 卷 17.2；马克西穆斯《嘉言懿行录》第 8 卷 7.16。

格利乌斯（Aulus Gellius，130—约 180）：拉丁文作家，著有杂文集《雅典之夜》（*Noctes Atticae*），保存许多失散著作之片断，系为消磨冬夜

而著于雅典，反映当时的学问和知识状况，与罗马和雅典诸多名士交游，收录许多关于他们的生活轶事。

米特拉达梯六世（Mithridates VI，？—前 63）：安纳托利亚北部本都王国国王（前 120—前 63 年在位），本都王国是一个新兴的希腊化小国，在其坚强领导下，吞并了若干相邻小邦。

[7] 参见普鲁塔克《亚历山大传》第 47 卷 3。

[8] 普鲁塔克《亚西比德传》第 23 卷 3。阿尔西比亚德（Alcibiades，约前 450—前 404）：雅典政治家与军事统帅。

[9] 美男子腓力系查理皇帝之父，于 1506 年盛年早逝。伊拉斯谟之所以撰写《颂词》，就是纪念腓力离开低地诸国两年，相继访问法国、西班牙和德国。1504 年 1 月，伊拉斯谟亲自在腓力座前诵读了此篇颂词。海尔德兰公爵（Karl van Egmond）自 1492 年以来一直断断续续地与哈布斯堡王朝处于交战状态。参见 J. D. Tracy 所著 *The Politics of Erasmus: A Pacifist Intellectual and his Political Milieu*，第 12—13 页。

[10] 亚里士多德《政治学》第 5 卷第 10 章。

[11] 参见伊索克拉底《致尼科莱斯》21。

[12] 参见西塞罗《论责任》第 2 卷 9.32、33。

[13] 亚里士多德《政治学》第 5 卷第 11 章。

[14] 尽管伊拉斯谟赞同学问上的创新，但他在心底里支持维护社会事务和政治事务方面的现存秩序。因此，尽管他同情促使路德挑战天主教会及其等级秩序的那些思想主张，以及对于维护教权行为的那些批评意见，但依然认为当务之急是对现行做法作谨慎的内部改革，并且拒绝以自己的名义支持路德派宗教改革者。

[15] 参见亚里士多德《政治学》第 2 卷第 8 章。

[16] 亚里士多德《尼各马可伦理学》第 1 卷 8.2 和《政治学》第 7 卷第 1 章；柏拉图《法篇》第 3 卷 697；《斐里布篇》48、49。

[17] 参见柏拉图《法篇》第 4 卷 715。

[18] 色诺芬《居鲁士之教育》第 1 卷 2.2。

[19] 参见柏拉图《法篇》第 7 卷 794、804、813；柏拉图为男孩和女孩规定了一样的教育。

[20] 柏拉图《法篇》第 6 卷 766A。

[21] 柏拉图《理想国》第 6 卷 493。

第四章
岁入与税负

倘若我们搜寻古代人的历史，就会发现，有许多叛乱是由苛捐杂税所引发的。[1]因此，良君须当小心，尽可能避免由于这一原因而引起民情激愤。他应当尽可能不以民众为代价来维持统治，因为君主之位是如此的尊贵，不能作为商品来换取财产。良君所关爱的臣民所拥有的一切，也就等于是良君本人的财产。

有许多异教徒唯一据为己有的，就是他们为国建功所赢得的荣誉。有那么一两位，比如费边·马克西姆斯和安东尼·庇护，连荣誉也拒绝了。[2]那么一位基督教君主，是不是更应当满足于知道自己已经做了正确的事情，特别是当他所服务的对象对所有正确的行动都会给予丰厚的回报？

君主的有些代理人只关心以层出不穷的借口，尽可能多地搜刮民脂，认为他们这样是在以恰当的方式，促进其君主的利益，仿佛君主是其子民的敌人。但任何人如果选择对这样的人委以重用，都应该认识到，自己远远配不上“君主”之名号。

相反，他应当以尽可能少地提取民力为目标，不懈努力，审慎考量。增加岁入最可取的方式，是让君主放弃奢华的开销，驱退冗余的官吏，避免战事和外访（这和战争很像），遏制官吏的贪婪，更

关心其领土的正确管理而不仅仅是扩张。[3]

否则，如果他根据自己的贪婪或野心来掂量税收的程度，那最后还会有什么控制或限度可言？因为贪婪之心是无限的，持续不断地刺激和施压于业已固定的东西，直至老话所说的[4]最后一根稻草压垮了骆驼的脊梁，最终耗尽了人民的耐心，点燃了革命的火焰。而诸如此类的情势已经终结过一些曾经极度繁荣的帝国。[5]

因此，如果确实有必要对民众征收某种税，那么良君的职责就在于采取适当的征收方式，尽可能减轻穷人的负担。因为要求富人厉行节约或许不失为明智的策略，而强使穷人忍饥挨饿、遭受奴役，既非常残酷，也十分危险。

当他考虑增加随员，当他着急要为自己的孙女或姐妹举办一场隆重的婚事，或让他的所有子嗣都享有自己一般的地位，或让他麾下的贵族个个家财万贯，或在出访外国时也要炫示自己的财力，此时，任何凭良心办事的统治者都必须始终提醒自己，出于这些理由，成千上万的男人，以及他们的妻儿老小，将可能缸尽粮绝，负债累累，彻底绝望。这是何等的残酷。[6]对于那些用搜刮穷人的民脂无耻地纵情声色的家伙，在我看来甚至都不配为人，更不用说是君主了。但这些人确实存在(或者传言不谬)，并且相信他们有权利以这等方式行事。

君主确实应当更进一步地权衡这方面的事情。一旦引入一项措施以适应某种暂时的情形，哪怕这样做对于君主或贵族似乎有着经济上的好处，就不可能彻底废除。一旦征收某项税款的需要已不复存在，不仅应当卸除民众当下的负担，而且应当尽可能地补偿他们此前的开销。因此，一心为民的君主会小心避免树立有害

的前例,因为如果他以其子民的不幸为乐,或忽视子民的利益,那么不管他会有什么样的名号,也不配称为一位君主。

同时,还必须留意不要让贫富差距过于悬殊:我并不想强迫夺去什么人的财产,但确实应当通过某种体制的运作,防止许多人的财富积聚到少数人的手中。例如,柏拉图希望他笔下的公民们既不要富得流油,另一方面也不要一贫如洗,因为穷人没有能力为社会作贡献,而富人却不愿意将自己的才能奉献公益。[7]

为何君主甚至时常不能从这类征税中积聚财富?想要理解这种现象,可以想一想我们的祖先从他们的臣民那里得到的要少得多,而他们却表现出多得多的仁慈,各种各样的补给都是那样的丰富:原因就在于,岁入的最精华的部分现在都流经上述那些负责收取和搜刮的人的手,到君主本人手里的只有很少一部分。[8]

因此,对于最穷的民众也都得使用的那些东西,比如谷物、面包、啤酒、葡萄酒、衣服以及人类生活的其他各种必需品,良君应当尽可能少地征税。[9]但目前这些东西却以不只一种方式带来了相当沉重的负担:首先是征税代理人所榨取的重税[老百姓称之为"法定价格"(assisiae,assize)];其次是进口关税,甚至各自有专门的代理;最后是垄断经销。为了让君主从这些来源中找回一点点的收入,穷人们就被这种开销榨干了。

因此,如上所述,增加君主收入的最佳方式,就是减少他的开支,有句格言甚至对君主也很适用:节流即是最好的开源。[10]不过,如果有些征收不可避免,人民的利益也需要做出此类行动,那就让负担落到生活当中不那么必需的那些外国货、进口货上面,它们属于奢侈的、令人愉悦的精致货,只限于富人使用,比如棉布、丝

绸、染布、胡椒、香料、油膏、珠宝以及其他诸如此类的东西。因为这样一来，只有那些有幸能够承担此类税种的人才会感到不便；这样的开销不会让他们一贫如洗，或许只是让他们不那么奢侈罢了，这样，他们在金钱上所失去的东西，会给他们带来道德上的收益。[11]

在货币的铸造中，良君将会展示出他对于上帝和民众所担负的双重信任，而不会允许自己做一些他会为此严惩他人的事情。正如查理去世后相当一段时间以来我们所看到的那样，[12]当比暴政更危险的一种连绵不断的无政府状态折磨着您的王国时，人民一般在这四种情况下被铸币这种行业所掠夺：首先，铸币的材料被某种合金降低了成色；其次，它的分量不足；第三，它的边缘被磨缺；最后，它被反复地贬值和重新估价，只要有人认为这有利于王室的财库。[13]

注释：

[1]《乌托邦》中的莫尔与这里的伊拉斯谟都对不正义的征税有着明确的立场：这完全是一项时事话题，因为王室岁入中绝大部分来自加在臣民头上的苛捐杂税，从以关税、人头税、垄断等形式征收的世俗税捐，到超越国界代表教皇征收的教会税以及特赦。有关伊拉斯谟撰写此文时低地诸国所承受的高额税负，参见 J. D. Tracy 所著 *The Politics of Erasmus: A Pacifist Intellectual and his Political Milieu*，第 37—38 页以及 77—78 页。

[2]典出恩尼乌斯，引自西塞罗《论老年》(*De senectute*)第 4 卷，10，以及《罗马帝王文献集成》"安东尼・庇护传"第 9 卷 10；第 10 卷 1。

恩尼乌斯(Quintus Ennius，前 239—前 169)：叙事诗人、戏剧家兼讽刺作家，早期拉丁诗人中最有影响者，公认为罗马文学之父。其叙事诗

《编年记》为维吉尔《埃涅阿斯纪》问世之前最著名的民族史诗。

费边·马克西姆斯(Fabius Maximus,？—前 203):罗马统帅、政治家。在第二次布匿战争(前 218—前 201)中采用拖延战术,为罗马争得喘息时间,终于对汉尼拔的迦太基大军发动反攻。费边主义日后成为缓步前进或谨慎小心的同义语。

[3] 这些议论是对哈布斯堡皇帝马克西米连的征税政策稍加掩饰的批评。查理在 1519 年从他手里继承了帝国。"外访"也许暗指尼德兰议会于 1516 年 2 月为查理国王拟议中的西班牙之旅授予他的一笔巨额补贴。参见 J. D. Tracy, *The Politics of Erasmus: A Pacifist Intellectual and his Political Milieu*,第 82 页。亦参伊拉斯谟在格言"Spartam nactus es, hanc orna"(《格言集》第 2 卷 V.1)中有关查理父亲腓力多生事端的英格兰与西班牙之旅的议论。

[4] 卢奇安《对话集》(*Dialogi meretricii*)第 3 卷 286;伊拉斯谟《格言集》第 1 卷 V.67。

卢奇安(Lucian,一译琉善,约 120—180?):古希腊修辞学家、讽刺作家,作品以冷嘲热讽、富于机智见称,对当时文学、哲学及知识界生活等方面的虚妄与愚昧现象进行了深入而往往失之苛刻的批判。他最多谈论的话题是人们未能认识到伟大和财富乃短暂无常。

[5] 不出所料,伊拉斯谟对于征税的讨论是从道德的角度来谈的,关注的是避免沉重负担,维护民众良愿,而不是从经济的观点来论证。

[6] 这一段读起来像是直接在评论马克西米连的所作所为。

[7] 柏拉图《理想国》第 4 卷 421—422;亦参亚里士多德《政治学》第 4 卷第 11 章。与莫尔不同的是,伊拉斯谟并未暗示废除私有财产权或许是避免财富分化所产生的社会张力的一种有效方法。

[8] 关于代表教皇与君主征税的德国富格尔家族之类商业金融家族所积聚的巨大财富,这是另一个典型的看法。富格尔家族(Fuggers):德意志商业与银行业王朝,曾统治 15、16 世纪欧洲工商业,发展了资本主义经济思想,并影响了欧陆的政治。为马克西米连一世各项政策的主要财政支持者,资助查理五世当选为皇帝。并曾以贷款与英格兰亨利八世结为盟友。

[9] 有关对此类征税的更详尽的谴责,参见格言“A mortuo tributum exigere”(《格言集》第1卷 ix.12)。

[10] 引自西塞罗 *Parad*.第6卷3.49;托名塞涅卡 *Monita* 22。

[11] 就像当时绝大多数开明思想家(包括莫尔)对于征税的立场一样,伊拉斯谟在此倡导对进口奢侈品征税,而不是对生活必需品和本国产品课税。

[12] 此处指的是查理国王的外曾祖父勃艮第大公勇敢的查理(Charles the Bold,一译大胆的查理,1433—1477)。勇敢的查理1477年战死疆场,没有留下半个男性继嗣。这导致了法国与奥地利王室之间一场持久的继承权之战,以及相伴随的经济动荡(货币的贬值与重新估价,以资助战事)。有关伊拉斯谟对他的较低评价,参看格言“Spartam nactus es, hanc orna”(《格言集》第2卷 V.1)。

[13] 关于君主及其政府操纵币值所造成的负面效应,伊拉斯谟与莫尔也有共识。参见《乌托邦》第1部。

第五章
君主之宽宏仁慈

如果说和善与仁慈是良君身上特别值得称赞的品性，那么有些人整个的政策都在于以其他所有人为代价来滋养自身的利益，又怎能擅称君主之名号？因此，治术高超、头脑警醒的君主将会寻求通过某些手段来帮助每一个人，并且这不仅仅意味着遍赐礼物。他会以自己的慷慨援助一些人，以自己的支持抚养另一些人。他会用自己的权威来重振那些遭受挫折的人，用他的建议来帮助其他人。事实上，如果有哪一天他不曾始终运用自己的权力来援助他人，他宁愿认为自己虚度了这一天。

尽管如此，君主也绝不能马虎轻率地滥施恩泽。有些君主用从良善公民那里无情榨取来的资财，挥霍到弄臣和密探身上，挥霍到那些侍候君主消遣的人身上。国家应当意识到，君主会最经常地向那些全力以赴于共同的善的人示以善意。宽宏仁慈应当成为德性的回报，而不是一时冲动的结果。

君主特别需要努力实践不给其他任何人带来半点不利、至少是没有什么伤害的那种仁慈。掠夺一个群体去赈济另一个群体，毁灭一些人去提携另一些人，这些都远谈不上是什么功劳，反倒产生加倍的危害。倘若榨取德高望重之士，施予卑劣无耻之徒，就更

是如此。

诗人笔下的神话里告诉我们，众神是如何在造访每一地时，都给予那些款待他们的人很多好处。这些话不是没有意义的。但是，如果臣民们在他们的君主御驾亲临时，藏起精美的家具，关起漂亮的女儿，赶走年轻的男丁，埋好绵薄的家财，尽其所能地让他们不那么显山露水，难道不是明显地表露出他们对君主的看法，因为他们的做法正好像迎拒敌人或强盗？因为在他们的君主到来时，他们什么都害怕，那么抗击叛乱或暴力的威胁，难道不应是他的职责吗？他们害怕其他人的叛乱，但他们也害怕来自他的暴力：有个人抱怨他被鞭打过，另一个说他的女儿被拐走了，还有人说他的老婆被强奸了，再有一个说好些小拿小抢的都没给钱。在这种御驾亲临与那些关于众神的描述之间，差异何其大哉！一个城市越是繁荣，就对君主越是疑虑，君主光临时，那些不光彩的东西全都冒了出来，而那些最杰出、最睿智的公民却全都小心戒备，闭门独处。即便后面这些人什么也没说，他们的行动也已经表明了对于君主的态度。对此有人或许会说：“我不能控制所有追随我的人的行动，我只能尽力而为。”要让您的追随者们明白，您的内心确实一直这样想，如果那样还不能控制他们的行为，我会大感惊讶。最终，您会让人民确信，诸如此类的罪行全都是背着您的意志犯下的，只要您不容这等行径逍遥法外。

对于一个异教君主，对自己的臣民慷慨仁慈，而对外国人却只是公正而已，或许已然足够。但一位基督教君主的标志，则是不把任何人视为外国人，除非此人对基督的圣事一无所知。即使对于后面这些人，基督教君主也会避免伤害到他们，激起他们的反抗。

当然，他必须首先履行对于自己臣民的义务，但对于其他人，他也会尽可能地给予帮助，他理当帮助所有的人。

尽管君主应当始终留意保护每一个人不受伤害，但根据柏拉图的建议，他应当更多地注意防止伤害降临到外来人而非他自己的臣民身上，因为外来人全无亲朋好友的支持，更容易陷入危险；有鉴于此，他们被视为受朱庇特的保护，朱庇特也就此得名“Xenius”（旅行者的守护神）。[1]

注释：

[1] 柏拉图《法篇》第5卷729；亦见伊索克拉底《致尼科莱斯》22。

第六章
法律之执行或修缮

让一个城市或王国繁荣昌盛的首要方法，就是让最好的君主掌管最好的法律；如果君主为万民所遵从，而君主本人又遵从法律，那么只要法律符合正义与荣誉之理念，以增进万民之福祉为唯一之旨归，则天下幸甚。[1]

正直明智之良君无非是法律的某种化身。[2]因此，他会不遗余力地推行尽可能好的法律，那些最有益于国家的法律，而不是其他各种各样的法律。在一位良君及其诚实守法之官吏治理得秩序井然的国家里，寥寥数项法律便已足够。若非如此，纵有多少法律也是枉然。如果一个庸医胡乱尝试各种药方，他的病人往往要遭殃。

在实施法律的过程中，必须特别留意，确保不要让它们感觉像是有利于私人的腰包或是特别优待贵族。任何事情都必须联系到荣誉与公利的理念标准来考虑，而这种标准不应依照暴民的意见来确定，而应根据智慧的箴言，它们应当每时每刻都出现在君主的殿前咨议上。换句话说，就像异教徒也会同意的那样，只有正义、公平、有助于公共的善的法律，才是真正的法律。任何东西都不会仅仅因为君主做出了如此决定就成为法律，除非这种决定出于一位明智的良君，他所做出的任何决定都不会是不荣誉的，都会符合

国家的最佳利益。如果评判恶行的标准本身被歪曲，那么唯一的后果将是连正义的事情也会被这种法律所扭曲。

柏拉图也是要求法律尽可能精简，在契约、交易和税收等不那么重要的主题方面尤当如此。[3]据他所说，原因即在于，正好像杂乱用药无助于病人之痊愈，繁杂的法律也无益于国家之健康。只要君主公正无私，官吏恪尽职守，就根本不需要许多法律。若非如此，滥施法律将使国家陷入劫难。而恶君酷吏之徇私无信将使哪怕是适当的执法也服务于别样的宗旨。

叙拉古的狄奥尼修斯的暴政框架已经受到了正义的谴责。他颁布了大量的法律，诚可谓汗牛充栋，可据说他允许自己的臣民漠视这些法律，想以此让人人都依赖他。这不是在树立法律，而是在设置陷阱。

埃比泰德斯[4]也曾颁布一项法令，允许人们将自己的财产自由地留给任何自己中意的人，而他这么做只是为了能够不把财产留给自己厌恨的亲生儿子。为此他也遭到了应有的惩罚。起初人们没有看透此人的阴谋，但最后事态的发展将国家拖向了灾难。

君主应当促进这样的法律：不仅预先规定了对罪行的惩处，而且阻止人们违犯法律。因此，不能错误地认为法律应当尽可能言简意赅，从而只是规定秩序而非提供指导；[5]恰恰相反，法律应当注意更多地通过晓之以理而非动之以刑来阻止人们违法。塞涅卡不巧在这一点上与柏拉图意见相左，但他这样所表现出的更多是鲁莽而不是智慧。[6]

不仅如此，柏拉图还不允许年轻人为某项法律的公正与否展开辩论，尽管他允许懂得节制的年长者这样做。[7]然而，如果就君

主的法律表达考虑欠周的意见不属于人民的分内之事，那么确保其法律为所有良善之人所接受，就是君主的应尽之责了。要记住，哪怕是最卑贱的人也会有一定的常识。[8]人们称赞安东尼·庇护，因为他提出的所有主张，都试图要借助法令让所有人皆接受其正当性，并且在法令中摆出自己判断此项主张有益于国家的种种理由。[9]

色诺芬在其《家政论》中精明地指出，其他所有动物都能够特别借助两样事情加以驯服：如果它们属于低等动物，就用食物，如果它们像马那样比较高贵，就去爱抚；如果它们像驴一样顽固不化，就用鞭子打。然而鉴于人是所有动物中最高贵的生灵，唯一合适的办法是应当通过报偿诱使他守法，而不是依仗威胁和惩罚来强迫他守法。[10]

因此，法律不仅应当预先规定对于作奸犯科者的惩罚，而且应当规定酬赏以鼓励为国服务。我们知道古人有许多此类法律：任何骁勇善战者都能够指望获得酬赏，如果他战死疆场，其子孙将由公费抚养成人。任何人只要拯救过某位公民的性命，将敌人扔下城墙，或以明智的建议协助过国家，都有资格获得酬赏。

当然，好的公民即便没有任何的酬赏，也总会遵循最佳的路线。但是这些诱导措施有助于激发那些受教有限的人也遵循一条值得敬重的道路。

具备贵族品格的人对荣誉更感兴趣，而比较卑贱的人也会为金钱所吸引。因此，法律要利用荣与辱、利与失等各种手段去影响人们。最后，对于那些骨子里透着奴性的人，更准确地说，对于那些像野兽一般生活的人，就必须用锁链和缰绳来驯服他们的性情。

应当让公民从孩童时代起就熟悉这种荣辱观，从而让他们知道酬赏得自良行，而非财富或关系。

简言之，警醒的君主不应当仅仅是不遗余力地惩处罪行，而应当把目光放得更宽一些，尽力确保首先就不发生任何值得惩处的罪行。[11]

一位预防疾病并使其远离人们的医生，要比当疾病侵入人体后再以药驱之的医生来得高明。同样，确保根本就不发生任何罪行，要比犯下罪行后再去惩罚它们要好得多。如果君主能够在可能的情况下扼杀或至少牵制和减少那些自己注意到可能成为罪行之渊薮的东西，就能够实现这个目标。

首先，正如我们已经指出的那样，绝大多数罪行都起于有关事态的扭曲观念，仿佛起于泥淖。因此，您的首要目标应当在于将最佳的原则植入臣民内心，其次的目标即在于官吏不仅有智慧而且不贪污。

柏拉图正确地警示世人，在诉诸最高刑罚之前，必须做出全部的尝试，如其所言，应当彻底翻检每一块石头。[12]要想劝服人们不要违法，您首先必须运用合情合理的论证，然后，作为某种威慑因素，是对于罪犯遭受神谴的恐惧，此外再是施加惩处的威胁。如果这些都不起作用，您就得诉诸实际的惩处，但属于相对较轻的惩处，更多的是要治病救人，而不是一杀了之。如果这些都不奏效，那最后法律就不得不夺取犯人的生命，就像除去一段毫无治愈希望的肢体，以防止传染到身体上健康的部分。

一个值得信赖、技艺谙熟的医生，如果可以通过包扎或药剂来治愈疾病，就不会求助截肢或烧烙，除非病情发展所迫，否则永远

不会依靠这些手段。同样，君主在诉诸死刑之前，会尝试其他各种拯治手段；要记住国家也是一副躯体，如果可以用其他某种方式恢复健康，没有人会自断其肢。[13]

负责任的医生在实施治疗时，会把注意力集中在以对病人最安全的方式来根除疾患。同样，良君在制定自己的法律时，也会只考虑公共利益，致力于以最少的不适疗治民众的疾苦。

在每一个国家里人们都是嫌贫爱富，这一事实也特别造成了大量的罪行。因此，君主要努力确保其臣民因善行良质而非其金钱财富受到尊重，他应当首先从自己及其廷臣做起。如果民众看到君主炫耀其财富，如果他们看到在君主的宫廷里最富的人最受敬重，而通往官名利禄之路皆是以钱开道，那这一切当然就会促使普通百姓用正当手段或卑鄙行径来谋取财富。

更宽泛地说，在各个国家都存在的这种隐患，有许多都是懒惰所造成的，人人都想着以不同的方式不劳而获。人一旦养成了游手好闲的嗜好，如果缺乏保障的手段，就会走上邪路。因此，警醒的君主会确保在自己的臣民中尽可能减少游手好闲者，要么让他们工作，要么赶他们出国。

柏拉图认为他的理想国里必须驱除所有的乞丐。但是，如果有人因重病或衰老而陷入困境，却无家庭照料，就应当在国家为老弱病残专设的机构中得到照顾。[14]身体健康、生活朴素的人不会需要以乞谋生。

马赛的居民拒绝接纳某些神甫，他们为了在宗教的伪装下过上悠闲奢侈的生活，常常挨个市镇地兜售圣物。限制修道院的数量或许也会有利于国家，因为修道院生活也属于某种游手好闲，对

于那些生活远谈不上无可指责、在慵懒闲适的生活中消磨光阴的僧侣来说就尤其如此。我对于修道院的议论也适用于学院。[15]

在这一名类下，还可以归入税款包收人、货郎、高利贷者、经纪人、皮条客、地产掮客、渔猎法执法官，以及有些人纯粹为了炫耀而保留的种种代理与跟班。如果这些人还不能满足与游手好闲相伴而来的奢华生活的需求，就会逐渐走上邪路。

从军也是一种充满活力的游手好闲，并且极为危险，因为它彻底破坏了一切真正值得去做的事情，开辟了种种邪恶的渊薮。因此，如果君主将所有此类罪行的温床清除出自己的领土，需要其法律予以惩处的罪行就会少得多。

有鉴于此，必须对有益的职业给予高度的赞赏，我附带还要加一句，不应当以贵族气派为名义过那种无益的慵懒生活。我并不想要剥夺这些贵族出身的人的荣誉，只要他们继续保持自己先人的水准，在最初为他们带来贵族身份的那些活动中表现出色。但是，如果我们看到他们当中有那么多人这些年来一直在游手好闲之中养尊处优，在骄奢放荡之中失却英武之气，身无有益之长技，与插科打诨的食客和积重难返的赌徒一般无二——我还放过了他们那些更加让人反感的行径——我们究竟为何要对这种家伙比对鞋匠和农夫好？在过去的岁月中，贵族得以免于比较卑贱的工作，但不允许他们虚度光阴，而是让他们学习那些有助于国家治理的技能。

因此，家财殷实或身份高贵的公民们不应当对教育自己子嗣埋首书案表示不悦，因为一方面，年轻人一心问学，便会远离许多的诱惑；另一方面，即便他们根本不需要这些案头的技能，至少也

不会危害任何人。但是，既然命运无常，人事多舛，一旦有需，诚如常言所道，无论哪一块生活领域，无论哪一处人生驿站，身怀之技都会得到回报。[16]

古人认识到许多问题起于生活奢华，制定节制消费法加以约束，指派检察官控制宴饮、服饰或居所方面的过度开支。如果有人认为不让一个人随意使用或滥用他自己的财产，未免过于严厉，那就请他想一想，任由社会规范在奢华生活之中渐趋堕落，以至于需要诉诸死刑，岂不更加严厉，而被邪恶带入万劫不复，岂不比迫使人生活节俭更加严厉？

再没有什么比官吏们从给公民定罪中牟取私利更具危害了。如果他的利益就在于有尽可能多的罪犯，那谁还会尽力将罪行减少到最低限度？

罚金应主要偿付受害一方，一部分补充公共基金，如果罪行极其可憎，还应当给予提供线索者一定的报酬，这才是合适的做法，也是古人的习俗。但是，罪行的可憎程度不应取决于任何个人的一己之情，而应取决于对于国家的危害大小。

法律的整体宗旨应在于保护每一个人，无论贫富贵贱，无论是奴隶还是自由民，公职人员还是平头百姓。但它应当更倾向于帮助弱者，因为卑贱者地位低下，更容易受到伤害。法律应当以宽松来弥补他们的生活地位所享受不到的特权。因此，对于穷人的犯罪应当给予比针对富人的犯罪更严厉的惩罚，惩罚贪官应当比惩罚普通犯人更重，而惩罚邪恶的贵族要比惩罚卑微的平民更重。[17]

根据柏拉图的观点，刑法有两种。[18]就第一种而言，必须注意

惩罚相对于所犯罪行不能太严厉，因此绝对不能轻易诉诸最高刑罚，绝对不能听凭我们的狂热来衡量罪行的严重程度，而应当保持公正，不失尊严。迥异于所有古人的法律，仅仅是偷窃就普遍被判死刑，而通奸却几乎不受惩罚，这又是为什么？人人都过于看重金钱，因此判断金钱上的损失不是遵照事实，而是基于感情，难道不是这样么？不过，在此不拟讨论过去惩治通奸的法律非常严厉，为何现在比较温和了。

另一种刑罚柏拉图称之为儆戒性刑罚，用之必须慎之又慎。它应当更多地依靠其罕见而非其可怖来以儆效尤。因为没有什么东西是那样的可怕，足以令人纵使司空见惯也不心生藐视，而最有害的事情莫过于使得君主的子民对某项惩罚习以为常了。[19]

如果习用的药方能够治愈疾病，就不应当尝试新的药方。同样，如果现行的法律能够用来救治国家的疾苦，就不应当施行新的法律。[20]

如果彻底废止无效的法律势必困难重重，就应当允许它们逐步地失效或做局部的修正。不过，考虑不周就贸然变法固然危险，根据国家现状修改法律也属必要，就好像要改变治疗方案以适应患者的病情。有些法律，尽管实施起来相当合适，但如果彻底废止就更合适了。

有许多法律出台的时候相当有理据，但在官吏的腐败之下，却被派上最恶劣的用场。良法被扭曲为恶意的手段，危害诚莫大焉。君主决不能考虑到可能有损岁入而踌躇于废止或修订这类的法律，因为荣誉的损失毫无益处，而鉴于废止此类法律将会深得民意，就更该如此。诚然，此类法律几乎在各处生长，如今已在长期

的习惯之下牢固确立，但君主也不应当被此迷惑，因为归根结底，正义并不取决于拥戴者的众寡，一项不良的做法越是根深蒂固，就越是需要彻底地清除。

在此略举数例。有些地方有这样的规矩，地方官员可以国王的名义，占有在外国旅行时去世的人的财产。产生这种规矩的理由很充分，是为了防止原本无权占有的人声称有权得到旅人的财产。死者的财产会在地方官的手里暂时保留，直到真正的继承人出现。但如今这项惯例已经被扭曲得极其不合正义，以至于无论继承人是否出现，旅人的财产都进了君主的财库。

人们曾经正确地制定了一项法律，规定窃贼被逮住后其财产归君主所有，或由某位官吏以君主的名义代为掌管。显然，这是为了防止财产被某种诡计所骗而落入奸人之手，如果人人都有权声称占有的话。一旦确定了所有权，就会物归原主。但是现在，有些君主会认为窃贼的财产就是君主自己的财产，仿佛属于他们的祖传。他们非常清楚，这种惯例不合正义，实属可耻，但攫取利益的动机战胜了合乎荣誉的本意。

过去有一种不错的想法，在国家的边界要塞设置官吏以核查进出口贸易，当然，也是为了确保商人行旅自由来去而不必担心盗匪袭扰。如果在君主统治的疆域内有什么东西被盗，每一位君主都会确保商人不会蒙受任何损失，盗贼不会逍遥法外。但到后来，或许是出于礼节，商人们开始略付薄费。而在今天，旅人处处都要受到这些关税的掠夺，游客被骚扰，商人被洗劫，尽管过路费与日俱增，但再也不曾听闻有保护这些人的说法了。制度最初设立时的宗旨就这样荡然无存，这项做法在出台时是多么的合情合理，却

在那些实行者的滥行误施之下，变成了彻头彻尾的暴政。[21]

过去有这么一种规矩，就是由失事的船只上冲到岸边的财货应由沿海地方官保管，但不是为了让这些财货落入他或君主的腰包，而是为了防止被不法之徒所攫取。如果没有可以合情合理地声称占有这些财物的人生还，最终就将归为公共财产。但是如今在有些地方，散落到海边的任何东西无论是怎么来的，都被地方官据为己有，他比大海本身还冷酷无情，因为风暴过后留给可怜的生还者的任何东西，都被他像第二场风暴一般劫掠一空。[22]

好了，您可以看出，一切都变得何等地糟糕。窃贼因为攫取他人的财产而受到惩罚，但原本被任命来阻止偷窃的官吏却干着和窃贼一般无二的勾当。正是被雇用来保护合法的所有人免遭损失的人，对该所有人实施了第二次掠夺。也正是那些被任命来专门防止行旅被袭扰和劫掠的人，大肆袭扰和劫掠着商人。正是被法律任命来防止财产落入奸人之手的人，阻止了财产回归它合法的所有者。许多地方都有大量与此类似的制度，其不公不正毫不逊色于不正义本身。不过，我无意于在本文中指责任何具体的国家，因为这些事情几乎是所有国家的普遍现象，当然它们也都指责这些现象。我只是为了劝诫世人才开列这些例子。其中的某些惯例或许确实在废除时必然引发剧烈的动荡，但这些惯例的废除将会为君主赢得民心与美誉，要知道，有些东西比任何财政所得都重要。

就像君主一样，法律必须让所有人都能受到保护，必须对所有人都一视同仁，这是最重要的事情。否则，正如希腊哲学家的智慧之言，法律只会成为蛛网，鸟儿可以凭其个头儿大而轻易地撞破，只能缠住些小蚊小蝇。[23]

就像君主一样，法律始终必须做到宁贷勿罚，原因或是由于它具有某种本质上的温和；或是由于它反映了上帝的行事方式，不轻易陷于愤怒与复仇的情绪之中；又或是由于被错放的人可以通过惩罚来挽回，但受到不公惩罚的人就只能陷于无助了。即便他依然幸存，谁又能估价另一个人的苦难？[24]

我们从书本上得知，在过去有这样一种人，是暴君而非君主——基督教君主的行为必然与之截然不同——他们在衡量一项罪行的严重程度时，根据的是对其自身利益所造成的伤害。因此，在他们看来，剥夺一个穷人的财产，致使他及其妻儿卖身为奴或乞讨为生，只是一桩小偷小摸的轻罪；而骗取国王的私钱或某个贪官哪怕几个铜子儿，也属于最严重的盗窃，应该遭到最严厉的惩罚。如果有人对邪恶不堪的君主咕哝了几句，又或者在议论某个祸害百姓的官吏时稍有逾轨之处，他们也会大声要求处以忤君之罪。[25]但是，纵然是一般不算在良君之列的异教皇帝哈德良，也从不曾允许判处忤君之罪；[26]纵然是冷酷无情的尼禄也不看重这种指控。[27]还有一位对这种指控全然忽视的人据说尝言："在一个自由的国家里，也应当有言论的自由。"[28]

因此，良君对于损害其个人利益的那些罪行，应当无比乐意地予以宽恕，并为此提供最大的方便。谁还能比君主本人更轻易地忽略这类事情呢？复仇越是轻易草率，就越是显得心怀歹毒，有失体面。因为复仇是精神懦弱、心智委琐的标志，和君主最不相称，君主必须具备高尚、宽宏的精神。[29]

君主仅仅清除犯罪是不够的，除非他自己也免除任何犯罪的怀疑或迹象。因此，他不仅会考虑到犯下忤君之罪的人身上的可

贵之处，而且还会考虑其他人会如何评判君主；有时他还会为自己的荣誉考虑而宽恕一项不值得宽恕的案子，为保全自己的声名而赦免一个不值得赦免的人。

但愿不会有任何人立即大声宣称，这种建议几乎没有考虑到君主的尊严，而君主之尊严是国家的首要关注，绝不容受到亵渎和冒犯。恰恰相反，要捍卫君主之伟大，最好的方法莫过于让民众了解到君主之警醒足以觉察任何事情，君主之智慧足以理解君主尊严的真正源泉，君主之仁慈足以令其不愿报复任何冒犯他本人的罪行，除非出于公共利益的要求。辛纳所获得的赦免使屋大维的尊严更添荣耀，更趋稳固，而同时有那么多的执刑却毫无效果。[30]

只有当一个人已经削弱了使君主真正伟大的那些品性，才可以说发生了忤君之罪。如果君主的伟大在于其心智的卓越，在于其智慧带给其子民的富饶，那么谁要是破坏了这些品性，就必须被控以忤君之罪。如果假定，即便法律和公共权利不受尊重，君主的尊严也可以增长，仿佛君主与国家是两个互不关联的实体，那就是个巨大的错误，是彻底误解了君主真正的尊严。如果一定要在其本质联结一体的事情之间做出某种比较，那么一位国王就不应当将自己与其臣民中的任何一位相提并论，而应当与作为整体的国家作比较。这样，他就会认识到，由那么多出类拔萃的男男女女组成的国家，其价值要远远高于首领个人，也就是君主本人。即便是一个缺少君主的国家，也依然是一个国家。有许多广袤的帝国即使没有一位君主也走向了繁荣昌盛，比如在民主制下的罗马与雅典。然而，如果没有一个国家，单单一位君主是无法生存的，事实上，是国家承纳了君主，而不是君主承纳了国家。除了其臣民的授

意，还能有什么让一位君主成为伟人？[31]另一方面，如果一个人凭借他的善好品性，也就是他的德性，成就了伟大，那么即便他的权力被剥夺，他也依然是一位伟人。

因此，那些根据配不上君主之伟大的标准来衡量君主之荣耀的人，是做出了相当错误的评判。要是有人通过自由给出的建议，在其君主误入歧途，危及其荣耀、安全和国家的福祉时，唤醒他重归正路，却被这些人称为忤君者（他们以为这个词是所有称谓中最令人厌恶的）。而要是有人用卑鄙下流的念头来败坏其君主，将君主引向无休止的声色犬马、斗鸡走狗之类不光彩的勾当，这样的人肯定不是在维护君主的荣誉，他们又当作何称谓？用没完没了的谄谀来迎合一个昏君，他们称之为忠诚；而反对昏君之可耻的行径，他们却称之为忤君。但是，如果有人用卑劣的奉承哄骗君主，引他走上邪路，让他深陷征战，劝他掠夺民众，教他暴君之术，导致他遭到所有正派民众的憎恨，这种人可以说最不是君主的朋友，这才是真正的忤君，罪当严惩。

柏拉图曾经要求，“护法者”（gardiens des lois），也就是那些被任命来监督法律的人，必须是最不可能被腐坏的人。[32]对于那些以腐坏的方式监管法律的人，良君始终应当给予最严厉的处治，因为君主本人就是“护法者”的首领。

概括前文观点：法律越少越好；而这些法律又应当尽可能做到公正，促进公共利益；它们还应当为民众所尽可能地熟悉。有鉴于此，古代人才把这些法律镌在碑上，刻在版上，展示在公共场所，让所有人都能看到。[33]如果有些人用起法来有如蛛网，表面上想要抓住尽可能多的东西，但实际上只是捕获了他们自己的猎物，而不

是出于国家的利益，这样的行径令人不齿。最后，法律还应当以平白晓畅的措辞拟定，尽量简单明晰，以使那些自称为律师或法律专家的专权自利的家伙没有多少存在的必要。事实上，这门职业也一度是社会上才杰俊彦的专属领地，虽无多少物质利益，但能带来很高荣誉。然而到了今天，利益的驱动已经败坏了这门职业，就好像它侵蚀了其他各行各业一样。

柏拉图指出，将法律交付人的任性无常支配，这样的人是国家最危险的敌人；而在最好的良君治下，法律将享有至高无上的权威。[34]

注释：

[1] 参见柏拉图《法篇》第 4 卷 715。根据伊拉斯谟的看法，理想的状况是在君主所支持的秩序、最适合整体人民的秩序以及领土内的法律之间达成完美的同一。

[2] 参见亚里士多德《政治学》第 3 卷第 13 章；西塞罗《论法律》第 2 卷 5.11，第 3 卷 1.2；普鲁塔克《道德论丛》780C—E（“哲人者即与伟人交流”4）；亦见苏维托尼乌斯《裘力斯·恺撒传》77。这是伊拉斯谟君主教育学说的一个关键论点。它使君主在伦理的角度上与其领土的法律同义。

[3] 柏拉图《理想国》第 4 卷 425—426。莫尔的《乌托邦》里也只有寥寥数项法律，以免出现繁复的法律解释，阻碍政府管理。

[4] 参见普鲁塔克《亚基斯与克莱奥梅尼》（*Agis and Cleomenes*，均为斯巴达王名）5。埃比泰德斯（Epitadeus 或 Epitades）：斯巴达高官，引入财产转移法律。

[5] 柏拉图《法篇》第 10 卷 890。

[6] 塞涅卡《道德短简》94.38；这里伊拉斯谟有误。实际上，塞涅卡是在引用波塞多尼奥斯（Poseidonius，约前 135—约前 51，希腊斯多亚学派哲学家）对柏拉图意见的反驳，而他自己倒是明确赞同柏拉图的。（两个英译本都注意到了这一点，只不过 Born 本引的是 94.37。）

[7] 柏拉图《法篇》第 1 卷 634D—E。

[8] 柏拉图《法篇》第 3 卷 684。

[9]《罗马帝王文献集成》"安东尼·庇护传"12.3。

[10] 色诺芬《家政论》第 13 卷 6—10。

[11] 在此乃至于全章,莫尔与伊拉斯谟的想法非常类似。

[12] 柏拉图《法篇》第 5 卷 731:参见第 9 卷 862E;《理想国》第 3 卷 409—410。

[13] 参见塞涅卡《论仁慈》第 1 卷 16.2—4。

[14] 柏拉图《法篇》第 11 卷 936C。

[15] 伊拉斯谟在此对他曾亲身体验的两种机构提出了尖锐的批评。他的关注焦点一旦从道德劝诫转到社会批判,就会非常契合莫尔《乌托邦》中以类似语言表达的观点(《乌托邦》第 2 部 128)。1495 年到 1499 年,伊拉斯谟在巴黎蒙太古学院学习,他和拉伯雷、蒙田、比维斯等文艺复兴时期人文学者都对这家学院以及它所代表的传统学院生活义愤填膺。

[16] 伊拉斯谟《格言集》第 1 卷 vii.33:"Artem quaevis alit terra"。

[17] 伊拉斯谟这里有关法律的立场非常像是一位道德学家而不是政治家。

[18] 柏拉图《法篇》第 9 卷 862。

[19] 柏拉图《法篇》第 9 卷 854。

[20] 参见亚里士多德《政治学》第 2 卷第 8 章。

[21] 这些实例都属于曾经有着公正的宗旨、但现在被王室用作强取豪夺的手段的法律惯例,其中有几例与有周游列国、居无定所的生活方式的伊拉斯谟直接相关。他冒着客死异国的风险,也冒着不能够追回自己被偷窃的财产的风险(有好几次他丢失了钱财)。有关伊拉斯谟在英国多佛尔海关的不幸经历,参见 119 号函(以及格言"A mortuo tributum exigere")(《格言集》第 1 卷 ix.12)。

[22] 在这里,伊拉斯谟脑子里或许想到了 1516 年尼德兰发生的一桩造成丑闻的类似事件。参见史密斯,*Colloquies*,第 18—20 页。史密斯(Preserved Smith,1880—1941):美国历史学家,著有《马丁·路德的生平和著作》、《宗教改革时代》、《伊拉斯谟的生平、理想与历史地位》等。

[23] 阿纳卡尔西斯所言,引自普鲁塔克《梭伦传》第 5 卷 2、3;马克西穆斯《嘉

言懿行录》第 7 卷 2. 14。参见《格言集》第 1 卷 iv.47。阿纳卡尔西斯(Anacharsis):公元前 6 世纪左右西徐亚国王,哲学家,游历广泛,因智慧过人而声名远扬。其言行文字被日后的孟德斯鸠等广为借鉴。

[24] 参见普鲁塔克《上帝慎于惩罚》5。伊拉斯谟明确认为,良君与其法律是一回事。这种立场直接导致他主张,法律在一切事情上都和君主一样,是道德上的垂范。

[25] "忤君之罪"(lèse majesté)即"叛逆罪",最初指的是反对罗马人的陛下的罪行;而在神圣罗马帝国治下,此项罪名的范围已有扩展,以充分考虑君主的存在。

[26]《罗马帝王文献集成》"哈德良传"18.4、5。哈德良(Hadrian,76—138):罗马皇帝(117—138 年在位),所有罗马皇帝中最有文化修养的一位,在其诗篇、建筑设计(哈德良长城、奥林匹亚宙斯神庙等)、生活方式等方面都表现出艺术家的气质。

[27] 苏维托尼乌斯《尼禄传》39。被定论为暴君的尼禄在其统治前期(公元 59 年前)倒是一直施行仁政,取消极刑,宽恕写诗讽刺他的作者,甚至宽恕阴谋反对他的人,也很少进行秘密审讯。

[28] 见苏维托尼乌斯《提比略传》28。提比略(Tiberius,前 42—公元 37):罗马皇帝(14—37 年在位)。

[29] 参见塞涅卡《论仁慈》第 1 卷 5.4;20.3。

[30] 塞涅卡《论仁慈》第 1 卷 9。辛纳(Cinna,? —前 84):一译秦那。两个英译本中此处皆误将裘力斯・恺撒当成了奥古斯都・恺撒(即屋大维),但应该是前者娶了辛纳的女儿,并在其葬礼上发表过著名的赞颂演说。附二中也提到此事,参见附二注 16。

[31] 这里清楚地陈明了伊拉斯谟的根本立场。君主并非国家所必需,可以借助民主共和统治代表其人民树立法制。君主的统治有赖于其臣民同意就这样被统治。

[32] 柏拉图《法篇》第 6 卷 755A;《理想国》第 6 卷 484。

[33] 柏拉图《法篇》第 11 卷 917。

[34] 柏拉图《法篇》第 3 卷 690;第 4 卷 715。

第七章
官吏与其职责

君主必须要求其官吏具备与其本人所表现出的同样的正直典范，至少是相差无几。他不应当认为任命官吏是件十分容易的差事；官吏的任命方式至关重要，并且他必须确保这些官吏不折不扣地履行指派给他们的任务。

亚里士多德做出过一个重要而睿智的观察，指出即使法律业已很好地确立下来，如果没有任何人愿意尽心尽力地去维护，善法的确立也是无用的。实际上，有时还会出现这样的情况，最佳的立法由于官吏的滥行误施，转变成对于国家的彻底破坏。[1]

尽管在选任官吏时决不能根据他们的财富、门第或年龄，而必须根据他们的智慧与正直，但任命年长者担任维系着国家福祉的那类职位会更好一些，这不仅是因为年长者在经验历练中培养出审慎明辨的品质，性情趣味上更为温和，也是因为他们的年纪使其在民众的心中获得某种权威。[2]有鉴于此，柏拉图禁止任用 50 岁以下或 70 岁以上的人为护法者。[3]至于祭司，在他看来更是不能低于 60 岁。正好像人在生命的某个节点上会达到成熟，人也会在生命的某个衰退处开始需要退休，免担一切职责。

合唱歌舞的表演只要和谐有序，就能营造出优美的场景；但如

果舞姿与歌声陷入混乱，就会变成一场闹剧。与此类似，在一个王国或城邦之中，如果人人都各就其位，各司其职，也就是说，如果君主的行事堪称君主，官吏各负其责，民众遵从善法，拥护清官，就能成就一项完美的制度。但是，当君主之行事只求一己之利，官吏一味盘剥民众，而民众不遵从应当受到尊重的法律，却只是奉承君主与官吏，不管君主与官吏都干了些什么——此时必然盛行着极其可怖的混乱。

君主的首要关注必须是竭尽所能服务于国家。确保地方官位及其职责交予那些最正直的人，最热心地奉献公益的人，这就是君主所能做出的最大贡献。

君主之于国家，若非医生又是什么？然而，对于一位医生来说，仅仅拥有技能熟练的助手还不够，他自己还必须是技艺最高超、最细致的一个。与此类似，君主仅仅拥有品行正直的官吏还不够，他自己还必须是最具德性的一位，因为得由他来挑选并矫正这些官吏。

心智的各个部分并不都是彼此平等的：有些负责给出建议，有些则负责执行这些建议，而身体所做的无非是执行建议。与此类似，君主作为国家的最高部分，必须最具辨别力，完全摆脱一切粗鄙的激情。在他之下便是官吏，既负责给出建议，又负责执行建议；他们服从君主，但指挥民众。

因此，国家的幸福特别有赖于其官吏的任用和履责是否公正无私。因此，应当有预防弊政的措施，犹如古代人有防止盘剥民众的措施。最后，如果犯下了这样的罪行，就应当判以最严厉的惩罚。

如果君主所任命的不是出价最高的买官者，脸皮最厚的说客，

关系最铁的亲戚,又或那些最善于投合君主之性格、情绪和欲望的人,而是任命那些品性最为正直、最适合执行所任职司的人,那就会做到公正无私地任命官吏。

如若不然,当一个君主一味地把任职卖给他能得到的最高的出价者,那么他所能指望的,就只能是他所任命的人又会转手倒卖这些职位,尽其所能地充分利用自己已经付出的代价,卖官鬻爵,既然这职位本来就是靠商业交易得来的。[4]诚然,在可悲的长期使用之后,它已经赢得了不少国家的认可,但不应当因为这一点就认为这种做法对国家没有太多危害,因为即便是异教徒也会对此深感厌恶。恺撒的法律规定,那些主持法庭审判的人必须得到君主般的薪俸作为刺激,以使他们没有任何贪污受贿的借口。[5]

在过去,对于贪赃枉法者将会严惩不贷。但是,如果君主本人就已经售卖了判罪的工作,事实上也是第一个教唆了法官如何腐败,又能够基于何等理由,惩处一个在定罪或撤案时收受贿赂的法官呢? 君主在应对官吏时的方式,但愿能够像自己希望这些官吏应对民众的方式一样。

在《政治学》中,亚里士多德睿智地指出,首先必须注意的是,不能让官吏从其职责中谋取钱财;否则就会出现两点不利:其一,这就意味着将会由那些最贪婪、最腐败的人来竞逐官位,或许我应当说官位被这些人所攻击、所破坏;其二,民众将会蒙受双重的打击,既被排除出官职,又被剥夺了钱财。[6]

注释:

[1] 亚里士多德《政治学》第 4 卷第 8 章。

[2] 参见柏拉图《理想国》第 3 卷 409。

[3] 柏拉图《法篇》第 6 卷 755A。

[4] 卖官鬻爵是当时绝大多数欧洲国家政府收入的一种来源。

[5] 参见卡修斯《罗马史》第 52 卷 23；第 53 卷 15。卡修斯（Dio Cassius，约 150—235）：古罗马行政官和历史学家，所著《罗马史》凡 80 卷，自埃涅阿斯在意大利登陆至塞维鲁·亚历山大朝止。用语精确，文字朴实，资料丰富，是有关共和国末年和帝国早期历史的权威著作。

[6] 亚里士多德《政治学》第 5 卷第 8 章。

第八章
条　约

良君在订立条约时，就像在其他所有事情上一样，都只会以公共利益为旨归。否则，如果条约的订立是以牺牲民众为代价而使君主获益，则应当称这些条约为阴谋。谁要是如此行事，就会把一群民众分成贵族和庶民两类，其中一类只能从另一类的损失之中获益。但如果真的发生这种事情，国家也就不存在了。[1]

在所有基督教君主之间，有着某种极具约束力和神圣意味的契约，只因为他们都是基督徒。那又为何要日复一日地协商条约，仿佛人人都是他人的敌人，仿佛人类的契约能够成就耶稣基督所不能成就的事情？[2]一旦借助大量的文件来完成交易，就意味着不存在多少信任；我们也常常看到，从那些被认为预防发生诉讼的事情上，也会引发大量的诉讼。如果存在互信，由诚实守信的人来完成交易，这些大量而琐碎的文件就根本没有存在的必要。但如果是由寡信薄义的人来完成交易，那么这些文件其实只是在为法庭诉讼提供原始材料。与此类似，在睿智的良君之间即便没有任何条约，也会存在深厚的友谊；而在邪恶的昏君之间，就算是旨在防止战争的条约也会引发战争，立约的其中一方会抱怨数不清的条款中有这项或那项未被遵守。人们原本想要通过订立条约来结束

战争，但今天一项开战的协定也被称作条约。这种盟约无非只是战争的战略，随着情势的发展，就会变成条约。

君主在履行他们之间的协定时必须具备足够的真诚良愿，使得他们的简单承诺会比他人的赌咒发誓更为神圣。那么，如果未能遵行一项庄严的条约中规定的条款，未能遵行涉及被基督徒视为极其神圣的那些东西的誓言，该是多么的可耻！尽管如此，我们每天都能看到这种行径成为惯例；我不想说谁犯了错，但除非有什么人犯了错，否则肯定不会出现这种状况。

即使一项条约中的某个条款表面看来未被遵守，也绝不能立即认为这证明整个条约业已失效，因为这就意味着找到破坏伙伴关系的托辞。相反，应当付出巨大的努力以修补裂痕，尽可能减少损害。实际上，有时候最佳方案就是对未遵守某项条款的做法默不作言，因为即便是公民私下达成的谅解，如果他们事事都咬文嚼字，太过较真，也不会长久维持。[3]请不要马上就被愤怒牵着鼻子走，而要遵循符合公共利益的路线。

睿智的良君会努力与所有国家都和平相处，但特别是与其邻国和睦友好。因为邻国的敌视能造成莫大的伤害，而邻国的友好会带来莫大的益处。没有任何国家能够在与这些邻国全无友善关系的情况下长久生存。[4]此外，在由共同的语言、相近的地缘、类似的气质性格维系在一起的那些国家之间，比较容易确立并维持友好关系。[5]某些国家在各个方面都彼此迥异，建议最好是减少相互接触，也好过借助哪怕是最具约束力的条约强扭在一起。有些国家相距遥远，即便有良好的意愿，也是远水救不了近火。最后，还有些国家是那样的狡诈，那样的无耻，毁约如同家常便饭，即便是

邻居也不能用作朋友。对于这种国家，最好的策略是既不要以公开的战争与之决裂，也不要以任何极具约束力的条约或联姻与之修好，因为战争始终会带来灾难，而某些民族的友谊比战争也好不了多少。

因此，贤明治理的一个要素，就在于了解所有民族的性格与气质，一部分得自书本，一部分得自头脑睿智、游历甚广的人的描述。别想着像尤利西斯那样，必须走遍万水千山。此外，要制定出明确的规则或许也不那么容易。有些可以说是大致的规则，比如对于有些国家，就像由于宗教的差异而非我族类的异教国家，建议不要与之走得太近；对于那些因为高山险阻或远隔重洋之类自然障碍与我们分隔的国家，或是因为相距天涯而和我们彻底隔绝的国家，我们既不应当主动接近，也不应当刻意拒绝。类似的例子还有不少，但再举一例足矣，因为它就在我们眼前：法兰西王国在各个方面都绝对是所有国家中最繁荣的，但如果她克制住自己不去侵犯意大利，原本会更加繁荣。[6]

注释：

[1] 莫尔与伊拉斯谟一样怀疑条约对国家是否有益。但与伊拉斯谟不同的是，对于这类条约的谈判协商，他有大量亲身体验。从早年代表几家伦敦公司与比利时安特卫普商人的商务谈判，到修改英国与佛兰德斯商务条约，到代表英格兰与法国、神圣罗马帝国皇帝查理五世、汉萨同盟商人代表的谈判。

[2] 伊拉斯谟想必意识到，这样来简单化地认定基督教君主之间必然具备良愿与信任，截然不同于当时各大强国之间的政治运作，包括基督教的各国君主与穆斯林的奥斯曼帝国之间的秘密协商。

[3] 伊拉斯谟《格言集》第 2 卷 iv.13，“Ad vivum resecare”。

[4] 参见亚里士多德《政治学》第 7 卷第 14 章。

[5] 在格言“Spartam nactus es, hanc orna”(《格言集》第 2 卷 V.1)中，伊拉斯谟举的实例是西班牙人与德国人之间不可能建立任何持久的联盟。但鉴于查理国王将要继承这两块地域，所以在此略去了有关实例。

[6] 在格言“Spartam nactus es, hanc orna”(《格言集》第 2 卷 V.1)中，伊拉斯谟慨叹法国国王查理八世与路易十二对意大利的入侵徒劳无益。查理八世(Charles Ⅷ, 1470—1498)：以发动征伐意大利的战争闻名，先后延续 50 余年，劳民伤财，只换得短暂的荣耀。1494 年长驱直入意大利，未遇抵抗，次年加冕那不勒斯国王。后米兰、奥地利、威尼斯和教皇联合反对他。他战败后逃回法国，所掠夺的一切丧失殆尽。路易十二(Louis Ⅻ, 1462—1515)：查理八世死后成为法王，1500 年与阿拉贡的腓力二世缔结瓜分那不勒斯王国的《格拉纳达条约》，但一年后两位国王即因瓜分不均而兵戎相见。1504 年法国完全丧失那不勒斯。同年与哈布斯堡皇帝马克西米连一世签订《布卢瓦条约》，后者承认前者为米兰公爵，前者答应将来若无子嗣，则米兰和勃艮第将归后者之子(即日后的查理五世)和前者之女(被许予查理作未婚妻)。此后，又有一系列撕毁婚约和组建联盟的举动，恕不详举。但不难注意到伊拉斯谟此章及论君主联姻的下章就是在这样的现实背景(当然远不止于这一系列事件)下撰写的。

第九章 君主之联姻

根据我的判断，如果君主们的联姻仅限于其王国之内，对国家最为有利。即使这些联姻不得不超出王国之疆域，也应当仅限于近邻，也就是仅限于那些最适于建立友好协定关系的国家。[1]但是人们会说，国王的女儿如果嫁的不是一位国王或王子，会有失体面。不过，一旦有可能就想改善自己的家庭境况，这是公民私人的野心所在。而君主必须尽可能不同于这些市民。如果君主之姊妹嫁给一位权势不如君主的男人，而这会给全体民众带来莫大的利益，那又有什么关系呢？在自己姊妹的婚姻问题上看轻等级贵贱，较之将区区一个女子的心血来潮置于公共利益之前，会给君主赢得更多的荣耀。

从某种程度上说，君主的婚姻是一桩私事，但我们也必须承认，有时就是这一个关键环节几乎能够左右一系列事件的全局。所以，很久以前希腊人和特洛伊人为了一个海伦而发生的事情，也常常发生在我们自己身上。[2]如果要做出一项配得上君主之尊的选择，但愿被选择的那位女子以其诚实、谦逊和审慎而在其同胞中出类拔萃，会为最杰出的君主带来一位忠顺的王后，会为他生养不负父母与祖国(patria)之名的子女。无论其本人出身如何，只要

她成为良君之贤妻，就称得上足够的高贵。

人们一般都会同意，如果君主爱民如子，臣民也回报以忠诚待君，这种状况对每个人来说都最有益处。在这方面，共同的祖国，类似的身心特性，还有气质上的某种隐秘亲和所产生的那种民族气息，都可谓至关重要，但要是被错误的婚姻所搅乱，就注定会丧失其中的绝大部分。这样的婚姻所产生的孩子几乎不可能被国家全心全意地接受，而他们自己也不会全心全意地奉献国家。[3]

然而，通常人们却觉得，诸如此类的婚姻就像在国与国之间达成如铁链般牢固的和睦，尽管经验业已证明，最剧烈的人世动荡恰恰源自这些婚姻。例如指控婚约中的某项条款已遭忽视，或由于新娘所受到的某种侮辱而将其接回娘家，或哪位君主改变了主意，反悔最初的决定，另择新偶，又或是因其他哪一种方式而产生了不满。然而，这对国家又有什么意义呢？如果君主之间的联姻就可以确保世界和平，那我应当可以高兴地看到各国在千百桩联姻之下联成一体。但就在几年以前，苏格兰的詹姆斯一世的婚姻阻止了他入侵英格兰么？[4]在多年的战乱之后，在数不清的灾难之后，有时也会通过安排一桩婚姻来最终消弭争端，但只有当双方都被其不幸的遭遇搞得筋疲力尽之后，才会实现这一点。

君主们必须尽力在彼此之间达成持久的和平，并为此制定共同的计划。[5]即便有一桩婚姻带来了和平，肯定也不能够持久。一旦有哪一方去世，和睦的牢固纽带就被打破。但如果一种和平的局面是建立在真正的原则基础上，那就会是持久稳固的。有些人会有不同意见，认为生儿育女之后就会延续联姻带来的同盟。但要是这样，战争又为何常常是在那些同胞手足之间爆发呢？恰恰

相反，特别是那些导致统治者变更的子嗣的出生，导致统治权从一地转移到另一地，或有些疆域从一国转给另一国，就是这类事情常常会引发最剧烈的动荡。

因此，这些联姻的措施并不能成功地防止战争，只能是成功地让战争更频繁、更可怕。因为要是各个王国通过婚姻相互联结，一旦某位君主受到侵犯，就诉诸亲戚互助的原则，召唤其他所有的君主，那么为了一些鸡毛蒜皮的小事，整个基督教世界的大部分就立即被拖入战事，为了抚慰一个人的赌气，就要让基督徒血流成河。我有充分的理由不列举实例，以免冒犯任何人。[6]

总之，君主的命运或许会因这种联姻而有所改善，但民众却会因此蒙受苦难，命运衰微。无论如何，良君应当考虑到，即便是自己的事务，也只有在与国家的利益两相和谐时才会兴旺成功。事实上，如果自己的女儿在她们的祖国生活得更加幸福，哪怕不那么炫目奢华，也绝不应当像发配流放一样，将她们远嫁他乡，嫁给在语言、外表、性格和思维上和自己全然不同的男人。不过我不打算在这一点上多说什么了。

话说回来，我也能够看到，这种惯例已经牢固地确立，我很难指望能够彻底地根除它。但我认为还是有必要说出来，万一事情会恰好出乎我的意料呢？[7]

注释：

[1] 这是伊拉斯谟另一项与当时的惯例截然对立的观点。联姻结盟是辽阔的哈布斯堡帝国的基础，涉及相隔遥远的各个家族之间的婚姻，夫妻双方的语言、习俗和情感都很不同。

[2] 特洛伊（Trojans）战争是传说中早期希腊人与特洛伊人在安纳托利亚西

部发生的冲突，大致在公元前 12 或前 13 世纪，比其他任何历史事件都更能激发古代希腊人和后人的想象，荷马史诗、罗马文学（维吉尔《埃涅阿斯纪》）和欧洲各民族文学作品都有记载。据传说，特洛伊王子帕里斯与斯巴达王墨涅拉俄斯之妻海伦（Helen，希腊传说中最美丽的女人）私奔，墨涅拉俄斯之兄阿伽门农随即率军远征特洛伊。战争延续十年，最后以希腊人巧施木马计入得特洛伊城告终。

[3] 这个观点与伊拉斯谟自己在低地诸国的经验有密切关系。马克西米连通过与低地诸国最后一位大公的独生女玛丽结婚而获得低地诸国。低地诸国的人民始终对他抱持敌意，但却接受了他们的儿子，也就是美男子腓力（伊拉斯谟《颂词》的接受对象），真心诚意地视其为他们本国出生的统治者。1506 年美男子腓力盛年早逝，低地诸国的人民对其子查理也抱持了同样的希望。而伊拉斯谟有关君主如何能够令人满意的议论所针对的也正是这种希望。查理本人则于 1501 年和法国路易十二之女克劳德订婚（参见第八章注 6），1507 年与都铎王朝的玛丽・都铎订婚，最终与葡萄牙的伊莎贝拉成婚。

[4] 1503 年，苏格兰的詹姆斯四世（1488—1513 年在位）与英格兰国王亨利七世的女儿玛格丽特・都铎结婚。然而，当 1513 年英法宣布进入敌对状态，他却与法国站在一起而反对其内兄亨利八世，在弗洛顿（Flodden）战役中与英军交战。

[5] 伊拉斯谟和其他一些人支持欧洲通过外交努力实现“永久和平”，以便让基督教的欧洲能够统合它的各方力量，共同对抗东方非基督教的势力集团（尤其是奥斯曼帝国）。

[6]在诸如此类的王权游戏方面，查理的祖父马克西米连可谓是臭名昭著。

[7]伊拉斯谟不同寻常地直截声明，他和其他道德学家都很厌恶王室相互通婚，而这种做法在 16 世纪早期常常被各王室（尤其是哈布斯堡王室）用来增强他们对领土头衔的主张。

第十章
和平时期君主之要务

因此，接受基督教义和智慧箴言培育的君主，会以其子民的幸福为最值得珍视的东西。实际上，他不会珍视别的任何东西，他必须挚爱他的子民，珍视他的子民，就像与自己合为一体。他会将自己全部的思想，全部的行动，还有全部的热情，统统奉献给唯一的目的，就是这样来治理交托给他的那块疆域，在清算的末日到来时，他将令耶稣基督满意，在世人心间为自己留下极为荣耀的记忆。

即使是在家中或在度假，君主也应当效仿值得敬重的西庇阿，后者常常说，当他孑然自处时最感孤独，而当他让时间空闲下来时也最感懒散，因为一旦他从公务中暂时抽身，脑海里也总是想着涉及国家安全或尊严的一些事情。[1]要让君主效仿维吉尔笔下的埃涅阿斯，卓越的诗人常常把埃涅阿斯刻画成当其他人都在酣睡之时，自己却在辗转思索如何救助其子民。[2]而荷马也有这种想法，它应当镌刻在宫殿的每一面墙上，不过最重要的是镌刻在君主的心中：他的诗句意思大致如下："国家及其重任已然交托在肩，就别指望再享有彻夜的安眠。"[3]而即便他不在公共场合，也始终应当对公益有所奉献。换言之，他随时随地都得像个君主的样子。

对于君主而言，投身公共职责要比享受清静生活更为可取。但是，无论他何时外出，都应当注意自己的面容，衣着，最重要是自己的言谈，都得给自己的子民树立榜样，要牢记他的一言一行都会是万众瞩目，也都会四海皆知。智者曾对波斯国王深居宫闱的习惯提出过批评。[4]这些国王想要赢得自己臣民的敬重，却只靠从不在公开场合露面，并且极少让民众接近他们。但是，即便他们有时确实公开露面，也只是为了炫示他们的傲慢无礼，以及他们以剥夺民众为代价换来的惊人财富。他们常常把自己闲暇的时间浪费在各种竞戏或疯狂的军事冒险上，仿佛尊贵的君主在和平时期便无事可做，而事实上，只要他像个君主那样的思考一下，就会发现有一大堆的善举等在他的面前。[5]

今天有些人认为，投身公共职责不是那么符合王者身份，但其实这正是唯一值得一位国王去做的事业。与之类似，在有些主教眼里，教育民众，作为值得主教去做的一项事业，却是他们心中排在最末的一种职责；他们基于某些奇特的原因，把主教的特别职责转交给其他人去执行，认为不值得自己亲身而为，自己却牢牢把持着那些凡俗不堪的事务。而米特拉达梯六世，一位既因帝国而显尊贵，也以学识更添荣耀的国王，却不以亲口直接为其子民传播正义为耻。我们得知，他为此深入学习了二十二种语言。[6]再有，马其顿的腓力也丝毫不认为让一个国王每天坐堂听审有何不光彩之处，据说其子亚历山大大帝纵然在其他方面野心如炽，也习惯于在听审时用手捂住一只耳朵，说他要让它不带偏见地听取另一方的陈述。[7]

诚然，有些君主根本不介入这些事务，但这可以归之为他们所

受的教养出了偏差。俗话说得好，人人都喜欢实践自己学过的技能，而避免那些自知毫无所长的事情。[8]当一个人的年少时光厮混在佞臣和妇人中间，终日声色犬马，被错误的观念和放荡的生活先后腐化了心灵，又怎能指望他在日后乐于履行需要周密思虑方可圆满实施的职责？

荷马尝言，君主没有时间阖夜安眠。[9]但我说的这种君主只有一个目的，就是用无休止的寻欢作乐来消磨自己感到厌倦的生活，仿佛君主已经彻底没有其他事情可做了。如果一家之主单单照管一家一户就足够忙碌，一位广土众民的君主又何以能够无事可做？[10]

有那么多恶俗有待善法抗衡，腐坏的法律有待修订，恶法有待废除，清官廉吏有待广为寻求，贪官污吏有待约束乃至惩治。君主必须设法减轻弱势群体的负担，在其治下以尽可能少的流血消除抢劫和犯罪，在其子民当中树立并确保长久的和睦。还有其他一些不那么紧迫但并非不值得君主所为的任务也同样很重要：他可以巡视其市镇，只要他是为了看看怎样能够改善它们；他可以巩固那些易遭攻击的市镇，用桥梁、柱廊、教堂、堤坝、水渠之类的公共建筑增强它们，用重修建筑或排干湿地来清扫疫区。他可以更改不适宜的河道，根据市镇的需要引水或防水。[11]他可以确保荒地都得到耕种，以增加食物供给。他可以指示对那些出产低效作物的土地另派他用，比如在不值得酿酒而可以种粮的地方禁绝葡萄园。类似的任务成百上千，督管这些事情是君主的一项值得敬重的工作，对于良君而言，甚至是一种令人愉快的工作。这样的话，君主就永远不会觉得需要去寻求战争或通宵赌博来缓解无所事事

的厌烦。

君主在其涉及民众福祉的公共活动当中，比如修造公共建筑、竞戏或接受外邦来使时，都应当表现出一定的卓越辉煌，但不要刻意炫示或图慕奢华。而在其私人生活当中，他要更加地节俭和自制，这既是为了避免给人依赖公共开支过活的印象，也是为了避免教唆其臣民铺张浪费，那会进一步引发许多邪恶。

据我所见，有一种错误是使许许多多古代人都栽了跟头的，我也希望我们同时代人没有一位重蹈覆辙，那就是他们把所有的努力都耗在开疆拓土而非改善内政上。我们可以看到，他们竭力扩展自己的权力，到头来却常常连已经拥有的也失去了。泰奥彭波斯的话之所以广受称誉，并非没有道理。他说自己对留给子孙的王国有多大并不感兴趣，关注的只是改善的幅度和安全的程度。[12]在我看来，斯巴达古语“斯巴达已归汝有，汝当增其荣耀”(Sparte t’est echue par le sort，orne-la)可以镌刻在每一位君主的徽章上。[13]

良君会令人充分相信，他会将增进命运赋予他的王国之富饶并全方位地改善王国作为最值得去做的使命。伊巴米浓达将军的行为受到了有识之士的称道，当他因为遭人嫉恨而屈就一个普遍受人蔑视的卑微之职时，他依然十分出色地履行了职责，此后该职被视为最具荣耀的职位之一，为最杰出的人所竞相谋求。就这样，他向世人表明，不是人因职位而显荣耀，是职位因人而添尊贵。

因此，正如我们已经努力揭示的那样，如果君主对于那些增进国家力量与尊贵的事情给予特别的关注，就会由此驱除并始终远离那些削弱国家的事情。所有这一切，都会因为良君的垂范、智慧

与警醒，各级官吏的正直，神职人员的虔诚，教师的筛选，法律的公正，德性的矢志追求，而得到大大的推动。因此，良君应当全力以赴于增进和提携这些事情。但是，国家也会受到其敌手的伤害，如果我们首先努力消除我们所知产生它们的那些根源，就能够更容易地消除这些敌手。基督教君主的人生哲学里也包括了审慎明智地处理这类事情。对于基督教君主们来说，明智审势，协调企划，共同应对此类事情，是再合适也不过了。

如果天体被打乱哪怕片刻，或是偏离正轨，就会对整个世界造成严重的危险。日月食的现象显然就说明了这一点。同样，如果显赫的君主偏离了荣耀之路，或在野心、愤怒或愚蠢之下犯下罪错，就会立即导致整个世界陷入巨大的麻烦。没有任何一次日月食曾经像教皇尤里乌斯与法兰西国王路易之间的争吵那样严重地折磨了人类，这是我们最近才见证并为之痛惜的事情。[14]

注释：

[1] 西塞罗《论责任》第 3 卷 1；普鲁塔克《道德论丛》196B。亦见伊拉 斯谟《格言》。

[2] 维吉尔《埃涅阿斯纪》第 1 卷 305。

[3] 荷马《伊利亚特》第 5 卷 490；第 10 卷 159。

[4] 色诺芬《亚偈西劳传》第 9 卷 1。

[5] 色诺芬《亚偈西劳传》第 8 卷 8、9。

[6] 参见格利乌斯《雅典之夜》第 17 卷 17.2；马克西穆斯《嘉言懿行录》第 8 卷 7. 16。伊拉斯谟再一次明确赞许君主能够娴熟地掌握其领土内的各种方言。

[7] 普鲁塔克《亚历山大传》42.2。

[8] 伊拉斯谟《格言集》第 2 卷 ii.82；引自西塞罗《图斯库卢姆谈话录》第 1 卷

18. 41 等处。《图斯库卢姆谈话录》(*Tusculanae disputationes*)讨论的是幸福的条件,是西塞罗被人广为讨论和表述的一部哲学作品。

[9] 荷马《伊利亚特》2. 24—25(～Ⅴ.490)。

[10] 这一实例很好地体现了,伊拉斯谟广泛地将君主类比为其民众的父亲,是如何使他把君主应当遵照日常道德价值这一点说成是一桩不言自明的简单事实。

[11] 达·芬奇曾被斯福尔扎雇用为河流改道工程的工程师。斯福尔扎(Ludovico Sforza,1452—1508):意大利文艺复兴时期摄政(1480—1494),米兰公爵(1494—1498),达·芬奇等的庇护者,使米兰宫廷汇聚大量艺术家、诗人、音乐家。开凿运河,修筑城防,建造许多民用与军事工程,并与马克西米连一世和法王查理八世结为同盟。

[12] 普鲁塔克《道德论丛》779E("与未经教育的君主之对话"1);亦见伊拉斯谟《格言》。

泰奥彭波斯(Theopompus of Chios,前 376—前 305):希腊历史学家、修辞学家,伊索克拉底之学生,马其顿腓力二世及其子亚历山大大帝之友。所著《腓力世家》成为有关腓力二世的重要史料来源。另著有《希腊史》(接续希罗多德之《历史》)。

[13] *Diogenianus* 8.16,46;参见伊拉斯谟在其 1515 年版的《格言集》(第 2 卷Ⅴ.1)中增收的有关"Spartam nactus es,hanc orna"的详细阐述。

[14] 伊拉斯谟这里指的是好战的教皇尤里乌斯二世与法王路易十二之间的敌对状态。尤里乌斯二世(Julius Ⅱ,1443—1513):1503 年至 1513 年在位教皇。历代教皇中最热心赞助艺术者(包括拉斐尔、米开朗基罗等),也是该时代最有权势的统治者之一。该教皇前曾两次随法王查理八世和路易十二进攻意大利。1508 年征服佩鲁贾和博洛尼亚,次年加入康布雷联盟(由当时统治米兰的法王路易十二、神圣罗马帝国皇帝马克西米连一世和西班牙国王兼那不勒斯国王腓力二世为反对威尼斯而组成)。1509 年联军在克雷莫纳击败威尼斯军,光复教皇国。随后鼓吹意大利民族意识,主张将法兰西人赶出意大利。在克服教会内部分裂、积极进行外部结盟并得到瑞士军事援助之后,击败法兰西军,教皇国也兼并了帕尔马和皮亚琴察。

第十一章
论 开 战

虽说君主从不会匆忙决策，但最犹豫不决或最审慎周至的还得算是发动战争的决策了。其他的行动都各有各的不利之处，但战争始终都会给所有好的东西带来破坏，而战争的狂潮也会带起所有最恶的东西。更糟糕的是，没有任何邪恶能像战争这样顽固持存。战争本身就孕育着战争，从一场小战中孕育出大战，从一场战争中孕育出两场战争，一场游戏般开场的战争会变得越来越嗜血和严酷；在一个地方爆发的战争会像瘟疫一般传染邻近地域，甚至影响那些远离战场的地方。[1]

除非已经尝尽了其他所有手段，任何手段也不能予以避免，否则良君永远都不会发动任何战争。假如我们都同意这种说法，那人与人之间几乎就不会有任何战争了。说到底，如果这样有危害性的一桩事情无法予以避免，那么君主首要关注的就该是起而奋战，并且尽可能少伤害自己的臣民，尽可能少带来基督徒的鲜血，同时尽可能迅速地结束战事。

真正的基督教君主首先会考虑，作为生性和平、意愿良好之生灵的人，与掠夺成性、嗜杀好战的野兽，这两者之间是多么的不同；接着会想到，在一个人和一个基督徒之间，又会有多么大的差异。

然后他应当会考虑，和平这样东西是多么的可取，多么的荣耀，多么的健康；相反，战争这样东西又是多么的祸害，多么的邪恶，并且，就算真有什么战争可以实实在在地称为正义之战，即便是最正义的战争无论如何也会伴以一系列的邪恶。最后，把七情六欲先搁在一边，且让他稍稍动用一点理性来思考问题，办法是列数战争的真实代价，决定他力求通过战争达到的目标是否值得如此大动干戈，哪怕他有相当的胜算，即便是最好的理由也不总能赢得支持。种种的焦虑、开销、危险，以及漫长而艰巨的备战，这些都需要细细地掂量。您不得不招募一群由最坏的恶棍组成的野蛮暴徒，如果您想被认为比敌对君主更具男儿气概，就得奉承和听从这些雇佣兵，哪怕已经给了他们钱，哪怕他们是最卑鄙、事实上也是最可憎的一伙人。对于良君而言，最值得珍视的莫过于其子民尽可能地德行高洁。但是，还能有什么比战争给道德造成更严重、更直接的威胁？君主应当以最大的热诚，祈求千方百计确保自己的臣民富裕安康。然而，当他一心要发动战争的时候，也就是常常在顷刻之间，强迫那些青春好儿郎置身于种种危险，产生出难以计数的鳏寡孤独，并让同样难以计数的另一批人沦为乞丐，境遇悲惨。

如果君主们坚持要通过实际经验来了解战争是何等地可怖，以至于他们可以像老人们那样说："我从没想到战争可以这样具有危害性"，那要让他们的头脑变得明智，世界将会付出极其高昂的代价。可是，不朽的上帝啊！要教会您这种老生常谈的道理，整个世界付出的代价竟是难以计算的苦难！有朝一日君主将会认识到，拓展自己王国的疆域毫无意义，而那桩起初似乎有利可图的事业，最终给他带来的只是巨大的损失。然而在此之前，已经有成千

上万的人被夺去肢体乃至生命。如果能够从书本上，从老人的回忆里，或是从邻国的苦难中，学到这些事情，或许会好一些。近些年来，总是有这位或是那位的君主为着这块或是那块的疆域征战不已：他们之所失较之他们之所得何其大哉！

良君对于这些事情的处置，会使得它们一劳永逸地得以解决。只要您还被冲动所把持，那么冲动之下采取的一项政策也会显得令人满意。而在充分的考虑之后制定的一项政策，在您还是年轻人时令您满意，到您步入老年时也依然会令您满意。这一点在面临开战时显得最为重要。

当希腊人自相交战时，柏拉图称之为动乱而非战争。他并且建议，如果确实发生这种事情，交战时就必须保持最大限度的克制。[2]那么，当基督徒与基督徒兵戎相见，而他们彼此之间有着那么多的纽带相维系，我们认为又该使用什么词语？当绵延多年、惨烈无比的战争之所以爆发，只是基于某种微不足道的借口，某种私人之间的争吵，某种愚蠢或幼稚的野心时，我们又当作何评论？

有些君主会这样欺骗自己："有些战争是完全正义的，我有正义的理由来开战。"首先，我暂且不评判是否有什么战争属于完全正义，只是，又有谁不认为自己的理由[3]是正义的呢？风云变幻，人事无常，如此众多的协议与条约立立废废，存存毁毁，其间又有哪一位找不到一个借口，如果确有某种借口足以发动一场战争？

诚然，教会的法令并不一概谴责所有的战争。奥古斯丁也曾表示赞同战争。[4]再有，圣伯纳尔也对有些战士称赞有加。[5]这些都是事实，然而耶稣基督自己，[6]还有彼得和保罗，[7]却始终坚持截然相反的教导。何以见得他们的权威就不如奥古斯丁或圣伯纳

尔的权威来得重要？奥古斯丁在那么一两段话里确实不曾反对战争，但基督的整套哲学却是主张反战的。使徒行传里从未出现支持战争的言论，至于那些据说在一两段话曾经支持战争的神圣的教父，他们笔下又有多少行文是在谴责战争、诅咒战争？[8]我们为什么对这些都视若不见，却抓住一星半点支持我们的罪恶行径的言辞不放？事实上，只要更加细密地审视材料，谁都能发现他们当中没有一位赞同如今常常在打的那种战争。

有些技艺，比如占星术以及所谓的炼金术，由于太近于欺诈，一般是借助把戏来完成，所以即使有人可能诚实地实施，也为法律所禁止。而要是对于战争也这样，道理要正当得多，哪怕其中有些战争可能是正义的，虽说就世界的现状而言，我看不可能找到有任何一场这样的战争，就是说，不是由于野心、愤怒、傲慢、渴欲或贪婪所导致的。实情常常是，人类领袖们生活的奢华超出了其私人资源所能允许的限度，就会想方设法挑起战争，以便扩大自己的收入，哪怕是掠夺自己的子民。有时，君主们还会相互勾结，基于某种捏造出来的借口，只为了牺牲国家，削弱民众，增强自身的地位。基于这些原因，基督教良君必须对所有战争都抱持怀疑态度，不管它们有多么正义。

当然，有些人会表示抗议，认为他们不能放弃自己的权利。但是首先，这些“权利”如果得自婚姻，基本上只是君主私人所关注的东西，却要在追求这些权利时对民众造成巨大的损害，掠夺整个王国，使其濒于灾难，只为了在君主自己的财产中加上那么一小点，这又是何等的不正义！一个君主为了因一场婚姻之类的争执而起的一点小事，一点私事，冒犯了另一个君主，却凭什么要影响举国

之民？

良君会以公共利益来衡量一切，否则他就根本算不上君主。他无权将民众当作牛马驱使。政权的治理在很大程度上有赖于民众的赞同，这是创造出国王的首要因素。如果君主之间发生什么争执，为何不将之交予仲裁？有那么多的主教、修院主持、学者，那么多的高官，他们的判词会比所有这些屠杀、劫掠和普遍的灾难更令人满意地解决事端。[9]

最重要的是，基督教君主必须谨慎思考其“权利”，即使这些权利的确立无可争议，他也必须扪心自问，对于这些权利的维护是否会对整个世界造成巨大的损害。明智的人有时宁愿败诉也不愿死缠烂打，因为他们认识到，及时退出反而损失更小。我相信，对于法学家在其著述中赋予古代王室的那些权利，皇帝宁愿放弃也不会强硬追求。

但是人们会说，即使人人都不强硬追求自己的权利，就会万事太平了吗？如果有利于国家，不妨让君主不择手段地追求自己的权利，只要这些权利不会让其臣民付出过于高昂的代价。然而，当现今每一位君主都在根据后面这种假设追求自己的权利时，又有哪一点变得更加安全了？我们看到的是，战争一环扣一环，一场连一场，骚乱无极限，动荡无休止。很清楚，靠这些手段将一事无成，因此应当另寻他方。没有某种互谅互让，即使是最好的朋友之间的友谊也不会长久。丈夫常常会对自己妻子身上的某些缺陷视若不见，以免影响琴瑟和谐。战争除了制造战争，又能带来什么？而思考则能孕育思考，公正才能产生公正。

如果虔诚而仁慈的君主看到，每一场战争所带来的一切重大

邪恶中绝大部分都落在与战争毫无干系的民众身上，落在这些最不应当蒙受这些灾难的民众身上，也会为之心潮难平。

当君主几经思考，计算出所有这一切苦难的分量（如果它们真能计算的话），但愿他会对自己说："单单因为我自己，就该成为如许苦难的理由？多少人间鲜血，多少鳏寡孤独，多少家庭惨痛不堪，多少民众一贫如洗，道德伦理沦丧，法令条规不行，宗教信仰尽失，这一切都是因我而起？我是否不得不在基督面前为这一切赎罪？"

君主在向自己的敌人复仇时，必然会先对自己的臣民心生怨怒。就这样，民众不得不遭受掠夺，兵士（维吉尔称他们为"渎神的恶徒"不是没有缘由的[10]）不得不应召而来。人民不得不离开他们安居乐业的故园，不得不被围困以围困敌人。在太多的时候，我们对自己人民犯下的罪行之残暴，远甚于对我们的敌人。

建造一座美好的市镇要比摧毁它困难得多，因此也更加令人敬重。尽管如此，我们却看到，在人民个人手中，在平民百姓手中，建起了那么多富庶的市镇，却在君主的怨怒之下化为废墟。在太多的时候，我们为了摧毁一座城镇所陷入的麻烦和耗费的精力，更甚于建造一座新城。我们为了战争挥金如土，大动干戈，泼洒热情，奉献勤勉，而原本只需这一切的十分之一，即可换来和平的维持。

良君始终应当寻求一种无须流血、不伤害任何人的荣耀。无论一场战争会有多么好的结局，也只能是一方的胜利，对另一方则是毁灭。而胜利者也常常为胜利的代价太过高昂而慨叹痛惜。

如果宗教不能感动我们，世界的不幸也不能撼动我们，至少基

督徒之名分的荣耀也应当让我们回心转意。当土耳其人和萨拉森人[11]看到，在数百年的时间里基督教君主们完全不能达成彼此的共识，我们该如何设想他们对我们的议论？是纵然有如此众多的条约，和平也从不长久？是血流成河而毫无限制？是那些根据基督教诲祈祷完美和谐的人中间的动乱还多于异教徒？

人生何其短暂，何其匆促，何其脆弱，在种种疾病和房屋坍塌、船只失事、地震雷击等等事故的袭击之外，又是何其容易蒙受不幸！我们并不需要战争来增添我们的苦难，更何况它所带来的苦难更甚于其他的一切。

从百姓的心中根除所有怨怒和敌意，这在过去通常是宣道者的使命。而在今天，英格兰人普遍憎恨法兰西人，无非因为他是法兰西人；而苏格兰人，仅仅是因为身为苏格兰人，就恨英格兰人；意大利人恨德意志人，士瓦本人[12]恨瑞士人，如此等等；省与省相互敌视，城与城彼此仇恨。我们所共同拥有的基督的名号让我们相互和解，而这些荒唐的标签却为何更能使我们彼此分隔？

即使我们承认有些战争是正义的，但既然我们认识到，全人类都受着这种疯狂的感染，那么智慧的神父就有责任让民众和君主转换心神。但今天我们却常常看到，正是这些神父在为战争煽风点火。主教们频频造访兵营而不以为耻；十字架在那里，基督之身在那里，天国圣物被掺进这种恶过地狱的活动，完美圣洁的象征被带入这些嗜血的冲突。更荒唐的是，对阵双方都抬出了耶稣基督，仿佛耶稣正在和自己交战。战争在基督徒之间横行无阻还不够，还非得授予至高的荣耀。

就算基督的教诲并不是时时刻刻在攻击战争行为，就算我的

对手也能够找到支持战争的片言只语，那也不妨让我们作为基督徒来战斗。希伯来人可以投身战争，但要经过上帝的允许。另一方面，神给予我们的谕示却是主张反战的，福音书的每一页上都回响着这样的声音。可我们在交战时，却有着比希伯来人更狂野的热情。大卫之所以蒙上帝之恩宠是因为他所具备的其他德性，但只因他嗜杀成性，即是个好勇斗狠之士，而被禁止建造神庙。上帝选择了爱好和平的所罗门来执行这项使命。[13]如果在犹太人当中都会发生这样的事情，那么对于我们基督徒又当如何呢？犹太人只有所罗门的影子，而我们则拥有真正的所罗门，耶稣基督，和平的爱好者，能够让天上人间的万事万物皆归于和解。

而且，无论如何，我认为不应当草率发动对土耳其人的战争，最重要的是得记住，基督王国的缔造、扩张与保障，手段与此截然不同。要捍卫基督王国，或许只能借助当初缔造和扩张它的那些手段。不仅如此，我们还能看到，这种战争时常被用作盘剥基督教民众的借口，除此它一事无成。即使开战是为了信仰，那么信仰的增强和促进也是靠着殉教者的受难，而不是军事力量。而如果战事是为了权力、财富和资产，我们就始终必须考虑，这种行径是否对基督教无甚益处。事实上，在今天投身这种战争的人们看来，更可能出现的结局是我们变成土耳其人，而不是我们的努力使他们成为基督徒。且让我们首先确保自己是真正的基督徒，然后，如果情况适宜，再让我们去讨伐土耳其。[14]

不过，关于战争的邪恶之处，我已经在别处写过很多了，在此不拟重复。[15]我只想劝诫那些担着基督徒名号的君主们，抛开一切捏造出来的声言和站不住脚的借口，严肃认真、全心全意地致力

于终结基督徒中这种旷日持久、极其可怖的战争狂热，在那些由那么多共同利益统合在一起的人当中确立和平与和睦。为了实现这个目标，君主们应当锻炼他们的才干，调动他们的资源，制定协同的计划，施展所有的力量。通过这种方式，那些被认为具备雄才伟略的君主将能够证明他们的卓越。谁能够实现这一点，所展现的功绩会比仰仗武力征服整个非洲更显辉煌。如果我们每一个人都不再对君主自己的事情推波助澜，如果我们抛却个人的情感，奉献共同的事业，如果我们以耶稣基督为引领，而不以凡世俗念为旨归，这个目标的实现应当不会非常困难。然而放眼现世，人人皆只顾自己，教皇与神父都只想着争名逐利，君主被野心或怨怒弄得鲁莽无谋，而其他人都发现顺从这些人对自己有利，可以说我们正在愚蠢念头的驱使下，不顾后果地陷入动荡。但是，如果我们在共同的事务上本着共同的宗旨行动，那么就连我们私人的事业也会兴旺发达。到那时，甚至我们现在正与之交战的目标也会土崩瓦解。

我英明卓越的君王，以您的家世出身，以您在最优秀、最正直的人手中受的教育，我毫不怀疑您的想法会与我完全一致，至于其他，我只能祈祷至高至善的耶稣基督继续支持您高贵的事业。他留下了一个未受鲜血玷污的王国，他会让她永葆纯洁。他乐于被唤作和平之君；愿他照样留给您，您的善性与智慧至少可以让我们免于这些荒唐的战争。即便是旧日的困苦记忆也会让我们期望和平，即便是往昔的不幸遭遇也会让您的善行倍受欢迎。

注释：

[1] 伊拉斯谟在 1515 年版的格言“Dulce bellum inexpertis”（《格言集》第 4

卷 I.1)中更详细地讨论了这个话题。在这两段探讨之间颇多相似之处。在这里,他的观点又一次与莫尔在《乌托邦》第 2 部中所表达的观点相契合。

[2] 柏拉图《理想国》第 5 卷 470C—D;亦参《法篇》第 1 卷 628。

[3] Cause,也可译“事业”。

[4] 奥古斯丁《上帝之城》第 4 卷 15 和第 19 卷 7。

[5] 此处指明谷的圣伯纳尔(Saint Bernard of Clairvaux,1090—1153),天主教西多会修士、神秘主义者,在政治、文学、宗教等方面对西方文化有重大影响。先后成为五位教皇的心腹顾问。发起组织第二次十字军东征。赞成教会的军事制度,参与组织教会武装条顿骑士团,倡导成立宗教裁判所。1129 年撰写“De laudibus novae militiae”献给耶路撒冷王国(十字军东征建立)最高执政官 Hugh de Payns。

[6]《新约・马太福音》第 5 章第 9 节;《新约・路加福音》第 2 章第 14 节;《新约・约翰福音》第 14 章第 27 节;第 16 章第 33 节。

[7]《新约・彼得前书》第 3 章第 11 节;《新约・彼得后书》第 3 章第 14 节;《新约・希伯来书》第 12 章第 14 节;《新约・哥林多后书》第 13 章第 11 节。

[8] 奥古斯丁《上帝之城》第 5 卷 17;亦见第 3 卷 14;第 4 卷 3、14;第 12 卷 22。

[9] 参见《旧约・申命记》第 12 章第 8—10 节。伊拉斯谟认为君主须经授意而统治,这种观点的一个直接后果就是,仲裁是比军事敌对更合适的解决君主“权利”之争端的方式。

[10] 维吉尔《牧歌》第 1 首 70;《农事诗》第 1 卷 511。

[11] 萨拉森人(Saracens):中世纪基督教用语,泛指所有信奉伊斯兰教的民族(阿拉伯人、突厥人[土耳其人]等)。

[12] 士瓦本(Swabia)系德国西南部历史上一相对独立地区名,包括今天德国一部、瑞士东部和阿尔萨斯。

[13]《旧约・历代志上》第 22 章第 7—11 节;《旧约・撒母耳记下》第 7 章第 12 节。

[14] 参见《新约・约翰福音》第 8 章第 7 节。伊拉斯谟与当时的主张保持了

距离，即基督教世界应当以基督的名义，发动对于穆斯林奥斯曼帝国的统一攻击（这一主张尤其受到哈布斯堡王朝的支持，因为奥斯曼帝国是唯一有能力威胁其领土的权力集团）。

[15] 伊拉斯谟在其《颂词》以及 1515 年版的《格言集》中已经公开表达了反战立场。他关于此项主题最详尽的探讨，即《和平的控诉》，就像《论基督教君主的教育》一样，是在他被任命为查理的咨议之后不久写成的，并于 1516 年出版。它是应索瓦热（参见代序注 34）之请所写，此人乃勃艮第与卡斯蒂利亚掌玺教士，系倡导与法国修好以确保尼德兰持久和平的首要分子之一。致乌得勒支主教、勃艮第的腓力的《和平之控诉》之献辞，强调了与法国保持和解的切要性，“因此，究其政治背景，《和平之控诉》就像 1504 年的《颂词》，是代表尼德兰立场的一份宣言，既倡导与法国的和平共处，也支持用和平的手段解决与海尔德兰人之间的冲突”（J. D. Tracy, *The Politics of Erasmus: A Pacifist Intellectual and his Political Milieu*，第 56 页）。

附　录

附　一

颂奥地利大公腓力（选段）

德斯德里乌斯·伊拉斯谟致尊敬的阿拉斯主教吕斯特神父[1]

英明卓越的主教，我基于众多缘由认为，我前不久在我们君主自西班牙归来时献给他的颂词应当会在以您为首的众人支持之下广为传播。首先，因为您一片公心地支持学术，始终表现得像是一切学人的父亲或是米西纳斯。[2]其次，如果我的这次努力能够稍稍有助于增进我们的荣耀，那么再没有人比您更关心他的地位之尊严了；而要是这次努力有助于他增强信心，那正是您向来所特别关注的，从一位腓力到另一位腓力，从曾祖父到曾孙，您始终致力于以您坦诚的良谏将我们统治者的心智引向值得荣耀的目标。最后，我会乐意让我的演说经那位此前赢得我们君主赞同的人之手，推荐给那些资质平平的读者。除了可以确证自己意见的那些慷慨赏赐，君主事实上还通过他的眼光、措辞乃至（如人们所言）一丝神色来表明自己的赞同。[3]

然而，还有一些理由使我觉得应当尽全力避免公开出版此篇演讲：一方面，我认为自己只能吸引有限的一些中人之资的读者；

另一方面，我也面临在演说中维护无比高贵的君主们之尊严的艰巨使命，如果因为能力有限而有损于这一使命，将会是莫大的耻辱。当然，不是每个人的笔触都有能力描绘神圣的东西。除了不堪当此重任的其他一些原因，我还受限于时间的仓促。

实际上，不仅是我很晚才体会到这样的观念，而且我对这项主题的所知，仅限于街谈巷议能够传递给一位不具有特别的好奇心、只知道埋头读书的人的范围。因此，我急切地堆砌起一大堆混乱的词藻，然后通过一些粗略的剪裁，从中塑造出某种大抵像是一篇颂词的东西。再往后，我对主题进行了详尽的考察，去芜存菁，但没能获得大量更有用的信息。因此，当人们普遍要求公开出版这篇颂词的时候，我并不愿意另起炉灶，而是只在几处地方做了补充巩固。所以，我担心专家很容易就会从浏览中发现演说的论述失衡之处，或是这里那里的破绽。

不仅如此，尽管亲眼目睹乃好的叙事的唯一权威，但我本人甚至不曾有机会亲聆哪怕寥寥几个未经证实的报告。因此，踏入这块领域可谓是战战兢兢、如履薄冰。因为去写一位君主身上不那么为人所知的东西，可以说是一种大不敬。

还有一点，事实上我喜欢直言不讳，这使我对所有那种文章都抱有某种特别的反感。柏拉图所谓的“第四类谄谀”看来特别适用于那种文章，尽管它更多的是指严肃的劝诫而不是一味的溢美。但可以肯定的是，要想矫正君主之行为，最有效的方法莫过于以宣示一篇颂词为旗号，为他们设立一位良君之典范，但前提是你在贯彻德行、祛除邪恶的过程中，要明确地表现出您是在扬善去恶。[4]因为医生不是用千篇一律的方式治疗各个病人，而是对症下药。[5]

即使我无缘碰上一位根本无须添加任何虚构细节即可大加颂扬的君主，我当然也可以用诸如此类的一些说明来自我保护。在这最后一点上我还算幸运，但那些打算描述同样一位君主的晚年的人将会更加幸运。[6]愿神恩不断促进他对于我们的忠告。这就是我的祈望。再见。

伊拉斯谟1504年在安特卫普，监督《颂词》的出版过程，他写了下面这封信给德马雷。伊拉斯谟在写信之前一直和此人住在一起，事实上，似乎正是他促成了伊拉斯谟撰写此篇颂词。(德马雷当时是卢汶大学校方发言人。)

伊拉斯谟致德马雷大人

感谢他的盛情款待和博学睿智的交流[7]

德马雷，您的信件，缪斯的欢悦和我的欢悦，告诉了我原本我无须一封信也不难猜出来的东西(您比我自己还更在意我的声名)，一段时间以来，您一直在渴望中等待着看到，会有什么样的幸运——或许是厄运——伴随着我的《颂词》，就因为它已经被孕育出来并大白于天下。第一张新鲜的纸页，刚下印刷机，依然散发着墨香，就开始四下流通，人手辗转，和任何新鲜事物通常的情形一般。您的朋友伊拉斯谟兴奋得竖起双耳(您知道他总是那么喜欢关于阿佩利斯躲在自己的绘画作品之后聆听观者评价的故事)，捕捉着一丝一毫的迹象，但我是为了了解这篇作品在什么地方未能赢得赞同，而不是为了搞清楚有多少读者对它深表赞同，因为对我来说，哪怕只有一位人士的裁定也完全能够支撑起我的自我欣赏，

只要他是像您或瓦拉斯库这样的人士。[8]这是因为，那些奉承您的人肯定是令人讨厌，除非他的形容不同凡响；相反，那些不甚友好的批评者，即便不是专家，也会提请您注意到被忘却的某种东西，或者激发你去进一步捍卫已经清楚表述的东西；这样就会使作者增长知识，至少也会令他提高警惕。所以，我非常确信自己的想法是正确的：宁要一位吹毛求疵的莫摩斯，勿要十个波吕许谟尼亚。[9]

但根本无须多言：我应当说，从整体来看，如果如实描述的话，会有更多的人只是在吹毛求疵，而不是真正的理解这篇作品。不过挑错的人也分三种。第一种（我不肯定这种人是更让我心生怜悯还是视为笑柄）是那些自以为受过特别良好的教育但其实根本不算的人。这些人宣称，我在我的《颂词》一开始就有所失误，就像俗话说的那样，搁了浅，而我此时仍在港湾之中。原因就在于，这些人把他们所不能理解的一切都当作是我搞错了。伟大的上帝啊，他们究竟理解什么！他们就这样自甘堕落，就好像泼妇被自己的叽喳声泄露了底牌。他们只盯着别人的疏忽，揪着别人的小辫子不放，却露出了自己的马脚。但我更愿意亲自告诉您整个故事。我肯定您会非常喜欢它。与此同时，我对剩下两类攻击我的人倒是相当重视：一类人天真而幼稚地将我的一片热诚统统说成是大肆颂扬君主，另一类人则粗通文墨，似乎要在这样一篇其实尚未完成的作品中，找出一些可反对的东西，或者更准确地说，找出一些被遗漏的东西。在这两类批评意见中，前一类对我的伤害更严重一些，因为它试图对我的人格进行造谣中伤；另一类的效果不那么严重，因为它只是在攻击我的智力，并不同时污辱我的声名。因

此,我不得不尽可能安抚后一类批评者,而对于前者,我必须予以更尖锐的回击。

首先,那些认为颂词无非就是谄谀之词的人,似乎没有意识到创造出这种文体的那些远见卓识的人的目的与宗旨,也就是向君主展现一种善好的模式,以这种方式来改造不好的统治者,增进好的统治者,教育粗俗的统治者,指正偏误的统治者,激发怠惰的统治者,让无可救药的恶徒内心也能受到触动,感到某些羞耻。难道我们不认为,那位曾经颂扬过亚历山大的名哲卡利斯提尼斯,或者吕西阿斯和伊索克拉底,还有普林尼,乃至不胜枚举的其他人,之所以要写这种作品,唯一的目的就是以溢美为表,行劝诫统治者实施值得荣耀的行动之实?[10] 您真的相信,一个人能够向那些生于王室、长于王室的君主们,陈述那些令人生厌的斯多亚教义和犬儒派的斥责吗?照我猜想,只不过供他们解颐罢了,甚至还会让他们愈发恼怒!对于一个宽宏的心灵,善加引导要比强迫说教容易得多,而要改善事态,赞美也要比滥骂好得多。比起赞同人们已经基本上全部拥有劝诫者敦促人们培养的那些吸引人的特性,还能有什么样的劝诫方法更为有效?或者更准确地说,还能有什么别的方法已经在事实上被哲人们习惯使用呢?当然,"德性受到赞扬,必将发扬光大;声名的刺激绝无止境。"[11]

难道使徒保罗本人不就常常在赞扬(某种极端的奉承)的同时使用这种矫正手段吗?再有,你如何能够更安全但也更严厉地谴责一个邪恶统治者的残暴,除了公开赞扬他的温和?或者谴责他贪婪成性、争强嗜杀,除了称颂他的慷慨仁慈、正直自制,"看见德行便面色和悦,为留下的悲伤而痛心不已"[12]?

但也有人对此表示反对。奥古斯丁忏悔道，他在为皇帝唱赞歌时曾说了不少谎言。作者是谎言的无情敌人，这有多么的重要，我们现在无须讨论。至少，柏拉图和斯多亚学派会允许聪明人为了行善事而说谎。我们有时候借助虚假的赞扬来激发孩子们向善的热情，难道不是正确的做法？最好的医生不也会告诉他们的病人，说发现他们的面容气色令人满意，只是为了造成这种效果而不是出于事实？此外，这种做法还表明了性情之慷慨，哪怕稍稍隐含在某人对自己君主的敬仰之下，在赞扬这位自己应当付出无限忠诚的人时忘却了持中的界限。不仅如此，为着共同体的利益，任何君主的臣民，即便这个君主不属于最好，也应当对他表示出至高的崇敬。实际上，即便统治者不配受到赞扬，撰写颂词也是出于臣民利益的考虑而不是为了统治者的利益，因为这不仅仅是献给具体场合下的那位君主的，而且也是针对期望聆听到的大众的。因此，您必须在很大程度上使其适应大众的耳朵，就好像布道时的手段一般。我们从“颂词”这个名称本身就能看清它与这些东西的类似之处，它的希腊词源就是大众的某种集会。[13]出于同样的缘由，昆体良[14]也认为，没有任何一种演说能像颂词这样挥洒自如，在颂词里，可以展示种种修辞的技巧与风雅，以便吸引读者的注意。最后，这种东西是为后代、为世人而写的；由此观之，在什么样的名目下公开阐述良君之典范并不重要，只要能够很巧妙地实现这一目的。因此，对于有头脑善思考的人来说，您并不是在曲言求宠，而是在直言示警。

但是，那些咄咄逼人地指控别人阿谀奉承的人，显然首先就没能注意到，他们批评的与其说是我本人，不如说是君主。其次，他

们也没有认识到，这种指控恰恰回过来落到他们自己头上，让他们成为一切谄谀之徒中最无耻的一类。这是否属于赫西俄德所谓“陶工与陶工相互竞争，木匠和木匠彼此嫉妒”[15]的又一例证？不。在他们那种可悲的谄谀和我这种谄谀之间有着巨大的差别，后面这种谄谀不属于我，而属于所有学者。因为他们甚至对令人蒙羞的行径也大加赞扬，因为他们出于自己的利益无耻地哄骗着愚民的耳朵，而我们向公众关注的目光提供的，则可以说是善好的可爱一面。而我们所借托的那个人，最适合担当德行，在其庇护下，也最容易将德行推荐给民众。至于那些抱怨整个赞美颂扬的事情都属于愚蠢的人，我可以用普林尼的话来回应：他们之所以会持有这种看法，只不过是因为他们自己配不上这种赞美。不过，就让他们像自己喜欢的那样吹毛求疵吧，就让我们保持自己的立场，撰写愚蠢之作，和安布罗西与杰罗姆为伴，他们也创作过那么多针对个人的赞词；或许在这种民众喜闻乐见、几乎可说是戏剧性的写作中，我不像那些圣洁的人在其个人通信中享有特权？我的确相信，在通情达理的批评者眼里，这种辩护会显得足够可信，哪怕我甚至为赞美法拉利斯、萨丹纳帕路斯[16]或埃拉加巴卢斯这样的家伙而撰写《颂词》；但实际上，人们会怀疑我坚持认为，上述考虑中任何一点都会保护我免受阿谀奉承的指控，我所能描绘的那位最好的君主，尽管年轻，但确实拥有无与伦比的命运的眷顾，并且已经成为那些重大德行的光辉典范，而未来人们可能希望从他身上寻求每一种德行。从这样的君主那里，我不应期待凭着我撰写他的献辞的这份贡献而得到太多的恩惠，畏于令其不悦——那是上帝所不允许的；这也是因为他自己非凡的谦逊，从根本上说，任何

赞扬在他看来皆属过誉。

对于我们君主的那些丰功伟绩，有些人比我更加熟悉。他们又会指责我将这一切荣耀都说小了，也说少了。我是不是这么做了，我不知道。但我肯定努力要这样来安排整篇颂词的意图与基调，让它在心智开明、思虑细致的批评者眼中，显得绝非以阿谀奉承为宗旨。实际上，您知道得几乎比任何人都清楚，我始终对这种恶习非常反感，即使我想奉承谁.也没有这种本事，而即使我有这种本事，也不愿意这么做。因此，我根本不担心，在那些“打内心里”、“从骨子里”了解您的伊拉斯谟的人看来，比如您自己，针对我个人品质的指控可以变为赞扬。您完全能够见证到我如何真诚地对待他们，或者为我辩护；同样，要论对我能力的诋毁，没有人比您更了解，因为整个工作自始至终您都看在眼里。他们说我忽视了三点基本要素：主题、情感与时间。其中第一点是如此重要，没有它，你甚至根本无法开始您的演说；要是没有提纲，西塞罗本人来又能何为？第二点的作用也很大，根据昆体良的说法，它会让人出口成章，哪怕他胸无点墨。您也知道，您发现要说动我是多么困难，我强迫自己接下此项任务是多么不容易，我对它是多么不情不愿，一句话，我写这篇东西是多么没有乐趣。而第三点要素也很关键，即便是最杰出的学者也没有能力尽善尽美地呈现什么东西，除非它已经在“日求寸进，精益求精”之下逐渐成形。在您想到这个念头之前，君主已经到了领土的边界，而当那场事件的新闻已经成了旧闻，再要庆贺他的归来就显得了无趣味了，因为过时的东西从来也不能对谁的胃口。

我可以说是一大堆的词语，就这样匆匆忙忙地堆砌到了一块

儿。我对整个主题一无所知，不这样又能怎样？现在来看，一篇演说没有事实为支撑，就好像一副没有骨骼的身躯。但无论如何，演说者被给予了某些特定的事实。我颇为乐意提问，但有些人是用盛筵或类似的无聊细节来回答我，而另一些人给我的报告太不可信，我不敢冒险将其公开出版。但是，如果他们在这方面能够像在意自己个人利益那样在意君主的声名，我就能够看到这演说会多么的光彩夺目：当然，我不得不重新编织整个框架；而我已经被彻底剥夺了获得基本信息的可能性，这让我愈发的沮丧。因此，我做了我唯一能做也唯一想做的事情：我放弃了自己先前的计划，可以说在许多地方即兴换上了新的素材，但其方式不应与整个框架的其他部分产生冲突，搞得像一些裁剪不当的补丁一般。

这样，我无疑将我的《颂词》弄得更长了些，但是否就会更好些，我不知道。有时需要插入一些老生常谈作为插曲，有时则需要加入一些比较艰深的插叙插议，但这些东西本身有时就得做出调整，以适合君主出访的主题。其实，与我的处境相比，小普林尼的处境是多么令人羡慕！不仅是他更加下笔如有神，不仅是他有一位和蔼的皇帝，一位已经年长持重、完成了他的一切民事职责和军事职责的皇帝，更重要的是，他所称赞的绝大多数成就是自己亲眼目睹的。人们会对自己一清二楚的事情做出精妙的描述，而我们最清楚的事情，也莫过于我们用自己的双眼亲见的那些事件。出于这些原因，普林尼就此敢于写这样一封信，激励已经厌烦了的读者稍加细心地关注演说中刻画的人物形象，起承转合，谋篇布局。我的职责更在于请求我那些目光犀利的读者们在某些事情上睁一只眼闭一只眼。我自己就能够看出依然存在一些破绽，有些属于

牵强附会，有些属于添油加醋，有些破坏了自然秩序，有些语言陈腐不堪，并且，没有什么东西是真正完善或完美的。尽管如此，通情达理的批评者不会为这些缺陷来责怪我，而会责怪我刚才描述的这些不利之处。

我已经就这一切给您写了一封有些不同寻常的长信，我博学的德马雷，(还能有谁比您更合适呢?)因为似乎首先该由您来为我在种种指控面前作辩护，原因不仅在于通过您对于我的那种洋溢的热情，我的命运就像您自身的命运一般全面地影响着您；而且也在于有相当一部分指责似乎落到了您的头上，即便是我该遭指责或该受赞扬，即使我配当什么赞扬。之所以这么说，是因为如果确有什么人促使原本不情不愿的我承担此项使命的话，那就是您。您始终不懈地激励着我继续下去；您提醒我将其献给我们伟大的君主，并玉成其事；最后，又是您直到劝服我出版此篇演说才最终满意。甚至在尚未完稿之时，您就给出了许多我很乐意接受的建议，其中特别是以下这条：我应当尽可能从湮没的文献和模糊的记忆中搜寻出尊贵的神父弗朗索瓦，贝桑松大主教，一位无论如何赞誉也不过分的人，在演说中用值得荣耀的语调来谈论他。[17] 我又根据同一素材加上一首诗，也就是说属于即席发挥，您不难理解个中的缘由，无须我告诉您。再见，我博学睿智的大人；勇敢地替我辩护，以您为首，还有其他一切人，都能够做到，也都应当做到。

于安特卫普印刷所

注释：

[1] *Collected Works of Erasmus* 第27卷，第6—7页。

[2] 米西纳斯(Gaius Maecenas,一译梅塞纳斯,前 70 年—前 8 年):罗马贵族、巨富。屋大维的密友与顾问,著名的文学赞助人,与诗人贺拉斯、维吉尔等友谊深厚(本书引用的《农事诗》即题献与他),尊重诗人的独立和艺术的完整性。

[3] 确切地说,腓力的拉丁文理解能力是否足以跟得上伊拉斯谟的宣讲,并不很清楚。

[4] 伊拉斯谟在 1516 年随《论基督教君主的教育》重印的《颂词》中重复了这一论证。

[5] 伊拉斯谟在整个《颂词》和《论基督教君主的教育》中以多种形式对医生与君主进行了广泛类比。

[6] 美男子腓力 1506 年去世。从伊拉斯谟的角度来看,这大致可以说意味着,在他 1504 年演说中所表达的对于"良君"的甚高期待,从未被其统治的现实状况证明是一种奢望。当《颂词》于 1516 年再版时,它对腓力的颂扬首先成了对其子查理的某种颂扬。

[7] *Collected Works of Erasmus* 第 2 卷,第 79—85 页。

[8] 瓦拉斯库:Valascus。关于阿佩利斯,参见第二章注 10。

[9] 莫摩斯(Momus 或 Momos):希腊神话中嘲弄与非难之神。波吕许谟尼亚(Polyhymnias):希腊神话中缪斯女神之一,主管抒情诗等。

[10] 卡利斯提尼斯(Callisthenes,前 360—前 327):希腊历史学家,经其叔父和先前老师亚里士多德推荐,以史官身份随亚历山大大帝远征亚洲。在亚历山大的传记中对其大肆赞美,称之为宙斯之子。后因指责亚历山大而被捕,死于狱中。

吕西阿斯(Lysias,约前 445—前 380):希腊职业演说辞作家,文笔朴实无华。据说曾为苏格拉底撰写辩护词,但遭后者拒绝。

普林尼(Pliny):此处指小普林尼(61 或 62—约 113),罗马行政官、作家。死后留下一批富有文学魅力的私人信札,描述罗马帝国全盛时期的社会生活和私人生活。并有专卷呈给图拉真皇帝的奏疏及皇帝的批复。综合现实事件描述、历史事件评说和道德讨论,许多带有演说风格。

[11] "virtue, when praised, grows great; and boundless is the spur of

fame."

[12] "that he may see fair virtue's face, and pine with grief that he has left her."

[13] 借此机会，我们在全书即将结尾的时候来谈一谈颂词的来龙去脉。

在希腊宗教中，民众在某个固定的日期聚集一处，为崇奉某一特定神祇而举行集会，名曰"潘涅吉里斯"(panegyris)。集会规模大小不一，全国性的盛大集会如奥林匹亚赛会。集会的宗教活动包括祈祷、宴会和游行，但对民众更有吸引力的是娱乐、比赛、集市和节日演说即"颂词"(panegyric)。颂词通指歌功颂德的演说或赞扬性的讲话。发言者往往利用希腊各城邦的人们集会到一处的机会宣传希腊人的团结，并且往往详述希腊各城邦过去的光荣历史。完整保存下来的最著名的古希腊颂词为伊索克拉底所作《颂词集》和《泛雅典娜节颂词》。而被修昔底德记入史书的伯里克利悼词，也是对战争中英雄和雅典自身的一篇颂词。2 世纪，希腊修辞学家阿里斯提得斯把对著名城市的赞颂同对当时在位的罗马皇帝的赞美结合在一起。至此颂词基本可分三种：在节日颂扬著名历史人物，在名人葬礼上发表颂扬死者的演说，竞选公职获胜者发表的致谢演说（如前文提及的小普林尼在被图拉真皇帝任命为执政官时发表的致谢演说）。晚期罗马作家开始利用这种文体不加区分地大肆赞扬乃至奉承皇帝。中世纪神秘主义者利用它来赞美上帝。而在文艺复兴时期和巴洛克时期，特别是伊丽莎白时代的英国，黄金时期的西班牙和路易十四治下的法国，人们也常常写作这种文章。

[14] 昆体良(Quintilian，约 35—96?)：古罗马修辞学家与教师。所著《雄辩学家的培训》对教育理论和文学批评都是一大贡献。在从韦斯巴芗到图密善皇帝时期先后任领受国家薪俸的拉丁修辞学教师、罗马首席教师和荣誉执政官，并曾执教两位皇储。主张教师因材施教，反对体罚，强调道德教育，认为教育的最终目的是发展学生的身心与陶冶学生的情操。他主张优秀的演说家必须首先是优秀的公民，雄辩的才能必须与善的生活融为一体。

[15] 赫西俄德(Hesiod，活动时期约公元前 700 年)：希腊最早的诗人之一。

《神谱》和《工作与时日》的作者。

[16] 萨丹纳帕路斯(Sardanapalus):传说中的亚述国王(是三位亚述统治者的混合形象),以其奢侈的生活方式著称。极力仿效女人的衣装、声音和姿态,最后当都城被叛军围困并被幼发拉底河洪水淹没时,在宫中堆起巨大的柴垛,命人将宫中珍宝和他本人及其妃嫔奴仆一起焚毁。

[17] 弗朗索瓦(François de Busleyden,1502 年去世)是善良的腓力(Philip the Good,即 Philip Ⅲ,1396—1467,勃艮第公爵,与法国抗衡的勃艮第公国的真正缔造者)的秘书 Giles de Busleyden 的儿子。他是一位很有天赋的律师,系罗马教廷成员,腓力国王的导师,后又成为腓力手下最重要的政治家和咨议之一。他对腓力的政治影响相当可观:卑尔根的亨利(伊拉斯谟的早期庇护者之一)等与弗朗索瓦交恶的人很快就被剥夺了公职并蒙受羞辱。他在陪同伊拉斯谟所称颂的腓力前往西班牙的途中(1501 年启程)身染重病,并于 1502 年 8 月在托莱多附近去世。

附　二
颂奥地利大公腓力

献给英明卓绝之腓力国王、奥地利大公、勃艮第公爵，等等。

此篇颂词系祝贺其胜利启程西班牙，并满载欣悦地回国。

圣奥古斯丁修会教士鹿特丹的
德斯德里乌斯·伊拉斯谟撰[1]

腓力，众君之中最蒙天赐的君主，无论您是否喜欢，都必须接受我的赤诚，欣然承纳我的冒昧，因为我已经承担了代为表达您全体臣民的情感的使命，并向您表示祝贺，您所拥有的神恩已经幸运地回到我们身上。我之所以如此，并不单单是为了让您可以就此了解我们共同享有的那种无比的快乐。（因为您的亲眼所见、亲耳所闻就能够让您自己信服，或者用您自己的洞察力就很容易对此做出评判。）我之所以做这项工作，部分原因是因为我可以尽可能广泛地向天下万民传播这一天的声名，这是我们的祖国有史以来最光辉、最吉祥的一日，现在是这样，将来也是这样（假定我有能力谈论一件值得留载后世的事情）。另有一部分原因则在于，我在难以置信的欢快之下无法自制（我几乎可以说是陶醉其间），万众渴

盼之中的您的归国，以前所未有的程度，在人人心中点燃激情欢悦，因此实际上我也不能避免在陛下面前陷入这种无与伦比的幸福，向您倾吐心声，并将其传播海外。

所以，陛下将不得不忍受我在被欢悦冲昏头脑之下有失节制，因为正是您让我有太多的原因这样做。西塞罗说得固然不错，悲伤之下很难保持沉默。但当你被幸福弄得难以自制时，要想一语不发，绝对算是最艰难的事情。这是因为，又有谁不曾在某个时刻根据切身经历了解到，将心灵深处的创痛扼杀在沉默之中会是多么的困难。今天，我们已经了解到，要抑制无限的幸福，尤其是当这种幸福最终使那些焦急等待的祈望者品尝到甜蜜，更要困难得多；要抗拒那心灵难以容纳的欢悦之潮，要限制我们享受那无边无垠的欢悦，最后，要在任何言语都不能够充分表述我们的情感的时候还在说话时有所保留，这一切都是多么的困难。

以下伊拉斯谟描绘了尼德兰民众看到他们年轻的统治者进行长期外访时的恋恋不舍之情，尽管他们也知道，访问自己在西班牙的岳父岳母，让他的西班牙名号正式授予其身，对他来说是多么的重要。

至此我一直在谈论您的启程，现在且允许我来谈一谈您的长期在外。您迟迟未能回到我们身边，行程之延宕越是超出预期，我们就越是挂念您，渴盼您。这是因为，就像因爱生忌的恋人们总是担心出现最坏的后果，在那些满脑子都是焦灼的渴盼的人眼里，再快的脚步也会显得迟缓。上帝啊，我们发现这一年是多么的漫长，

我们没有您的这些日月显得多么难捱！有谁不感到那两年的时光（甚至还没有那么长）犹如五年抑或更长？对于难抑心焦的未婚新郎来说，时间的流动慢得难以置信，可谓冷酷无情；“被监护者在其母亲的严格监管下处处受制，时光的流转变得如此拖沓。”[2]同样，父母等待儿子在预定的那一天的归来，这种掰着指头数日子的焦急也会让他们度日如年。甚至有些人把那句家喻户晓的希腊谚语用到您身上，称您作卡利佩德斯，[3]他们不是在开玩笑，就像提比略皇帝[4]在逗留国外时也曾被取绰号，而只是出于真诚善意，因为他们焦急地盼望您的归来。有时候，仿佛已被渴盼弄得筋疲力尽，您的祖国表示出它对时间延宕的愤怒，或对阻隔您的事务的不满，甚或诉诸动情的责备，谈起您时有些怨怒，用如下的言词来要求您出现在国人的面前：

我请问，不可征服的君主，对于我比阳光更珍贵的君主，您的行程延宕何时是个尽头？您对我们的关切发生了什么变化？我如何能够逸出了您的关爱？难道我不曾充满欢悦地将您引入这个世界，在我的心中充满温情地珍视着您，锲而不舍地教育着您，直至您长大成人？我担心可能再也见不着您，除非您能够在西班牙令您厌烦之前，在您充分满足您岳父岳母的渴求之前，或者在充分满足您姐姐的温情和父亲的慈爱之前，就断然离开。这是因为，如果有什么人要从我对您的渴望的角度来评判时间的长度，他们会认为您已经离开十多年了。

通过联姻，您确实亏欠西班牙很多，但从职责的角度上来考虑，您亏欠我的更多。且让我这样来证明这种说法：诚然，西班牙曾经为您的姐姐带来一位丈夫，并且在晚近给您带来一位妻子，但

我给您带来了生命。西班牙为您加冕，但我生育了您。我承认自己的一切都属于您，但反过来说，您本人也属于我。这种说法很是冒昧，但却是真理所在。因为我知道，我是在说我那位真正的君主，而不是一个暴君。[5]我同样知道，人们普遍预言（长久以来多种事件业已证实），您上承天命，注定将统治许多庞大帝国。一个国家会宣布您是国王，另一个又承认您是皇帝，再有一个更授予您不同的名号。我祈望这种状况会是吉兆，会给我们大家都带来幸运。然而，尽管我原本可能为财富所诱，为浮华所惑，实际上可能在任何事情上都失却气节，但我依然会固执地坚持我对于声名的一点诉求：只有我，给了我的君主生命。别处的空气或许会更加怡人，但您最初呼吸到的正是我的空气。另一块国土的物产可能会更加丰饶，即便如此，也是这块土地最先承纳了您，养育了您。如果确能借助某些特别的手段，'祖国土壤之丰美让我们沉醉，让我们无法忘怀'，那正是我照看了您的摇篮。

正是出于这个原因，（正如神话传说中所说的）朱庇特在他自己的克里特岛所感受到的欢悦，犹如众神在天上的感受，尽管克里特并未生育他，而只是养育了他。喀耳刻和卡吕普索[6]曾经大铺排场地款待尤利西斯，后者已经周游世界，游历过众多富庶安康、怡人心神的地方，包括世界闻名、肥沃异常的埃及尼罗河三角洲。然而，他却急切地循着自己那条危险四伏的道路回到穷山恶水的伊萨卡，宁愿在自己的国家里过一种简单的生活，也不愿过一种女神相伴左右、琼浆仙果为食的长生不老的生活（就像荷马告诉我们的那样）。对韦斯巴芗皇帝来说，即便当他频频造访孕育了如此伟大的东西的地方时，他的心里依然十分珍视自己诞生在其间的那

个位于科萨的小宫廷。[7]他也不允许任何事情改变，以防他已经习惯看到的什么东西就此消失。他喜欢这个小宫廷更甚于其他任何地方，因为就是在那里他发出了降临人世后的初啼。正是我给了您生命，这里的您不仅是一个人，一个普通百姓，而是一位英明杰出的君主。我赋予您生命，因此我有权利视您为我的儿子；我哺育您长大，因此我有权利视您为我的后代；在您身上我孕育了一位君主，因此我可以像对待负有遵从义务的人那样来要求您。[8]所以，最后，我要求您恢复对我的关注，因为您在那么多的事情上负有对我的义务。如果其他人现在享受着我的赐福，我又凭什么声称自己还是幸运的？我祈求，再三再四地祈求，愿您那仁慈的心最终能够被养育了您的那个人的私人情感所触动，或者至少被在您的领土上广为表达的公众挂念所触动。我学习着在没有您的情况下生活，现在就让我享受您一段时间的在场吧。

以这种抱怨，这种由焦灼的挚爱激发出来的抱怨，您的国家要求您应当归来。至于上述的权力，在您离开时授权于您的那些权力，关于满怀热情地祈望着的公众与个人希望借此重新得到陛下，我又能说些什么？本着至死不渝的虔诚、祭献与祈祷，它努力与神圣的权威搞好关系，以便仰其仁慈，至福的日子最终还会降临。

伊拉斯谟描述了在腓力去往西班牙时，途经各国的统治者们（尤其是法王路易）如何竞相奢华地欢迎腓力，竞相慷慨地把时间耗在他身上。

现在，我的演说正急切地通向您那时快步前往的那个目的地，

也就是西班牙。关于庆典如何奢华，间接的意指比直接的描述要更为容易，因为双方都有很多的理由以此为乐事。[9]实际上，整个王国，今世幅员最为辽阔、国力最为繁盛的王国，它的财富，它的高贵，它的人才，它的辉煌，都使在您支配下的所有臣民恭敬地迎候您的御驾。在赖以征服其他各国的所有那些财富当中，最重要的是西班牙的热诚无与伦比，社会各阶层立场一致，万众一心，竭尽全力，向您奉上某些贡物，配得上陛下，配得上您姐姐的记忆，配得上您对妻子的爱，也配得上国王与王后对于其女婿和女儿超出普通父母的那一份爱。

您前往西班牙时的那些盛典，以及西班牙一方为您安排的那些盛典，可谓不胜枚举。在那么多不同的场所，有那么多来自贵族的不同代表团要觐见您；在每一个地区，每一座城市，每一处村镇，都会有公众欢庆的场面出现。这些典礼分别来看，个个都不同凡响，但即便把它们统统合在一起，也比不上5月7日的那一场特别的仪式。那一天，斐迪南，当今最伟大的国王（不过最出色的方面似乎是对您的崇敬），早早地和大批宫中显贵与教会要员一起出发，从而在巴拉格尔（Balaguer）和托莱多城途中就迎到了您和他那位受人敬爱的女儿。[10]然后，他引着您穿过由鼓掌致意的贵族和欢呼雀跃的民众组成的拥挤人群，进入托莱多城的宫殿。在那里，欢庆再一次开始，令人惊叹的伊莎贝拉夫人，这位有资格进入史上最杰出的女英雄之列的女性，用张开的双臂迎接了她企盼之中的女婿和心爱的女儿，并以亲吻致礼，双方都喜极而泣。

您原本或许认为那一天的欢乐与辉煌可谓登峰造极，但半个月后的种种壮丽辉煌仍然全面地超过了它。在祭奉圣母玛丽亚的

托莱多大教堂，西班牙贵族精华尽出，举行盛大集会，在庄严的典礼中，您正式就任并加冕卡斯蒂利亚的统治者，教会系统的各位显要承蒙天恩见证了这场典礼，而国王与王后也在一大群世俗官吏的簇拥下出席了典礼。在场的那些人以惊人的一致和前所未闻的热情宣誓效忠于您。而10月27日的情形也与此日不相上下。当日在萨拉格萨城举行了一系列类似的典礼，授予您阿拉贡王国的国君身份。[11]尽管西班牙人民已经习惯看到展现高尚美德的场景，但一旦亲见了您，他们就知道，他们最幸运的王国将永远不会缺少最优秀的国王；此时他们能够加倍地称自己为受福的人民，因为他们迎到了一位在德性的各个方面都秀冠群伦的君主，因为通过您他们可以期待不相上下的继承者；请想象一下西班牙人民此时所感受到的那种巨大的欢乐。

事实上，当您的妻子承天之助，在城里平安快乐地完成了生产，在她父母的手中添上了一位玲珑剔透的小外孙，让您第四次成为父亲，为她的祖国加上一份珍贵的婚恋信物，在您两位身后依然可以留存，此时每个人的希望都得到了确证，每个人都得到了加倍的欢乐。请问，对于祈望者来说，有什么能够像这种回应那么及时、那么令人高兴？您的岳父既有着极端的虔诚，也有着非凡的智慧，即便已是步入成年，也依然保持着旺盛的活力。当他能够看到自己繁盛的王国的治理重担将会有所安靠，当他已经能够高兴地亲见自己的子孙后代才俊辈出（正如诗人所言），或许（上帝乐意）他还有可能看到自己孙辈的子嗣，我们完全可以想象，他的心中会充满多么大的欢乐。当他步入晚年，出于以下两点原因中的任何一种，他都有理由认为自己非常幸运，要么是由于能够活着见到这

样一位女婿香火延续，孙辈也像他们的父亲；要么是由于他自认为在辞别此世时能够更加放心，因为他看到，只要他确信自己身后不会出现一位不称职的继承者，自己就已经履行了作为一位良君的最后一项职责。在过去，当哈德良皇帝收养的继承者康茂德身患重病时，皇帝常常说："我们正身倚危墙。"其实，所有最值得敬重的皇帝脑子里最看重的事情，都是将帝国的基业传继给一个和他们自己差不多或者更好的人。当您的岳父在这一生成就了一切荣耀，在这一生始终为人表率，当他看见自己的业绩功德圆满，以这种登峰造极的场面作一了结，当您就在其座旁，不是将倾的危墙，而是坚实的铜壁，不仅完全有能力挑起帝国的重担，而且完全有能力发扬帝国的荣耀——您设想您岳父此时有何感受？

然而，诸如此类的庆典正和稍早前呈现在世人面前的现实苦难同样的真切，当时您在巴拉格尔遭到了几天疾病的折磨，也让所有人都担心不已。国王一接到报告，就迅速亲自赶到您的病榻之侧，只带了数名随从，也没有等待任何惯常的礼仪，只因为满心的忧虑。您的这场病可以被视为上天所赐，只因为它揭示了也释放出人们心中深藏的对您的一切热爱与忠诚。这是因为，春风得意宾满座、最是患难见真情的俗话，甚至在君主身上也是适用的。因此，值得让一个人反复地遭遇某种厄运，以便确切地发现忠诚的民众其实是如何对待他的。顺境是无法凸显出忠正之士的精神的，而厄运却能够区辨出良朋与佞友，就好像炼金术士的魔法石从合金中区辨出纯金一般容易。因此，甚至是降临到您身上的那些不幸，最终也证明对您有利，使您现在能够更清楚地看到民众是如何为了您的利益而不是他们自身的利益爱戴您的——尽管对于您的

岳父来说，根本不需要任何证据来证明他对您的一片慈爱。然而，天赐良机，让他能够证明自己这份爱有多深。

就这样，我英明卓越的君主，您首先用您那万众所归的造访，然后用您身体的康复，让西班牙洋溢着一片欢乐。不过最重要的是，一位国王正在冉冉升起，因为您就任卡斯蒂利亚和阿拉贡的新君主，也因为您赐给一群已经属于您的人民一个诞生在他们自己国土上的麒麟儿，最后，还因为在自然和您自身努力的双重作用下，您被塑造成一位将会想方设法为所有见到他的人带来快乐的人。[12]

腓力的岳父母有找不完的借口延搁他们的行程，这对年轻夫妻最终待了一年半才离开。伊拉斯谟描述了腓力在回国途中，如何介入了确保西班牙与法国之间维持和平的斡旋；如何与其姐姐玛格丽特在萨伏伊（Savoy）再次亲情团聚；如何去德意志探访其父马克西米连皇帝以尽儿女之责。伊拉斯谟把腓力的旅行和古代那些神话英雄的漫游相比较，然后与亚历山大和恺撒之类的历史英雄相比较。但是，这些人所到之处战火随之而起，而腓力却是在播撒和平的种子，处处受到热诚的欢迎。有些人可能会认为伊拉斯谟过于关注腓力的幸运而不是他的性格。由于他还很年轻，这样写不无恰当：时间将会充分地揭示并证实他的德性。的确，腓力非常之幸运（伊拉斯谟列数了他家族的某些成功业绩，并与其他一些名人作了比较）。

英格兰国王亨利急切盼望着您的光临——单单您的光临——和与您谈话，毫不犹豫地跨越了环绕其王国的海峡，仿佛进入了一个新的世界，这是他登基以来从未有过的举动。在这种情形下，围绕着能给予您更高敬意的事件存在某种不确定性：一方面，亨利（不是一个愚钝的人）可以自信地决定前往大陆进行寥寥数小时的会见，而置自己整个岛国的安危于不顾，尽管他相当清楚，他这样做比狄奥尼修斯离开叙拉古更加危险；另一方面，您本人打发了所有随员，充满自信，身无寸铁，孤身赴会，那坦荡的胸襟，正直的品性，个人对于您坦诚性情的坚守，向英格兰人展示了良好的意愿。

英明卓越的法兰西国王是那么期盼您的到来，一再派遣使节邀请您访问，非常高兴让您成为他的贵客，也十分乐意款待您，以至于他认为这样做与其说是要向您表达敬意，不如说是让自己更增荣耀。睿智无比、不可征服的西班牙国王为自己的帝国增添了那么多富庶的岛屿，征服了那么多的城镇，击败了那么多的蛮族，用那么多的胜利扩大了自己的版图，庆贺了那么多次不朽的凯旋，却依然认为还缺少一件事情来完善自己的幸福，那就是他还没能亲眼看到您，他想在自己的有生之年与您一起分享他的财富与权力，而他身后的继承人也当如此。为了实现这个夙愿，他早早地派出了使节，整个策划安排之精巧与用力之专注，较之他那些最重大的军事战役也毫不逊色。每一位国王都宁愿忘却与其他国王之间的怨恨，而不愿意放弃亲眼看到您的那种快乐；但谁也不能忍受彼此之间的嫉妒，因为在希望能够盛情款待您这一点上，他们都是善意的竞争对手。

实际上，有哪一处的尊贵君主不是尽力寻求与您的友谊，渴望

与您结为亲家,或是设法通过某种关系与您交往?腓力啊,这其实就是对您的幸运的最好体现,您在这方面无与伦比,就连白马(就像人们所说的那样)所刻画的那种最幸运的情形也赶不上您。而在别的任何事情上,您也不比任何人差。因为有哪一位成年人能够指望在自己的有生之年,得到您在年轻时就已得到的那么多显赫的荣耀和隆重的礼遇?因此,我又为何要将您的伟大与古代开列的那几位幸运者相比较呢?

腓力始终如一地表现出德行,因此配得上享有他的幸运。

您是如此强烈地对您的子民抱有一种普遍的父爱,甚至愿意宽恕罪犯,如果他们愿意恢复理智,或者如果您自己允许某些虽然逾越法律边界、但似乎能够通过您的示范产生巨大作用的事情。除此之外,君主最适宜做的事情,或者民众最欢迎的事情,就是宽厚地看待作奸犯科者身上应受奖赏或值得宽恕的地方。因为每个人都是在关注自己的德性的前提下才会敬重和赞赏其他人身上的德性,但即便是那些一无所求的人也会赞赏宽厚仁政,即便是那些一清二白的人也会喜欢宽恕待人。人们视其他的德性为合乎人性而表示赞赏,但人们视这一种德性为上达神圣而心生敬仰。既然君主履行了在俗世之间传扬神圣的职责,而最乐施宽厚仁政或最反对厉行苛政的就是神(按照普林尼的说法,要成为一个神,其实就是意味着对世俗之人伸出援助之手),那么可以肯定的是,谁行使的权力越大,他就应当与这种形象越密切,越贴近这种目标,人们也就会越把他当作一个神来敬仰。

同样，一个国王身上体现出的残酷会显得无耻之极，因此任何一个暴君都不会那么鲁莽，总要装出一副宽厚仁慈的样子来。无论如何，绝大多数的统治者尽管饱受赞扬，也都在展现这种品性的同时，因伴之而来的某种偏误而落下了污点。米西纳斯尽管心地宽厚，不喜争战，但他生性懦弱，有损于整体上的优点。韦斯巴芗尽管如此明确地展现出仁厚的本性，据说甚至在宣判正义的惩罚时也会潸然泪下，但他的贪财好利却使这种德性为之失色。恺撒的宽厚仁慈只是表面文章，而提图斯更把这种品性伪装成自己帝国权力的一部分，在许多方面掩盖了赤裸裸的残暴。[13]有许多人，尤其是辛纳，见证了屋大维引人注目的宽厚仁慈：辛纳策划了一场针对屋大维的阴谋，但不仅得到宽恕，免予惩罚，而且还成为皇帝的座上嘉宾，受到至高礼遇。[14]根据历史记载，哈德良皇帝性情极其温良，从不允许有人遭受指控，甚至是忤君之罪。然而，前一位早年留下了污点，后一位在位的后期则是以流血结束。

但是，说到您自己，您的悲悯之心始终赢得赞誉；关于您的种种传闻，或者记录下的您的一言一行乃至举手投足，没有任何可以表明您性情严苛或暴躁。因此很清楚，您本人独特的温雅并非刻意的设计或暂时的伪装，而是一以贯之的表现，实际上可说是真情流露的固有天性。任何其他的邪恶，都比不上残酷更能影响您的气质：不是骄纵或傲慢，不是轻信传言，不是憎恨真理与自由，不是喜欢恭敬和谄谀，不是任何诸如此类的其他偏误，这些偏误大体上似乎都是因为身居高位、受人尊崇而带来的自然后果，或者是因为基本上人们总是在显赫君主的教养上失之娇宠，在和他们打交道时小心翼翼。然而，就此而言，他们并不是那么幸运：他们很少能

够听到实情。人人都更愿意拣他们喜欢听的而不是真正有利于他们的东西来告诉他们;人人都认为追求自己利益比君主的荣耀更为重要。

但是,安条克国王那广为传播的故事也影响了您,他曾经在出外狩猎时与所有随从失散,傍晚时分来到一座小村庄,只身一人,无人相识。吃罢晚饭,安条克和众人一起聊天,在场的人随意地闲谈,他就此听到了自己的缺点。次日清晨,他的王家随从一路寻来,向他致意,取出他的王袍王冠。他面对这些标志物说道:"自从穿戴上你们这些物什,我昨晚第一次听到了实情。"[15]无独有偶,法莱隆的德米特里据说曾建议托勒密王找些有关如何治理王国的书,从中寻求良策警训,因为在这些书本中能够读到自己友人从不敢直言的东西。[16]

而您之所为甚至更为出色:您向您的随从清楚地表明,只有真实、直率、坦诚的言语能够取悦您的双耳,而不安好心的告密者隐姓埋名的密报,或是谄谀之徒心怀叵测的影射,则令您最为不快。因为您知道,在宫廷生活中有两种首要之恶,其中小题大做甚至无中生有的诬告极具危害性,而谄谀更要危险得多。诬告只是让君主与少数几个民众为敌,而谄谀则让他彻底陷入迷惑。塞维鲁·亚历山大就因此受到了恰如其分的赞扬,他对所有这类寄生虫都深恶痛绝,以至于不仅对他们的话连听都不听,而且,不管是谁,只要在向他致礼时点头哈腰,或是说些谄谀之词,都会立即遭到贬黜。或者,即便有谁因为官高位尊免遭此类惩罚,也会受到当众耻笑。他就此证明自己比另一位亚历山大即亚历山大大帝更加伟大,后者听任谄谀之徒操纵自己,就是这桩事实首先破坏了他的伟

大。无论如何，那位皇帝确实处置了那些光说不干的人犯下的相关恶行，把他们送上十字架或烟熏而死（他们被称作“只会放烟幕”）。这真是一位配得上不朽统治的皇帝！

我原本倒想提请您注意以他为榜样，提出这一位与您年纪相当的年轻人供您效仿，[17]但您已经主动地走上那条道路，不管是出于您身上具备的某种内在德性，还是借助常常证明比天性本身更为有效的后天培育。这是因为，您在衡量您的朋友时，根据的不是他们是否顺从于您，而是他们本人是否正直；您不允许自己的密友圈中混入讨人喜欢的献殷勤者，而是结交那些审慎明智的持重之人，敬重他们广博深邃的学识与堪为表率的生活。您最注意的事情便是慎重选择适当的人选给予高度赞赏。兰普迪乌斯认为马克西马斯曾有一种说法，[18]就是说国有恶君较之国君有恶友，要更为幸运，或许也更为安全。因为一个坏人可以通过几位好人加以矫正，但一个人无论有多好，却没有办法战胜许多坏人。这样的绝对真理，您当然不会一无所知。但是，只有当最杰出的君主只允许那些酷似自己的人成为其密友，不会遭到这些人的背叛或欺骗，事情才能够尽可能好起来。这样的人只会用那些符合君主利益和实际状况、有利其幸福安康的东西来激励君主。他们会慎之又慎，避免给出君主随后会懊悔的建议；他们会细致周全，不让自己的利益先于自己国家的利益；他们会不负众望，免遭谄言蛊惑；他们会独立思考，敢于直言忠谏。

但是，如果在一个国家，最杰出的君主只允许那些酷似自己的人成为自己的密友，那些人不会出卖他或将其引入歧途，而只会向他灌输忠诚、真实和有益的东西；他们睿智过人，不会提出随后必

定令人懊悔的建议；他们心细如发，不会将个人的利益置于其国家的利益之前；他们严守职责，不会受谄谀之言的摆布；他们卓然自立，会强烈地抗拒任何不足为之的差使——在这样的国家里，一切都必然会走向完美。

让陛下龙颜大悦聘为咨议的那种人，单单一个例子（且不考虑其他范例）就足以说明。此人便是弗朗索瓦，已故的贝桑松大主教，您少年时代负责调教与塑造您的人，负责教导您的自由七艺。[19]他的在世完全是为着荣耀与伟大，他的成长是为着服务自己的国家，他的修炼是为君主的宫廷增添光彩；他是上天派来捍卫您的统治的伟大，令这种伟大更加非凡、更增光彩。[20]很显然，他对于您，正好似涅斯托耳之于阿伽门农，帕尔梅尼奥之于马其顿的腓力，李奥尼达之于亚历山大，西塞罗之于屋大维，菲尼克斯之于阿喀琉斯，左皮卢斯之于大流士。[21]在荷马的《伊利亚特》中，阿伽门农希望自己拥有十位涅斯托耳。大流士希望自己拥有像一颗石榴中的种子那般多的左皮卢斯——他对左皮卢斯是如此的看重，宁愿以一百座巴比伦城为代价，也要保证后者不受伤害。[22]

伊拉斯谟不惜词藻地夸赞着弗朗索瓦。失去他对于腓力来说几乎必然是无法忍受的，后者在道德上和理智上都颇多受惠于前者。正是通过弗朗索瓦，腓力成长为一位德行出众、仁慈宽厚的统治者。他从未忘记向自己子民立下的誓言，始终奉公守法，决不滥征苛税。就其个人生活而言，他也堪称楷模。

至此，我们一直将腓力描绘成一位热爱和平、奉天承运的君主，要是情况始终如此该有多好，我们或许也可以永远不必赞扬您在战时的运筹帷幄之力了。这正是我们的全部希望之所在，最重要的是，那些博学善辩之士众口一词，甚至现在就热心地预备着挽救您的声名，小心呵护着以免陷于湮没。这群论调一致的人始终是和平的使者，只会在幸福安乐的时代才会发扬壮大。他们宁愿庄重的节日，而不愿滴血的凯旋；他们宁愿用欢快的颂诗与赞辞倡扬您的盛誉，而不愿以伤痛的悲剧增添您的声名。他们宁愿以轻松愉悦的抒情小夜曲，向后人传扬一位杰出君主的名姓，而不愿代之以令人忧惧的小号曲，因为他们深信前者也会和后者一样声飘百里，久久回荡。每个人都应该相信，您在和平时代的温良谦和为未来留下的耀眼光芒，绝不会逊色于其他君主在战事中表现出的壮伟功勋。这是因为，人们所崇拜的只是战争的外在辉煌，并且不是所有的人都对此表示崇敬，更不用说最明智的那些人；而以不事张扬、审慎明智、谦和公正的方式干出的那些业绩，却能得到所有卓越之士的崇敬，事实上是所有人的崇敬，并且不只是崇敬，而且是发乎内心的爱戴。再者，对于一场胜利，每一位战士都宣称自己应当占有一份很大的功劳，而命运宣称应有的功劳甚至更大，此时对于这场胜利的赞扬还能有多少留给那位统帅？而您应得的赞扬有着坚实的基础，无人能够予以减消。因此，尽管发动战争可能会带来更大的声名，但和平的艺术却会产生更好的声名。

对于果敢勇毅的颂扬，有些宣称是属于军功，但这种优点在和平昌盛的时期其实比在战争的混乱之中体现得更为明显，对此当如何看待？即使注意到这种优点的人比不上关注战功的人也不要

紧，只要前者属于更为出色的人。因为最重要的是，如果果敢勇毅的作用是以不屈不挠的精神战胜困难，那么我请问，我们每个人的生活中又有哪一部分不曾涉及与艰难困苦做卓绝斗争呢？在和平富足的时期，果敢坚毅的精神就不能比在艰苦动荡的时期更加彰显吗？当事情艰难时不心灰气馁确实可以展现出果敢勇毅，但当命运令您身居万人之上时能够力戒妄自尊大（只因为这样的好运不常发生），当命运对您极为纵容时能够不对自己有丝毫的纵容，却能展现出更多的果敢勇毅。

当风暴来袭之时，在强劲顺风中把持航向比在逆风中避免翻船需要更熟练的技能和更强韧的力量。有许多人在残酷的命运前能够坚强面对，但只有很少的人在命运眷顾之时依然展现出冷静的自制。因为在前一种情况中，情势之艰难本身几乎可以说强迫人实践德行；而在后一种情况下，命运的眷顾却在助长人们失却自制。同样，藐视危险的确能够为人赢来赞扬，但这种赞扬区区一个角斗士和最可鄙的海盗也都能得到。而精神上的自制、性方面的自律、约束贪婪之心、控制急躁之情，这些都能赢来配得上一个睿智、良善的人的那种赞扬。因此，尽管在各个国家的编年史上都能发现大量实例，其中的人将自己的生死完全置之度外，无比勇敢地投入战争，但你在举国安定幸福的时期，却很不容易找到有谁以如此的自制和审慎在治理国家，以至于他们的成功不至于使其丧失自我约束，不至于使其遭到谁的憎恨或嫉妒。

不仅如此，即便是权威的材料也不得不承认，一个人可以既是大奸大恶之辈，同时又是骁勇善战之将，堪当作战大任，就像塞维鲁皇帝，元老院声称此人要么根本不应该降生，要么就不该死去。

因为他在战事上的勤勉对国家显然大有可用，但他的残酷无情乃至其他种种邪恶对城邦又是一种威胁。另一个这类例子是鲁菲努斯，法布里西乌斯在对他表示支持时如此说道："我宁愿遭受我的公民同伴的抢劫，也不愿被敌人卖作奴隶。"[23]但具备这类和平时期体现出来的德行的人是不可能作恶的，甚至身为皇帝也不会。因为战争通常通过协商而走向终结。和平的艺术可以用于生活的方方面面，而战争的艺术则不行。因此，良善之君必为良善之人；但总体而言，人越缺乏良善德性，也就越适于征战沙场，因此对于君主的赞扬不应建立在他的军事才能上。难道我们没有注意到，在各个民族之间，就像在野蛮的动物之间一样，最凶残、最野蛮的也就最嗜好争斗（例如卡里亚人，西徐亚人[24]，还有不列颠人）？汉尼拔如何？他之所以是最伟大的军事领袖，难道不是因为他为人最邪恶、最卑鄙？[25]

但是，我们真正期待的君主，或者不如说是我们所拥有的君主，必须是完完全全、彻彻底底地实践德行。我还想在我的一大堆比较之上再加一例。在天下承平时与危险保持距离，要比在风云跌宕时迎击危险困难得多。可是有人会说，在情势所迫时英武杀敌是件十分光彩的事情。谁说不是了？但是如果你在行事时仿佛没有一个人是你的敌人，那岂不光彩得多！击退一名敌人可能会非常令人瞩目，但可以肯定的是，能够超然地蔑视敌人是一种更加美妙的胜利。我们读过，有个雅典人向安塔西达斯夸耀自己城邦的强健活力，耻笑斯巴达人是胆小鬼，说："以赫拉克勒斯的庇护，我们已经无数次把你们赶出了卡菲苏斯河。"安塔西达斯勇敢地反驳道："你们确实做到了，但是我们甚至根本不需要把你们赶出埃

夫罗塔斯河。”[26]

安塔西达斯完全有理由对这一点深感自豪，但如果斯巴达人能够借助仁义而不是恐吓制服自己的敌人，就更令人感到钦佩。这是因为，对于一位君主来说，最高贵的事情，难道不是能够凭自己非凡的仁慈而受人爱戴，甚至那些有能力伤害他的人也不愿意对他下手，而非凭自己的军功战绩而使人畏惧，甚至那些没有能力伤害他的人也很想对他下手？如果使到每个人都想拿起武器站到你这边而非反对你，而不是促成许多你不得不去征服的敌人，难道不是要安全得多吗？罗马人过去常常逐个列数他们取得的胜利和征服的省份。但与此同时，他们又不得不盘算有多少民族和国王憎恨他们的统治，藐视他们的统治。因为任何敢于挑战他们的人都会藐视他们，任何被迫陷于奴役的人都会憎恨他们。要是罗马人靠着恐吓就阻止了自己的敌人拿起武器，那会是莫大的辉煌；但如果有和睦友爱之情将他们密切相连，就会是最大的辉煌。

这两种情况您都经历过，我认为这比任何胜利都值得赞赏。因为外人都十分赞赏您的许多德性，尤其是您的通情达理、仁慈宽厚、谦和有礼，因此没有一个人愿意自称是您的敌人；您是如此地呵护自己的子民，外人中没有一个人敢于与您为敌。如果君主的臣民根本不畏惧他，他的敌人也就最畏惧他。您自己可以身居高墙深壁之中，四周广筑沟渠堤垒，或者在出外时像麦洛一般，有千百位壮士为护卫；但可以最好地保护您的国家，最有效地捍卫您的个人的方式，依然是实实在在赢来的民众的爱戴，正好像您赢来的万众爱戴一样。

亚历山大大帝过去常常夸耀自己被称作不可征服者，现在他

身归何处？恺撒曾经宣称自己只能在死去的那一天被征服，如今他葬身何地？难道您不是因维持和平而远比这两位因赢得多次胜利更配得上“不可征服者”的名号？有人陷入与其敌人之间的交战；另有人则是如此的强大，以致即使有人希望向他挑战也不敢与其较量，是如此的受人喜爱，以致即使有人敢于向他挑战也不愿与其较量——前者无疑会比后者更近于失败。如果令到敌人情愿向您投降，这样得来的胜利无疑会比历经战争艰险、排除重重困难才得到的胜利更加辉煌，尽管可能不那么血腥。

最后，除了以上这一切，尽管我们可以承认战争中的荣耀更加辉煌，但和平下的荣耀难道不是肯定更为可取吗？设想有一场猛烈的暴风雨让舵手有机会展示他的技艺，即便如此，谁会那么疯狂，不宁愿在风平浪静之中平安航行？就算一场重病让医生有机会展示他的医术，也不值得为此身患重病。一个统治者在艰难困苦之中当然可以更清楚地展示他的才干，但就连天上的诸神也会承认，我们依然会喜欢在普天承平之下享受您的谦和、公正与仁慈，而永远不必在风云变幻之中敬仰您的勇气。如果医生希望有瘟疫降临民众，以便给予自己更高的声望，难道不是没有人性吗？如果民众希望这场瘟疫降临其身，以便他们可以夸耀医生的高超医术，难道不是彻底的丧失理智吗？如果一位水手决意将船驶入撞岩(Symplegades)、西尔特斯或卡律布狄斯的漩涡，企图更好地向旅客炫示他的航海技艺，有谁不会认为他已陷入疯狂？[27] 如果这些旅客决意将自己的生命置之险境以求一睹水手的高超技艺，难道他们不是更加疯狂吗？但我们依然可能读到，有许多统治者以挑起战事为自己的最大乐事，无非是因为这有助于他们增加自

己的声名。

还能有什么比这更冷酷，还能有什么比这更近于最凶狠的恶棍的心态？还能有什么比令民众希望承受巨大艰辛以增添他们那好战领袖的荣耀更愚蠢？愿上天诸神让我们的敌人也能这样思考；腓力，我们宁愿让您欣享快乐安宁的心态，而不让您深陷烦躁不定的愁绪。您的这种荣耀让您满意，也让我们满意。我们发自内心地谴责另一种满足。我们宁愿您是一位和平缔造者，而不是一个疆场胜利者。为此我们甚至认为，无论从何角度而言和平都优于战争。

在和平时期，人们热情追求艺术，人文研究繁盛，法律极受尊重，宗教信仰渐增，财富日趋隆裕，道德普遍正直。[28]而在战争中，这一切都趋于崩溃，扫荡殆尽，陷入混乱，伴随着种种道德腐坏，任何灾难我们都无法幸免。神圣的事情褪去了神圣的意味，虔诚的信仰被人抛在脑后，强权取代了公义。这是因为，（诚如西塞罗所言）法律在战争之中沉默不言，或者即便说出了什么仁慈的东西，也会（如马克西马斯的精辟之语）淹没在征战的喧嚣之中。因为在这样的时代里，在喧闹的军队中，喇叭刺耳，号角尖锐，鼓点疯狂，刀剑相交，飞弹呼啸，连野兽、游鱼和飞鸟都纷纷离开自己的天然栖所，远避他乡，文学与艺术又能找到什么位置？荷马在许多场合所说的“战争的喧哗与骚动”，正是指的这种状况。与此同时，不幸的老人迅速陷入难以承受的悲伤，孩童被剥夺了父亲，妻子与丈夫失散，耕田闲置荒废，村落十屋九空，圣地付之一炬，城镇渐成废墟，房舍抢劫一空，每一个诚实正直的人的命运都掌握在十恶不赦的罪犯手中——而这些灾难中绝大多数都落到那些最是清白无辜

的人头上。

但这些不幸还不是问题的全部。战争还会带来更为致命的邪恶(其后果之严重就连上帝自己也很难弥补):通奸行为猖獗,妇女不复端静,贞洁处处蒙污,天性趋恶的少年开始认为凡事皆无所谓,陷入各种罪行,一旦秩序崩溃,他们便可为非作歹而逍遥法外。总而言之,即使在人类当中曾有过某种虔敬之情,也会立即弃我们而去。地狱喷发怒火,以愤怒、狂躁、谋杀、流血、邪恶,令世界陷入混乱、毁坏、失序。当然,即使在和平时期也会存在某些邪恶,但它们属于喜剧;而在战争当中,悲剧的所有不幸都一股脑儿涌现出来,仿佛一片波涛汹涌的大海,让世界的一切都陷入灾难和邪恶。不仅如此,和平时期犯下的滔天大罪会受到最为严厉的法律惩治,但战争以及战争的遗产却在孕育着这些滔天大罪。耕地一旦遭受海水的泛滥,几乎就永远不能清除盐分。我认为,正是从这个令人作呕的源泉之中,喷出犯罪的渣滓:强盗、强奸犯、恶棍、流窜犯、海盗、绑匪、刺客、投毒者、窃贼、挪用公款者、非法堕胎者、煽动者、叛国者、鄙俗者、伪证者、渎神者,还有娼妓、破鞋和老鸨。纵然我口干舌燥,也无法尽数战争给我们招来的种种怪物。而在和平时期,人们永远不会忘记他们在战争最惨烈时学到的教训。

但愿这许多祸害的后果只限于它彼时彼地的范围之内,会渐趋成熟并随着孕育它的那些东西一起枯萎。实际上,病菌的传染仿佛瘟疫,超出地域的限制,侵袭整个地区。这才会有最优美的诗人发出的悲叹:“惜哉曼图瓦,谁让你太近克雷莫纳!”[29]

因此,战争的种种邪恶在实际的战争爆发之前很久就已经出现,而在战争结束之后很久还继续存在。所以,战争的后果几乎比

战争本身还更令人厌恶，许多时候就连那些胜利者也会后悔卷入战事。这是因为，只要一有爆发战事的征兆，举世的人渣都纷纷从藏身之处露头，就像压舱污水一般聚集在阴湿的泥潭之中——有人身败名裂，有人身负重债，有人犯下恶行而惧怕法办，有人自知罪孽而认为无法在和平时期求得安生，也有人挥霍完了自己的财富，因耻于贫困而不得不犯下抢劫他人的更加恶劣的罪行。

最后，还有一些人的思维是邪恶的，精神是邪恶的，其行为举止仿佛生来就是邪恶之徒。因此，即便他们并不认为自己的行为会逍遥法外或得到酬报，也敢于犯下死罪。战争的实际进行正是利用了这些人渣。在我们的城市，我们的家园，不得不给这种污秽的东西留下一席之地，尽管要从您子民的道德世界中清除它们散发出恶臭的存在，要耗费一代人甚至几代人的时间。堕落是最容易学会的，而将之清除出我们的心智也是最困难的。

不仅如此，事实上，最微末的争端往往发展出最惨烈的战争，而单个的争斗也往往连带着一系列战争。因为事实证明，从来也不可能干净利落地结束一场战争。一场战争牵涉着另一场战争，连带着无穷无尽、难以根除的一系列祸害。这些祸害是如此之多，以至于难以尽数；它们是如此凶残，就连一个彻头彻尾的恶棍也不能对它们满不在乎。然而，这就是一切战争的自然后果，无论这战争有多么正义。况且，发动一场战争的理由有时是虚假的，常常是臆造的，而绝大多数时候是可疑的。因此，任何战事的结局始终都是不确定的。最后，任何胜利都要沾染鲜血，任何战斗都要以最不能从获胜中得益的人为代价。因此，我斗胆明确提出，虔敬的君主对于维持和平的关注会远甚于发动战争，无论这种和平多么不公，

而这种战争又是多么有利。因为这场战争的之前、同时和之后，都会有浩瀚大海一般的祸害繁生，广阔沼泽一般的邪恶泛滥，严重瘟疫一般的不义蔓延。

一位基督教统治者的职责在于尽可能施行仁政。他不仅相信确实存在一些神灵既恪守公正又保持警惕，而且认为哪怕是一小滴人类鲜血的溅落，他都必须向那个神灵作出恰切的说明。因此，无论是他整个的领土，还是他本人的生命，对于他的重要性都不应该使他希望有哪怕只是一个无辜的人为他去死。当然，有哪一位这样的统治者会宣称，他拥有某种应得的权利（合法或不合法），能够使无尽的眼泪、无尽的丧亲、无尽的悲恸、无尽的鲜血、无尽的死亡、无尽的危险、无尽的残杀以及（所有这一切中最具破坏性的）流毒无尽的不义，都成为合情合理的东西？难道他不会不偏不倚地掂量、权衡自己追求的利益与他将释放出的无穷祸害，并且得出结论，只要有任何手段可以避免战争，就根本不应该发动任何战争？

我们读到，恺撒在其对于荣耀的欲望驱使下，曾经全副精力地投入战争，但在其生命的最后时光开始反思自己所度过的这一生，内心深感罪疚，眼前不断闪过自己杀死的那些人的亡魂，最终不堪忍受而宣布放弃。无独有偶，屋大维也不止一次地考虑过辞却皇位。照我设想，他是对帝国的建立必须以血流成河为代价这一点深恶痛绝。在辛纳策划的阴谋的最后阶段，他宣称生命是如此珍贵，不准备用许多公民的死来换取自己的继续生存。他还否认有任何战争是必须发动的，除非可以证明从中获益的希望比对于损失的担忧更大。否则，这就像用金钩钓鱼，如果金钩折断，那么钓上什么样的鱼都无法弥补损失。有鉴于此，他认为除非有绝对的

必要，否则不应当发动任何战争。在《罗马十二帝王传》中也有记载，异教皇帝奥托[30]非常讨厌内战，哪怕有人只是偶尔提及他也会深感恐怖，最终选择结束自己的生命，而不是让那么多的人为自己的事业牺牲生命。

这种精神何其高贵，但愿我们自己的基督教统治者也都享有这样的精神！如果他们真心实意地思考一桩确凿的事实，也就是说，整个基督教世界好似一国，整个基督教会亲如一家，犹如同一个种族，生活在同一个城邦，我们都是同一个身体中的组成部分，受着耶稣基督这同一个首脑的统治，充盈着同一种精神，以同等的代价求取救赎，以平等的身份继承着同一份遗产，我们都立下了同样的庄重誓约：因此，人们必须把基督徒反对基督徒的每一场战争都视为内战，甚至是家庭内部的战争，自相残杀的战争。

当然，斯巴达人、雅典人、罗马人通过军事侵略征服了尽可能多的民族，曾经也是一桩引以为傲的事情。但在我看来，他们都是异教徒，所能拥有的情感也只配异教徒。实际上，柏拉图和亚里士多德在各自有关国家之最佳类型的著述中都批评了斯巴达的政体，因为它将战争置于其共和国的终极之善，而一个国家的最大的善是和平而非征战的胜利。这是因为，和平本身就是一种利益，而征战的胜利并不属于本质固有的那类善，而只能是引向某种善的事情，即便是这样，也应该是没有其他可供选择的和平之路。如果国家不借助战争艺术扩张其领土，而是尽可能密切地仿效天城，则为上上之选。最能让它自感满足的正是闲适、和平、相谐。因此，基督教君主永远不应该忽略这种典范，而应当以之为自己最主要的声名来源：他将全力以赴，使尽解数，以保护众君之君耶稣留给

我们的最好、最令人高兴的东西，也就是和平，并使之发扬光大。

在我看来，最高尚的精神的最佳实例既不是在战争不可避免时忧惧不已，也不是在可以避免战争时主动挑起战争，而是始终准备迎击战争，但从不在非不得已时主动开战。野兽以未受挑衅即发动攻击来证明自身的分量，而人类精神之伟大则必定与对于清白和审慎的敬仰密切相连。除非无法以其他任何方式维持和平，否则出于其他任何理由拿起武器，都不仅会丢掉合乎德性的宗旨，而且会助纣为虐。如果君主的决定首先关注的是保护黎民的生命财产不受敌人力量侵扰，而迄今为止您一直以您的谦和、审慎与公正卓有成效地保护您的子民免受伤害，我们又凭什么要求您履行军事职责？

我们宁愿舵手运用其航海技艺绕过险礁，而不愿他冒险驶过险礁；我们认为防患于未然的医生要比病起之后用药防治的医生更为高超。同样，我们认为，如果一位君主利用睿智的咨议确保战争不会爆发，要比精力旺盛、技艺娴熟地引导敌意的骁勇善战之君主更为出色。必要性是一回事，幸福安康则完全是另一回事。我们不得不采取的补救措施是一回事，我们发自内心地希望的东西则是另一回事。因此，亚偈西劳王的说法完全有理由受到赞扬，当有人问他强权与公义何者为更高的德性，他的回答是："如果我们坚持公义，就根本不需要强权。"

如果高高在上的权力是某一场战争的后果，无论这场战争是如何的成功，那么除了您的公正可以继续在我们中间维持，我们还能对这些权力要求什么？即使我们忽略计算我们已经揭示的作为战争的本质会随之产生的那些祸害，只衡量常常显得蔚为可观的

获益，我也不认为，比起在您的时代那些明达事理的公民更喜欢看到的带有种种伴生利益的状况，历史上那些极为强大的统治者有谁通过战争实现了更加幸福的状况。即便从战争中确实可以得到两种重大的回报：荣耀与帝国的扩张（因为资源从来也不会取用不尽），您也可以通过完全和平的方式，既增加您的资源，又拓进帝国的疆域；您这样做还会比其他任何通过严酷的战争实现这一目标的人赢得更大的声名。因此，您凭借着上承天命、礼贤下士，赢得了举世称赞，而这是靠武器永远也不能赢得的。甚至罗马这个征战不已的城邦，在她最初的七王时期[31]经历的战争年代所赢得的盛名，也比不上您的领土在您一个人的治下（尽管您还那么年轻），以不流一滴血、不杀一个人的代价换来的与日俱增的盛名。

不仅如此，有清楚的迹象表明更大的荣耀还在后头。您不仅已经取得了种种至高的荣耀，而且在这些荣耀的广泛性与持久性上也都出类拔萃。如果说借助值得荣耀的手段才能赢得真正的荣耀，因为几乎没有一场战争不曾被十恶不赦的邪恶所玷污，那么，唯一值得去追求的明智的行动方案，似乎就是伴随着正义、审慎、谦和、宽容以及其他类似德性的行动方案。如果有人说将一个恶人所赢得的那种声名称作“荣耀”实属荒唐，或许也是言之有理。没有任何事情可以阻止一个恶人被称作好战士。但我基本上看不出，这两个形容词如何能够大体上适用于同一个人。因此，本性好战的领袖称不上荣耀，而如果领袖只是不得已才参战，从而是为了国家而非自身的利益才进行战争，最后，以其臣民生命方面的最小代价换得战争之终结，这样的领袖才可以赢得战争的荣耀。[32]

> 一个热爱和平的君主也可以享有荣耀。在展现人性、喜好和平方面，腓力似乎不容多让，而其后人的耀眼声名也不曾减损他的辉煌。他的垂范为其后人应许了远大的前程。

您会理解，良君身负双重职责：其一，不仅要细致照看前人传下的荣耀遗产，而且要进一步将之发扬光大；其二，再将这种最美好的财产传诸后人。这是因为，君主本人无力行恶还不够，除非他同时令人确信，在他的位置上永远不会再出现一个恶君来统治。这绝不是一件可以轻松实现的事情，不仅要保持此人的声名如您的前人一般辉煌，而且还要超越他们；不过，最让您有理由操心的还是您身后的事情，因为您知道，为他人的行为负责要比为您自己的行为负责困难得多。

（既然谈到这里，就不应该忽视这个话题，）我们就此清楚地看到，我们是多么受惠于您的职责感，因为您最关注的事情就是希望让自己酷似您的先祖，而您的子孙也能酷似您本人。因此，您操心起子孙们的教育问题来，仿佛是要以他们国家的利益而不是您本人的利益为宗旨来培养他们。我认为他们能够受到像您这样的父母的培养实属天幸，这不是因为您的声名或财富，而是因为您完全同意，努力确保您的子孙从牙牙学语之时就受到教导和塑造，并且不是为了贪欲的野心和喧嚣的成功，而是为了真正的德性。这是因为，在其他各个方面都极为幸运的孩子，如果先天出身相当完美，后天教育却相当糟糕，那就是最为不幸的。这类孩子许多时候被彻底宠坏，在谄谀之徒的包围中长大成人，而这些谄谀之徒完全不管如何行事才合乎德性，其一言一行都一味地追求物质上的成

功。从这样的人那里，这些孩子听不到任何严肃的东西或者对自己有益的东西，也只能学到君主的行事就应当是傲慢和莽撞的。

然而，上帝啊，既然有那么多在我们幼儿时期就灌输给我们的东西对于我们至关重要，那么对于那些稍稍长大后就无人敢于指责的孩子，那些其行为维系着举国之民的财产与道德的孩子，他们的教育又该得到多么细致的关注？因此，您只能将自己的子嗣交托给认真负责、无可指摘的保姆，交托给睿智而正直的人士，孩子们从这些人那里不会听到或看到任何不配其父之名的东西。这些人由于阅历丰富，知道如何用健康有益的意见来充实极具可塑性的孩子的头脑，并且敢于这么做，因为他们知道这会令您甚感宽慰。他们都是才杰俊彦，所以都会希望这么做；他们都会勤勉工作，所以都会取得成功。（据我所知）近来您一直在您的许多臣民中甄选一名人士，试验并考察其个人品行和人文学识，可以将这些尚处稚嫩的子嗣交托给他悉心照管，让他可以对他们进行那些符合君主之尊的培养。[33]

但我们不妨回到我们曾经一度偏离的那条道路。要想向您的子嗣展示军事与民事两方面德性的完美典范，除了以无与伦比的决心埋首学习的您自己，就再也不需要额外的典范了；而归于您的先祖的任何赞扬，您都凭自身的德性将之发扬光大。您的祖父腓特烈[34]以其谦和与睿智赢得了高度赞扬。而在母亲这一边，您的外曾祖父因爱好和平的同样德性而令人瞩目，同时不缺乏军事上的德性，而您与他之间的相似岂限于名姓。您的外祖父查理赢得的声名也是极其辉煌，尤其是他的军事技艺。您的父亲马克西米连在两类德性上都非常出色，很难确定他是更显出战争中凶猛的

一面还是和平时谦和的一面，令敌人畏惧的一面还是让臣民爱戴的一面，无畏面对敌手的一面还是宽恕手下败将的一面。您父亲这些几近天人的才干，如此完美地结合了腓特烈皇帝的睿智及谦和与查理大公不屈不挠的精神，而在您自己身上，更是非常坚定明确地展现出这些长处，以至于您看起来既具备和平的天赋，也具备战争的天赋，既被塑造出仁慈的性情，也被训练出勇毅的血气。

我们长久以来一直无比快乐地感受着您的平和，您的公正，您的仁慈。但是您的出手如有雷霆之势，在敌之前犹如巍峨高山，刀剑盾矛全在灵活掌控，这都应该留给那些邪行恶念最终耗尽您非凡的耐心和周至的人，无论他们是谁。因为在投入战争之前最为踌躇的人，真正打起来却也最为迅猛。

其下是这篇赞美腓力的名姓、声望和个人行为的华丽颂词的最后一节。伊拉斯谟描述了民众在得知腓力安全返国后的激动之情与欢庆连连。颂词的最后是一段腓力回到盛情迎候的祖国时伊拉斯谟发表的赞词（laudatio），进一步称道年轻的统治者堪为楷模。

本篇颂词献给英明卓越的君主腓力，他现居布鲁塞尔的公爵行宫，在场的还有尊贵的 Maigny 领主，勃艮第掌玺教士及尊敬的阿拉斯主教，还有一大批听众。时值耶稣诞生一千五百零四年显现节。[35]

注释：

[1]《颂词》宣读于 1504 年 1 月 6 日，1504 年 2 月由安特卫普的 Martens 首版，并附有致吕斯特的献辞，以及致德马雷的信函。

[2] 贺拉斯《书札》第 1 卷 i.21—22。贺拉斯（Horace，前 65—前 8 年）：屋大维时期杰出的拉丁抒情诗人和讽刺作家。其《歌集》（*Odes*）和《书札》（*Epistles*）对西方文学产生重大影响。

[3] Callipedes，一位总也跑不到终点的希腊赛跑者。

[4] 苏维托尼乌斯《提比略传》38。

[5] 这是伊拉斯谟政治著述中反复出现的一项主题，也是整个低地诸国政治思想的普遍特点。根据伊拉斯谟的看法，一个国家的全体人口必须要效力于根据直系世袭得到主权的君主。通过通婚或征服而获得一块领土的统治者则必须获得全体人口的授意，否则他就是作为一个暴君在统治。

[6] 卡吕普索（Calypso）：希腊神话中的一位仙女，款待希腊英雄奥德修斯（即尤利西斯）达 7 年之久，甚至用使他永生的诺言都未能打消他思乡的念头。据说曾为奥德修斯生儿育女。

[7] 伊萨卡（Ithaca）：希腊伊奥尼亚群岛中的一个小岛，狭长弯曲，丘陵起伏，可耕地少。科萨（Cosa）是韦斯巴芗母方的领地，从小生长在那里，参见苏维托尼乌斯《韦斯巴芗传》第 2 卷。

[8] 比较伊拉斯谟在《论基督教君主的教育》中的观点：出身意味着统治者与被统治者之间的相互授意。

[9] 这是腓力自 1496 年 10 月与斐迪南和伊莎贝拉之女胡安娜成婚之后，对西班牙的首次正式出访。

[10] 托莱多城（Toledo）：西班牙中南部城市，1085 年后成为卡斯蒂利亚王国最大的政治和社会中心。1560 年腓力二世迁都马德里后该城衰落。

[11] 萨拉格萨城（Zaragoza，英语作 Saragossa）：西班牙东北部阿拉贡地区城市。1118 年后的数百年间一直是阿拉贡王国的国都而兴盛繁荣。伊拉斯谟将其《论基督教君主的教育》敬呈腓力之子查理时，正值后者在其外曾祖父斐迪南去世后继承阿拉贡王位。严格来说，查理从未从所谓“卡斯蒂利亚王子”发展成其合法的统治者，因为其母胡安娜从她的母

亲伊莎贝拉那里继承了这一名号(胡安娜据称不适于统治,此名号传给查理)。伊拉斯谟又一次强调了正式的宣誓效忠,腓力的臣民就是以这种方式表示对其统治的授意。

[12] 这里就是伊拉斯谟对于一位基督教君主所要求的所有具体内容。这位君主就是《论基督教君主的教育》中那些劝诫的活生生的例子。(生于低地诸国的)腓力是通过同意而被任命为卡斯蒂利亚和阿拉贡的君主的。而他的儿子在境内出生,确保了得到授意的继承权。先天的本性与后天的教育也都确保了被指定的君主是一位良君。

[13] 提图斯(Titus Vespasian,39—81):罗马皇帝(79—81 年在位),韦斯巴芗(Flavius Vespasian)之子。仪表出众,文质彬彬,和蔼可亲,以大量的赏赐(有些也用于公众福利)赢得罗马的人心。

[14] 此处疑有误,参见第六章注 30。

[15] 安条克国王(King Antiochus):叙利亚塞琉西王国诸国王之名。此处不好判断具体是哪一位。

[16] 法莱隆的德米特里(Demetrius of Phalerum,约前 350 年—?):希腊演说家、政治家和哲学家。曾被任命为雅典总督。遵行亚里士多德的政治思想,所以在雅典恢复民主制度后出逃第比斯和埃及,在托勒密宫廷中任高官,作为演说家声誉极高。此处的托勒密王指的是托勒密一世。

[17] 塞维鲁·亚历山大 14 岁成为罗马皇帝,享年仅 27 岁。参见第二章注 4。

[18] 兰普迪乌斯(Lampridius):罗马历史传记作家。马克西马斯(Marius Maximus,约 165—230):塞维鲁朝的罗马历史学家,前文多次引用的《罗马帝王文献集成》六作者之一。

[19] 自由七艺(liberal arts):包括文法(包括语言与文学)、修辞(包括散文、诗、法律)、逻辑(包括哲学问题的论辩)、算术(包括历法)、几何(包括地理与博物学)、音乐和天文。

[20] 伊拉斯谟对弗朗索瓦的溢美之词符合他的政治关联。弗朗索瓦在腓力的随臣中属于反战一派。

[21] 涅斯托耳(Nestor)是希腊传说中的一个国王,《伊利亚特》中的他年约

70 岁，贤明虔诚，作用主要是激励战士英勇作战和讲述他早年的功勋。

帕尔梅尼奥（Parmenio，约前 400—前 330）：马其顿将军，公认为腓力二世及其子亚历山大大帝麾下最优秀的将领，但后因其子被人诬告谋杀亚历山大大帝，遭到亚历山大处死。

李奥尼达：Leonidas。

西塞罗于公元前 44 年恺撒被刺后重新活跃于罗马政治舞台，连续发表 14 篇演说辞，抨击安东尼，支持屋大维，并怂恿元老院转而支持后者。但当屋大维、安东尼、李必达结成"后三头"同盟后不久，西塞罗即被杀。有必要指出的是，西塞罗在政治与文学上的主要活动时期是在恺撒时期，而西塞罗时期（约前 70—前 43）是拉丁文学第一个繁荣时期，与其后的奥古斯都时代（即屋大维时代，从恺撒被刺的前 44 年至诗人奥维德去世的公元 17 年）共同构成拉丁文学的黄金时代。参见第一章注 5。

菲尼克斯（Phoenix）：据希腊神话，是赫拉斯国王的儿子，因与父亲激烈争吵，来到密耳弥冬国王珀琉斯那里，任其子阿喀琉斯的教师，并随阿喀琉斯去特洛伊参战，在希腊联军统帅阿伽门农和阿喀琉斯争吵之后充当了调解使者。

左皮卢斯（Zopyrus）：波斯贵族，公元前 522 年左右曾毁损自己的身体以协助大流士攻取巴比伦。

[22] 关于石榴，参见第二章注 12。

[23] 鲁菲努斯（Cornelius Rufinus，？—395）：东罗马皇帝阿卡狄乌斯的大臣，西罗马帝国实际统治者斯提利科将军的敌手，两人不和成为东西罗马帝国正式分裂的因素之一，后被斯提利科的军队杀死。法布里西乌斯：C. Fabricius。

[24] 卡里亚人（Carians）：卡里亚为安纳托利亚西南部的古代行政区，希腊化最彻底的地区之一，卡里亚人曾在埃及充当雇佣军。西徐亚人（Scythians，又译斯基泰人、锡西厄人），游牧民族，骁勇善战。

[25] 汉尼拔（Hannibal，前 247—约前 182）：迦太基人，古代最伟大的军事统帅之一。一生与罗马共和国为敌。他激起自己军队的无限忠诚，也引来敌方的无比恐惧。甚至罗马的母亲在哄自己孩子睡觉时也要吓唬到

“汉尼拔来了”。

[26] 换言之，尽管雅典人不断努力收复此前勉强维持的那些领土，斯巴达人却始终牢牢地占据着埃夫罗塔斯河（Evrótas 或 Eurotas），根本无须军事介入。卡菲苏斯（Cephisus）河为雅典平原上的一条主要河流。埃夫罗塔斯河为斯巴达所在拉哥尼亚地区的主要河流。

安塔西达斯（Antalcidas）：斯巴达战将，曾指挥海军助波斯打雅典。后世以“安塔西达斯之和平”指波斯与希腊各城邦之间达成的共处关系。

[27] Symplegades：土耳其博斯普鲁斯海峡中两个巨石嶙峋的小岛，位于黑海的入口处。据传，两岛时而分离，时而拼合，于是将夹在其间的任何东西都挤得粉碎。而求取金羊毛的阿尔戈英雄们必须通过此道，此后两岛屹立不动。

西尔特斯（Syrtes）：位于非洲大陆尽头的两个海湾，海岸附近的海水非常深，当风刮起来使得海上波涛汹涌时，波浪就冲刷泥沙和巨大的石块，西尔特斯这个名字是从“冲刷”的意思来的。见萨卢斯特《朱古达战争》第 4 章，维吉尔《埃涅阿斯纪》第 4、5 卷。

卡律布狄斯（Charybdis）：斯库拉（Scylla）和卡律布狄斯在希腊神话中是两个长生不死、无法抵抗的妖怪，堵塞了英雄奥德修斯漂流时经过的狭窄水域。卡律布狄斯伺伏在岸边一株无花果树下，每天吞吐海水三次，对来往船舶危害极大，其性格很像是漩涡的化身。而斯库拉常被解释成礁石。

参见荷马《奥德赛》第 12 卷。

[28] 伊拉斯谟对于战争的根本异议在于它对艺术和学问的破坏。

[29] 曼图瓦（Mantua）和克雷莫纳（Cremona）皆为意大利北部伦巴第区城市，前者邻近维吉尔的家乡。中世纪以来先后归属多国，政治经济地位重要。在克雷莫纳附近历史上爆发过多次大战。参见第十章注 14 和本章注 30。

[30] 奥托（Otho，32—69）：出身执政官家族，68 年参加反尼禄政变，69 年 1 月 15 日成为罗马皇帝，但日耳曼军团拥戴维特利乌斯为帝，后者兵力雄厚，两军在克雷莫纳附近交火，奥托一败涂地，4 月 15 日引刀自刎。

[31] 罗马七王时期自公元前 753 年至前 264 年，前六位都是仁慈的君主，最后一位塔奎尼乌斯（高傲者）却是被民众起义推翻的残忍暴君。

[32]《颂词》的这一节是伊拉斯谟论战争对于社会的破坏的多篇长文中的一例，而这些文章中最著名的则是他的一则详注格言“Dulce bellum inexpertis”（“战争只合那些没有经历过战争的人的意。”）

[33] 这一段被解释成伊拉斯谟这方面的一种出价，先是通过最初的宣讲，然后通过出版《颂词》，以确保自己得到腓力幼子的导师之位。

[34] 腓特烈：即腓特烈三世（Frederick Ⅲ，1415—1493）：1452 年后任神圣罗马帝国皇帝，1440 年后任德意志国王。1477 年其子与勃艮第公爵之女玛丽成婚，这一联姻使哈布斯堡王朝获得勃艮第王朝一大部分领地，也使奥地利成为欧洲强国，为哈布斯堡王朝在欧洲事务中的举足轻重的地位奠定基础。

[35] 显现节（Epiphany）：一译主显节，为 1 月 6 日。与耶稣复活节和耶稣圣诞节共为基督教历史最悠久的三大节日。纪念耶稣基督第一次显现给非犹太人以及在约旦河受洗并在迦拿实行第一个神迹。

伊拉斯谟生平著述编年

日期	生平资料	重要出版作品
1469	10月27日伊拉斯谟出生	
1478—1483	入德温特共同生活兄弟会学校[1]	
1483—1486	入斯赫托亨博斯('s Hertogensbosch)地方的一所学校	
1486	入斯特恩地方的奥古斯丁会修院	
1492	4月25日被委任为牧师	
1492—1493	任康布雷主教卑尔根的亨利(Henry of Bergen)的秘书	
1495—1499	巴黎蒙太古学院研习神学	
1499	初访英格兰;结识莫尔与柯利特	
1500—1502	巴黎学习(造访奥尔良和尼德兰)	《格言集》(首版)
1502—1504	首次居留卢汶	《基督教战士须知》 《颂词》
1504—1505	第三次居留巴黎	
1505—1506	再次造访英格兰,住在莫尔处	《警言集》[2]

续表

日期	生平资料	重要出版作品
1505—1509	去意大利旅行，1507—1508年住在威尼斯出版商马努蒂乌斯处[3]	《格言集》(再版)
1509—1514	第三次居留英格兰，1511—1514年在剑桥讲学(1511年访问巴黎)	《愚人颂》《论文体》《正确学习法》
1514—1516	首次造访巴塞尔；迁居弗洛本出版社；1515年访问英格兰；1516年访问尼德兰，被任命为查理五世之咨议；监督莫尔《乌托邦》之印行	《新约》译本《论基督教君主的教育》
1517	访问安特卫普的吉勒斯；访问英格兰；获教皇豁免	《和平之控诉》
1517—1521	再次居留卢汶，加入神学院。1518年访问巴塞尔，1520年访问加莱(觐见亨利八世)；1520年访问科隆	《对话集》(*Colloquies*，首版)
1521—1529	1521年末迁居巴塞尔	《圣经释义》《论自由意志》《西塞罗主义》《论书信撰写》《真正神学之方法》《反对野蛮人》
1524	与路德论战	
1529	巴塞尔转归新教；伊拉斯谟前往天主教的弗赖堡	《论儿童教育》
1535	回到巴塞尔；费希尔[4]与莫尔被处决	
1536	7月12日伊拉斯谟去世	
1540		《全集》

注释：

[1] 共同生活兄弟会：天主教修会组织，1381 年由荷兰神秘主义者格鲁特创立了荷兰德温特（Deventer），不发三绝（绝财、绝色、绝意）誓愿，也不接受施舍，专事“内心生活”，效法基督，“纯全”自己。在服从会长的统一领导下，过共同生活。后被天主教会视为革新派予以遏制。16 世纪后逐渐消失。

[2]《警言集》（*Epigrammata*）系与托马斯·莫尔合著。

[3] 马努蒂乌斯（老）（Aldus Manutius，the Elder，1449—1515）：意大利印刷出版业巨头，在伊拉斯谟访问的前后出版了色诺芬、欧里庇得斯、荷马、伊索、维吉尔、伊拉斯谟、贺拉斯和柏拉图等人的著作。

[4] 费希尔（Saint John Fisher，1469—1535）：英国人文主义者，殉教者。效忠教皇与天主教会，拒绝承认国王拥有至高无上的权力，反对废除教皇对英国教会的统治权，以此抗拒英格兰国王亨利八世。曾任剑桥大学名誉校长。因反对路德教义而成为欧洲知名神学家。在亨利八世与阿拉贡的凯瑟琳的婚姻合法性问题上与莫尔一起成为国王的反对派，被投入伦敦塔。1535 年被教廷任命为枢机主教，导致亨利八世以叛逆罪将其处决。400 年后被尊为圣徒。

译名对照表

A

Achilles　阿喀琉斯

Aeneas　埃涅阿斯

Aesop, *Fable*　《伊索寓言》

Africanus, Julius　阿非利加努斯

Agamemnon　阿伽门农

Agesilaus　亚偈西劳

Alexander the Great　亚历山大大帝

Alexander Mammeas　曼米斯

Ammonius, Andrew　阿摩尼奥斯

Antalcidas　安塔西达斯

Antiochus　安条克

Antoninus Pius　安东尼・庇护

Antwerp　安特卫普

Apollo　阿波罗

Apelles　阿佩利斯

Aragon　阿拉贡

Archduke Philip（Philip the Fair）腓力大公（美男子腓力）

Arsitides　亚里斯泰迪斯

Aristotle　亚里士多德

Nicomachean Ethics　《尼各马可伦理学》

Politics　《政治学》

Arthur　亚瑟王

Arthurian romances　亚瑟王的罗曼司

Astrologers/Astrology　占星术士/占星术

Athens　雅典

Augustus Caesar　奥古斯都・恺撒

Augustus C. Octavius　屋大维

Austria　奥地利

B

Babylon　巴比伦

Balaguer　巴拉格尔

Basel　巴塞尔

Bergen, Henry of　卑尔根的亨利

Besançon　贝桑松

Bias 比阿斯
Bible, Old and New Testaments 《圣经》,《旧约》、《新约》
Book of Wisdom 《智慧书》
  1 Chronicles 《历代志上》
  Colossians 《哥罗西书》
  Deuteronomy 《申命记》
  Ecclesiasticus 《传道书》
  Ezekiel 《以西结书》
  Gospels 《福音书》
  Isaiah 《以赛亚书》
  1 Kings 《列王纪上》
  Matthew 《马太福音》
  Proverbs 《箴言》
  Romans 《罗马人书》
  1 Samuel 《撒母耳记上》
  2 Samuel 《撒母耳记下》
  2 Timothy 《提摩太后书》
body politic 政治身体
Budé, Guillaume 比代
Brussels 布鲁塞尔
Burgundy 勃艮第
Busiris (tyrant) 布西里斯(暴君)
Busleyden, François de 巴斯雷登的弗朗索瓦
Busleyden, Giles de 巴斯雷登的吉勒斯

C

Caius Fabricius 法布里·西乌斯
Caligula (Gaius) 卡利古拉(盖尤斯)
Callipedes 卡利佩德斯
Callisthenes 卡利斯提尼斯
Calypso 卡吕普索
Carneades 卡涅阿德斯
Castile 卡斯蒂利亚
Catholic Church 天主教会
Charles VIII of France 法王查理八世
Charybdis 卡律布狄斯
Christ 基督
Cicero 西塞罗
  Laws 《论法律》
  Offices 《论责任》
  Republic (lost) 《论共和国》(失传)
Cinna, Lucius 辛纳
Circe 喀耳刻
Claude of France 法兰西的克劳德
Claudius, Tiberius 克劳狄
Colet, John 柯利特
Commodus 康茂德
consent, government by 依据自愿的统治
Cornelius Rufinus 鲁菲努斯
Councellor 咨议
Council of Trent 特伦特公会议
Cremona 克雷莫纳

Crete 克里特
Croesus 克罗伊斯
Cyclops 库克罗普斯
Cynicism 犬儒主义
Cyrus 居鲁士

D

Darius 大流士
Defence of Liberty against Tyrants 《反抗暴君 捍卫自由》
Demetrius of Phalerum 法莱隆的德米特里
Desmarez, Jean (Paludanus) 德马雷
Diogenes the Cynic 昔尼克的第欧根尼
Dionysius of Syracuse (tyrant) 叙拉古的狄奥尼西奥斯(暴君)
Dionysius the Areopagite, *On the Ecclesiastical Hierarchy* 伪丢尼修,《论教会等级》
Domitian (tyrant) 图密善(暴君)
Dorp, Martin 多普
Duke Charles the Bold 勃艮第大公勇敢的查理

E

Elyot, Sir Thomas 埃利奥特爵士
Emperor Ferdinand II 斐迪南二世
Emperor Frederick III 腓特烈三世
Emperor Maximillian 马克西米连皇帝
England 英格兰
Epaminondas 伊巴米浓达
Erasmus 伊拉斯谟
Adages 《格言集》
Apophthegms 《格言集》
Complaint of Peace 《和平的控诉》
De copia 《论文体》
De ratione studii 《正确学习法》
Jerome's *Letters* 圣哲罗姆《书信集》
New Testament (*Novum instrumentum*) 《新约》(新工具)
Panegyric 《颂词》
Praise of Folly 《愚人颂》

F

Fabius Maximus 费边·马克西姆斯
Ferdinand of Aragon 阿拉贡国王斐迪南
Flodden, Battle of 弗洛顿战役
Florence 佛罗伦萨
François I 弗朗索瓦一世
France 法兰西
Freiburg im Breisgau 布赖斯高地区弗赖堡

Froben 弗洛本
Fugger bankers 富格尔家族

G

Gelderland, Karl von Egmond, duke of 海尔德兰公爵
Germany 德国
Gilles, Peter 吉勒斯,彼得
Greece/Greeks 希腊

H

Habsburgs 哈布斯堡王朝
Hadrian 哈德良
Hannibal 汉尼拔
Helen of Troy 特洛伊的海伦
Heliogabalus 埃拉加巴卢斯
Henry VII 亨利七世
Henry VIII 亨利八世
Herodotus 希罗多德
Hesiod 赫西俄德
Homer 荷马
Iliad 《伊利亚特》
Odyssey 《奥德赛》
Horace, *Epistles* 贺拉斯《书札》

I

Isabella of Portugal 葡萄牙的伊莎贝拉
Isabella of Spain 西班牙的伊莎贝拉
Isocrates 伊索克拉底
Italy 意大利

J

James IV of Scotland 苏格兰的詹姆斯四世
Juana (wife of Achduke Philip) 胡安娜(腓力大公之妻)
Jews 犹太人
Julius Caesar 裘力斯·恺撒
Jupiter 朱庇特
Juvenal, *Satires* 尤维纳利斯,《讽刺诗》

K

King David 大卫王
King Ptolemy 托勒密王

L

Lampridius 兰普迪乌斯
Lancelot 兰塞洛特
Leonardo da Vinci 列奥纳多·达·芬奇
Leonidas 李奥尼达
Livy, Titus 李维
Louis XII of France 法王路易十二
Louvain 卢汶
Low Counties/Netherlands 低地诸国/尼德兰

Luther, Martin　路德，马丁
Lysias　吕西阿斯

M

Machiavelli, Niccolò　马基雅维利
Prince　《君主论》
Maecenas　米西纳斯
Mantua　曼图瓦
Margaret of Savoy　萨伏伊的玛格丽特
Margaret Tudor　玛格丽特·都铎
Marius Maximus　马克西马斯
Martens, Thierry　马滕斯
Mary Tudor　玛丽·都铎
Maximinus, Gaius Julius　马克西米努斯
Medici family　美第奇家族
Medici, Giuliano de'　美第奇的朱利亚诺
Medici, Lorenzo de' (the Magnificent)　美第奇的洛伦佐(伟大的)
Mercury　米丘利
Mezentius (tryant)　马森提乌斯(暴君)
Midas　迈达斯
Milo, Titus Annius　麦洛
Mithridates　米特拉达梯六世
Momus　莫摩斯
More, Thomas　莫尔，托马斯
Utopia　《乌托邦》
Mountjoy, Lord　蒙乔伊勋爵

N

Nereus　涅柔斯
Nero　尼禄
Nestor　涅斯托耳

O

Olympic Games　奥林匹亚赛会
Onesimus　阿尼西姆
Otho　奥托

P

Parmenio　帕尔梅尼奥
Pentheus (tyrant)　潘修斯(暴君)
Perillus　佩里乌斯
Persia　波斯
Phaethon　法厄同(暴君)
Phalaris (tyrant)　法拉利斯
Letters　《书信》
Philemon　腓利门
Philip of Burgundy, bishop of Utrecht　乌得勒支主教、勃艮第的腓力
Philip the Good　善良的腓力
Philip of Macedon　马其顿的腓力
Philip II　腓力二世
Pirckheimer, Willibald　皮克海默
Phoenix　菲尼克斯
Plato　柏拉图

Laws 《法篇》

Republic 《理想国》

Pliny 普林尼

Plutarch 普鲁塔克

Apophthegms 《格言集》

Lives 《希腊罗马名人传》

Moralia 《道德论丛》

'On how to distinguish flatterers and friends' “论如何区辨佞臣与诤友”

Pollux, Julius 坡吕克斯

Onomasticon 《词类汇编》

Polycrates 波利克拉特斯

Polyhymnia 波吕许谟尼亚

Pope Adrian VI 教皇阿德里安六世

Pope Julius II 教皇尤里乌斯二世

Pope Leo X 教皇利奥十世

Posidonius 波塞多尼奥斯

Prince Charles (later Charles V) 查理王子(后查理五世)

Q

Quintilian 昆体良

R

Rome 罗马

Ruistre, Nicholas 吕斯特

S

St Ambrose 圣安布罗斯

St Augustine 圣奥古斯丁

City of God 《上帝之城》

St Benedict 圣本笃

St Bernard 圣伯纳尔

St Denis 圣丹尼斯

St Francis 圣方济

St Jerome 圣哲罗姆

St Paul 圣保罗

St Peter 圣彼得

Sallust 萨卢斯特

Sardanapalus 萨丹纳帕路斯

Saragossa 萨拉格萨

Sauvage, Jean le 索瓦热

Scipio Africanus 西庇阿

Scotland/Scots 苏格兰/苏格兰人

Seneca 塞涅卡

De beneficiis 《论恩宠》

De clementia 《论仁慈》

Epistulae morales ('Moral Letters') 《道德短简》

Severus Alexander 塞维鲁·亚历山大

Sforza, Lodovico 斯福尔扎

Solomon 所罗门

Spain 西班牙

Sparta 斯巴达

Stoicism 斯多亚主义

Suetonius, *Live of the Caesars* 苏维托尼乌斯,《恺撒传》

Swabia 士瓦本

Switzerland　瑞士
Symplegades　撞岩
Syrtes　西尔特斯

T

Tantalus　坦塔罗斯
Theopompus　泰奥彭波斯
Thurinus　图里努斯
Tiberius Caesar　提比略
Toledo　托莱多
Trajan　图拉真
Troy/Trojans　特洛伊/特洛伊人
Tudors　都铎王朝
Tunstall，Cuthbert　滕斯托尔
Turks/Ottomans　土耳其人/奥斯曼人

U

Ulysses　尤利西斯

V

Valerius Maximus　马克西穆斯
Valois　瓦罗亚王室
Vannes，Peter　万内斯
Vespasian　韦斯巴芗
Vespasian，Flavius　韦斯巴芗，弗拉维乌斯
Vespasian，Titus　韦斯巴芗，提图斯
Virgil　维吉尔
Aeneid　《埃涅阿斯纪》

W

Wolsey，Thomas　沃尔西

X

Xenophon　色诺芬
Cyropaedia　《居鲁士之教育》
Oeconomicus　《家政论》
Xerxes　薛西斯

Z

Zopyrus　左皮卢斯

译者说明

关于本书的来龙去脉和多方面的意义（尤其是与马基雅维利《君主论》的关系），卷首的 Jardine 序已有详细介绍。我只有两点技术问题需要说明。

其一，本书翻译参考了两个底本，分别是 Lester K. Born 英译的 *The Education of a Christian Prince*（Columbia University Press，1968[1936]）和 Neil M. Cheshire 与 Michael J. Heath 英译的 *The Education of a Christian Prince*（Cambridge University Press，1997），系著名的“剑桥政治思想史文献”之一种。前者行文典雅，后者语言平实。遇有不一致之处，依照后者较多，少数地方从前者。另外，在整个翻译过程中均对照了吴元训与王承绪所译“一个基督教王子的教育”（吴元训编：《中世纪教育文选》，128—180 页，人民教育出版社 1989），此文系选译自 Born 英译本的第一至三节，并且注释全省。我有充分理由进行此项重译，欢迎读者自行对照。

其二，本书译注极多，主要集中在伊拉斯谟文中语句的出典乃至义理的源流，以及大量人物（尤其是古希腊罗马政界人物和神话人物），出自两个英译者和中译者的注解比例大致为 4∶4∶3。其中，Born 本译注比较艰深，除了广为引证洛布古典丛书中的出处，

还保留了不少稀见典籍。剑桥本译注适用于学生，比较浅显。而中译者的译注则更是考虑到了中国学生（以及像本人这样的所谓学者）在阅读西学典籍时缺乏一些基本知识，所以可能有读者觉得太琐碎。大部分注解中译者均作了合并、删减、改写等综合处理（尤其是我不得不认识到，在英译者视为理所当然的背景面前，依然需要添加大量的进一步注释），因此事实上不可能逐一表明源自何处，请读者见谅。

本书翻译的高速运转阶段，每天听着电视中的战争"实况直播"，复杂的感觉难以言表，也许体现在了我对许多行文的理解和汉语词汇的选择上。"SARS"的流传也让我主动或被动地减少了许多任务，安心在家集中干活。最后要感谢我孩子的姨妈，是她帮我们带着孩子，使我能够在这个小房间里比较好地完成这项工作，也使我两岁的孩子有机会在遥远的村庄健康地成长。棒棒，愿你在自然的环境里磨练出朴实的心智，虽然你终将来此接受复杂而艰辛的文明教育。

2003年4月17日　北大畅春园青年公寓

重订补记

遵照出版方对于学术译著的规范要求，此次补充添加了译名索引，其余字词仅略有十余处修改，未对照原文进行逐字逐句的重校，一定会有不少改善空间，敬请明察。

2016年中于北大燕园

图书在版编目(CIP)数据

论基督教君主的教育/(荷)伊拉斯谟著;李康译. —北京:商务印书馆,2017
ISBN 978-7-100-12928-2

Ⅰ.①论… Ⅱ.①伊…②李… Ⅲ.①君主制—研究 Ⅳ.①D033.2

中国版本图书馆 CIP 数据核字(2017)第 010020 号

论基督教君主的教育
〔荷兰〕伊拉斯谟 著
李 康 译

商 务 印 书 馆 出 版
(北京王府井大街 36 号 邮政编码 100710)
商 务 印 书 馆 发 行
北京市白帆印务有限公司印刷
ISBN 978-7-100-12928-2

2017 年 8 月第 1 版　　开本 850×1168 1/32
2017 年 8 月北京第 1 次印刷　　印张 7⅜
定价:28.00 元

Desiderius Erasmus

THE EDUCATION OF A CHRISTIAN PRINCE

Lester K. Born trans. 1968(1936) Columbia University Press

根据哥伦比亚大学出版社1936年版译出，特别参考剑桥大学出版社1997年版。

(Neil M. Cheshire and Michael J. Heath trans. 1997 Cambridge University Press)

论基督教君主的教育

〔荷兰〕伊拉斯谟 著

李康 译

商务印书馆
创于1897 The Commercial Press

2017年 · 北京